· 智慧供应链创新管理系列

采购是个技术活
如何专业做采购

柳 荣◎著

人民邮电出版社
北京

图书在版编目（CIP）数据

采购是个技术活：如何专业做采购 / 柳荣著. --
北京：人民邮电出版社，2020.10
（智慧供应链创新管理系列）
ISBN 978-7-115-54420-9

Ⅰ．①采… Ⅱ．①柳… Ⅲ．①采购管理 Ⅳ.
①F253.2

中国版本图书馆CIP数据核字(2020)第125425号

内 容 提 要

专业地做好采购，是众多采购人努力的目标，也是现代企业亟待解决的问题。

本书从采购的基础知识讲起，通过初识采购、采购计划的制定和执行、供应商管理、采购价格分析与采购成本管理、采购谈判与价格控制、采购品质管理与人员管理、采购订单处理与交期管理、采购运输和仓储与库存管理、采购合同管理9个部分的内容，教给读者采购相关的知识与技巧。

本书内含诸多流程图，内容丰富，介绍的技巧实操性强，可为采购相关从业者提供实用的参考。

♦ 著　　　　柳　荣
　　责任编辑　李士振
　　责任印制　周昇亮

♦ 人民邮电出版社出版发行　　北京市丰台区成寿寺路 11 号
　　邮编　100164　　电子邮件　315@ptpress.com.cn
　　网址　https://www.ptpress.com.cn
　　涿州市京南印刷厂印刷

♦ 开本：720×960　1/16
　　印张：20.5　　　　　　　　2020 年 10 月第 1 版
　　字数：292 千字　　　　　　2025 年 8 月河北第 26 次印刷

定价：79.80 元
读者服务热线：**(010)81055296**　印装质量热线：**(010)81055316**
反盗版热线：**(010)81055315**

乌卡（VUCA）[1]时代，客户对供应链的柔性、敏捷性提出了更高的要求。平台型企业的崛起重构了交易场景和交付模式。在行业、市场被冲击和重构的巨变中，供应链也被重新定义。

如何高效采购？如何快速响应客户需求？如何连接企业运营上游的供应商与下游的客户，集成资金流、信息流、物流"三流"管理的供应链？如何让总成本更低、速度更快、服务水平更高、客户体验更好，帮助企业在巨变中重新占领市场甚至引领市场？这些都是当今企业需要考虑的问题。

特别是采购环节，很多企业将采购看作"花钱买东西"的部门，但采购花出去的钱、买回来的东西却影响着整个企业的兴衰。在供应链竞争越发激烈的当下，如果企业只是将采购看作简单的"买买买"，那就会被采购的高成本与低效率拖向"深渊"。调查数据表明，企业年销售额的 50%～80% 都从采购人员手中流出，用于物料采购及相关费用的支出，但在国内各大中小企业中，却难见科学合理的采购体系。

企业管理者是否想过：在如此高昂的采购支出中，有多少费用被错误、低效地花出去？又有多少费用原本可以在采购环节中节省下来？

当企业因为低效采购支付大量"学费"后，采购人员的采购能力是否真的能够得到提升？这些从实践中摸索出来的经验，又是否真的能帮企业做好采购呢？

近年来，采购环节逐渐受到各类企业重视，专业采购人员也备受人才市场的欢迎。在这种局面下，很多采购人员开始参加各类采购培训、学习各种采购知识；企业管理者也开始引入各种管理技巧，如采购计划、供应链管理、采购成本管理等。

---

1 乌卡（VUCA），即易变性（Volatility）、不确定性（Uncertainty）、复杂性（Complexity）、模糊性（Ambiguity）。

但要做好采购，每位采购人员都应当从基础学起，练就扎实的基本功，以增强采购能力、提升采购效率；企业管理者也要对采购活动进行全局性、整体性的规划，确保流程合规，规避运营风险。

基于这样的市场需求，本书将作者多年的理论积累、实践经验与培训经验相结合，并根据采购流程，对企业采购活动进行全面的分解与剖析，以理论为依据、以实践为指引、以方法为重心，结合丰富的图表和案例，为读者打造出一部深入浅出的采购"宝典"，帮助读者快速掌握采购技巧并落地实践。

本书适合采购一线工作者、采购部门管理者、采购总监等相关从业者阅读和使用，也适合对采购感兴趣的研究者和爱好者阅读，还适合用作采购与供应链相关专业课程的教材。

编者

目录

第1章 初识采购：采购基础、采购模式与采购战略

第 2 章　制定和执行采购计划

第 3 章　做好供应商管理，采购才轻松

第4章 采购价格分析与采购成本管理

第 5 章　采购谈判与价格控制

第 6 章　采购品质管理与人员管理策略

第7章 采购订单处理与交期管理

第 8 章　采购运输、仓储与库存管理

第 9 章 采购合同管理

初识采购：采购基础、采购模式与采购战略

随着市场竞争加剧，供应市场变幻莫测，如果企业管理者缺乏系统化的采购思考与布局，仅仅把采购当成"买东西的"，那这样的企业模式根本无法满足企业发展、获取竞争资源及可持续盈利的市场需求。因此，企业管理者必须重新认识采购，对采购基础、采购模式与采购战略有更加清楚的认识。

1.1 采购基础:采购是过程,而非结果

如果企业一味地"只看结果,不重过程",其采购管理就必然停留在采购价格管理上,采购过程中产生的诸多费用因此被忽视,企业采购也终将败在价格上。采购是过程,而非结果。采购成本是企业成本的重要构成,如果企业不能正确理解采购、无法构建专业采购模式,采购成本就将成为企业运营中的"吞金兽"。

1.1.1 什么是采购

俗话说:"采购好商品,等于卖出一半。"采购是当今企业构建竞争优势的重要工具,但很多企业却只将采购看作单纯的买卖行为,缺乏对采购的深入了解及专业管理,因而遭受损失。

例如,某企业销售的 A 商品的正常采购价格为每件 600 元,销售价格为每件 700 元。2019 年年底,甲供应商推出促销活动,只需每件 300 元就能采购到质量相当的 A 商品。

该企业当即决定采购 100 件 A 商品,其采购价格总共为 30 000 元。

当企业信心满满地将 A 商品定价为每件 600 元时,其当月销量却只有 20 件。即使销售价格在后两个月间一降再降,第三个月甚至降到了成本价以下的 200 元,这 3 个月的总销量也不过 40 件。最终,该企业不得不以每件 100 元的价格将剩余的 60 件商品转卖给同行。

表 1.1-1　某企业 A 商品的销售收入

月份	销售数量（件）	销售价格（元）	销售收入（元）
第一个月	20	600	12 000
第二个月	10	400	4 000
第三个月	10	200	2 000
第四个月	60	100	6 000
总计	100		24 000

该企业以 30 000 元采购了 100 件特价 A 商品，但最终的销售收入却不过 24 000 元，如表 1.1-1 所示，即使不计算其他采购成本，该企业也因为这一次采购失误而遭受了 6 000 元的损失。

采购不只是买卖所需资源，更是一项完整的经济活动。具体而言，采购是指企业在一定条件下从供应市场获取经营资源（产品或服务），以维持企业正常生产与经济的一项经济活动。

为了进一步理解什么是采购，我们可以从以下 3 个层面来理解采购的定义。

1. 采购是从供应市场获取资源的过程

任何企业在正常生产与经营的过程中，都需要从外部获取一定资源，如原材料、半成品或物流、技术服务等。能够提供这些资源的供应商则共同构成一个供应市场，企业从供应市场获取相应资源的过程就是采购，这也是采购可以实现的基本功能。

2. 采购既是商流过程，也是物流过程

采购的基本作用就是将企业所需资源从供应市场转移至企业。在这个过程中，采购既是商流过程，需要通过商品交易完成商品所有权的转移；又是一个物流实现，需要通过包装、运输、仓储、装卸等环节实现商品实物的空间转移。

3. 采购是一项完整的经济活动

采购并不只是买卖企业所需资源，更是一项完整的经济活动。一方面，企业需要通过采购获取资源，以保证企业的正常生产与经营；另一方面，采购本身作为一项经营活动，会产生各种费用，产生采购成本。因此，对采购的管理，就不能仅仅停留在采购价格上，更应关注采购的整体流程。

1.1.2　采购为什么需要专业性

在当今时代，可持续盈利已经成为企业的首要挑战。但在这样的挑战面前，很多企业的采购开销却堪称"奢华"。

数据调查结果显示，从采购人员手中流出的费用占企业年销售额的50%~80%，这些费用主要是物料采购成本及相关费用。这无疑是一个庞大的数字，企业耗费九牛二虎之力创造的销售额，超过50%要通过采购人员之手花出去。

面对如此高昂的支出，企业管理者是否想过以下这些问题。

有多少钱是被错误、低效地花出去的？

有多少钱只是在重复地"交学费"？

又有多少钱，能够在采购环节中节省下来？

企业管理者想要对以上问题有一个清晰的认知，就必须进行专业的测算。而专业性正是阻碍很多企业提升采购效率的关键要素。

国内企业的采购人员少有科班出身，大部分采购人员的技能成长都依靠"社会大学"的实践。因此，即使部分采购人员具有一定的采购技能，却不一定接受过系统的采购知识与专业技能的培训。

正是因为采购专业性的缺乏，企业运营的成本及风险也不断增加。一方面，每一次采购团队的成长都要以支付高额的隐性"学费"为代价；另一方面，缺乏专业的技能与方法支持的成本管理也导致采购成本、交易风险增加。

企业在巨大的压力下开始寻求"成本节流"，却遭遇成本改善方面的难题，这也使得企业采购不仅缺乏在短期内实现成本效益的能力，而且缺乏在未来持续进步的能力。

如此一来，企业难以对不同的供应市场采取不同的采购运营策略，也无法达成预定的采购目标，更无法根据采购商与供应商的最优化经济关系，运用差异化的采购策略与采购方法，在供应商的经济状况和贸易推动力最优化理解的基础上找出成本解决方案。

与此同时，降低采购成本是一个系统工程，需要企业从采购战略层面出发，系统地架构起采购运营管理体系，实现与供应价值链的无缝对接，进而构建富有竞争力的采购商与供应商的关系总价值，深入规划并设计产品形成过程中的诸多成本要素——设计、采购、生产、工艺、品质、物流仓储与配送以此实现企业总成本的降低。

如果企业采购缺乏足够的专业性基础，也就难以将采购与供应链管理上升至战略层面，只能停留在降低采购价格的单一战术层面。而这种短视的采购决策，却可能带来质量风险和运营成本的增加，正所谓"按下葫芦浮起瓢"。

正是因为专业性的缺失，国内大部分企业都陷入了"采购负面循环"，具体内容如图 1.1-1 所示。

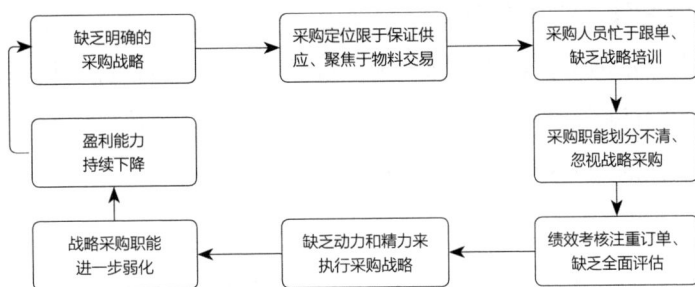

图 1.1-1　采购负面循环

在这样的负面循环中，企业越关注采购价格，战略采购的职能就越被弱化，最终导致企业盈利能力的持续下降。

而企业一直将采购当成"买东西"的后勤辅助工作，导致企业采购供应体系建设落后及团队技能水平滞后。在采购运营"靠天吃饭"的粗放式管理下，采购成本基本处于毫无章法的境地，任凭公司管理者随心所欲地提出各种要求，采购人员也只能"头痛医头、脚痛医脚"地应对……采购成本成为职业采购人员心里"永远的痛"。

钱不仅是赚来的，更是省出来的。采购的战略意义就在于，比竞争对手更聪明地花钱。

如果企业将年销售额的 50%~80% 交给非专业的采购人士使用，这无疑会使企业丧失对自身命运的掌控。但这确实是国内众多企业面临的一大困境，即市场缺乏优秀的采购人才。即使很多企业高度重视对采购成本的控制，希望通过采购管理与优化降低成本，以达到企业利润增长与可持续竞争的目的，但现实情况是，缺乏系统的设计导致"按下葫芦浮起瓢"的现象时有发生，企业大量的收益仍然被采购成本所"吞噬"，惨不忍睹。

因此，在现有的市场环境下想要突破采购困境，企业就必须解决专业性这一难题，在引入更多专业人才的同时，在企业内部构建专业化的采购管理机制。

1.1.3　采购为什么败在价格

采购专业性的匮乏，使得众多企业将采购看作买卖，将采购成本看作采购价格。但所有采购从业者都必须记住：采购成本≠采购价格。

在全球性的经济衰退中，原材料、劳动力价格纷纷上涨，"生存第一、发展第二"成为许多企业首选的战略方针。此时，成本竞争优势显得至关重要。

但是，很多企业将控制采购成本的重心放在价格控制上。甚至有一次笔者在珠三角某大型民企授课时，采购经理直接吐槽道："老板就在乎两个字——低价！"

"成本就是价格，价格越低越好。"这是很多企业都会陷入的采购误区。采购成本真的就只是价格吗？笔者认为绝不止于此。事实上，很多企业的采购失败，正是败在了采购价格上！

　　某家电企业的紫砂煲是炊具市场上的"明星"产品，其产品特色就如广告宣传的一样："全部选用纯正紫砂烧制""富含多种微量元素，补铁补血，有益身体健康"，而且"'表里如一'，从里到外地好"。

　　然而，该企业为了追求更低的生产成本，但又因为缺乏系统的战略成本管理，所以强逼采购人员压低采购价格。随着采购价格的一降再降，该企业的两家主要供应商使用的内胆材料——原料泥，相继被替换为红土、黑泥、白泥等普通陶土，再非产品宣传的"纯正紫砂"；不仅如此，为了使内胆材料看起来像"纯正紫砂"，供应商还违规添加工业级铁红粉和过量的二氧化锰。

　　事情一经媒体披露，企业的声誉受到了很大影响。企业遭受的巨大损失远远超过低价采购带来的"收益"，虽然企业后来采取了退货等补救措施，但造成的不良影响已无法补救。

　　追求价格低廉的物料，反而成为企业走向失败的祸源。其背后的原因正是企业对采购的错误认知，这又进一步导致了物美价廉与多快好省下的采购乱象。

1. 物美价廉与多快好省下的采购乱象

　　面对巨大的市场竞争压力，物美价廉与多快好省成为众多企业采购的美好期望。但事实上，"又要马儿跑得快，又要马儿不吃草"的想法是不客观的。更何况物美与价廉、多快与好省之间存在着天然的矛盾。根据企业在供应商开发中的重点期望，笔者制作了一张简图，如图 1.1-2 所示。

　　从根本上来说，质量好、交付快、价格低，是采购的核心期望，但三者相互重叠的部分是什么呢？质量好、交付快，必然意味着价格高；质量好、价格低，则需要面临交付慢的问题；交付快、价格低，那自然质量差；至于三者的交集，那更是绝对理想化的结果，是不可能实现的。

企业如果一味追求物美价廉、多快好省，就很容易陷入短期收益的陷阱，最终引发各种采购乱象，进而导致企业因小失大。

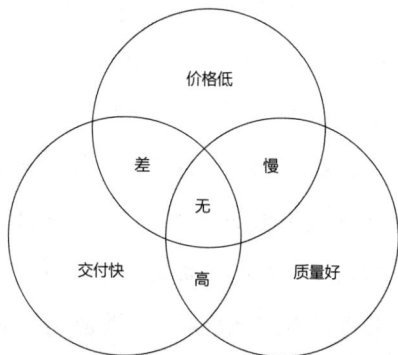

图 1.1-2　物美与价廉、多快与好省之间存在天然的矛盾

2. 正确认识采购成本与供应商成本

做好采购，就是要控制好采购成本，就是要成为企业盈利的推手，这就需要企业从"采购成本＝采购价格"的错误认知中脱离出来，从采购成本和供应商成本两个方面来认识采购。

（1）采购成本。从采购成本的结构来看，我们可以将采购成本公式写为：采购成本＝产品价格＋订单处理成本＋采购管理成本。

① 产品价格包括供应商获取原材料的价格、设计研发成本、生产制造成本、仓储物流成本及供应商利润等。

② 订单处理成本（也称上下游接口成本）包括订单识别与分析成本、谈判成本、合同与检验成本等。

③ 采购管理成本指企业采购管理过程涉及的运营综合成本，包括返修与处理客户投诉等的成本。

因此，采购成本的公式又可写为：采购成本＝供应商成本＋上下游订单处理成本＋企业采购运营成本。

由此可见，采购成本控制绝不只是单纯地降低价格，而是一个系统化的工程。单纯地降低采购价格，可能会压缩供应商成本、弱化订单处理能力或降低售后服务质量，给企业带来诸多风险，如质量风险、技术风险、及时供货风险等。

（2）供应商成本。供应商成本最终呈现为供应商的产品价格，其主要构成部分可以分为三大版块。

①直接材料（Direct Material），包括主料及辅料价格，还需计算其损耗率及不良率。

②直接人工（Direct Labor），包括供应商企业的采购人员工资、质检人员工资、物料加工费等。

③管理费用（Management Fee），包括管理费用、办公费用、仓储管理费用、销售管理费用、售后服务费用等。

对每个企业而言，采购成本由若干个部分组成，故控制采购成本，显然不仅是采购部门的责任，从价格、研发、品质、工艺、运输、利用率等各方面到研发、采购、生产、仓储、财务和销售等各部门，都应当承担起重任，从而实现企业对采购成本的全系统有效控制。

1.1.4　采购成本与企业利润

统计资料显示，在制造业中，原料、零配件、机器设备等的采购金额平均占总销售额的 50%，部分企业甚至高达 70% 以上。由此可见，采购成本必然成为企业成本管控的重点对象。有关机构的调查结果表明，"采购成本每降低 1%，相当于企业业绩提高 10%~15%"。故就采购成本而言，管得好，赚钱；管不好，亏钱。

对采购成本的有效控制，确实能够为企业带来超额收益。由于采购成本占据了企业销售额的大部分，降低采购成本对企业利润的影响也呈现出意料之中的杠杆效果。

例如，保持售价 108 元不变，企业如何多赚 3 元？某企业的简单损益表如表 1.1-2 所示。

表 1.1-2　某企业的简单损益表

成本类别	成本额度（元）	多赚 3 元方案	增减比例关系
采购成本	60	其他成本不变，降为 57 元	-5%
生产成本	12	其他成本不变，降为 9 元	-25%
人力成本	12	其他成本不变，降为 9 元	-25%
营销成本	11	其他成本不变，降为 8 元	-27.3%
管理成本	5	其他成本不变，降为 2 元	-60%
售价		108 元	
净利润	8	11 元	37.5%

从表 1.1-2 可以看出，为达到多赚 3 元的目的，采购成本只需降低 5%，就可以使利润提高 37.5%，这种杠杆关系在采购成本占比大的情况下甚至能达到 1:10 的效果。

难怪很多企业运营者叹息：钱不是赚来的，而是省来的。

当然，不同行业之间，由于其采购成本与销售额的比例不同，降低采购成本对业绩提高的影响也有所差异，从表 1.1-3 中，可以看出，不同行业采购成本与业绩的关系是有差别的。

表 1.1-3　不同行业采购成本与业绩的关系

公司名称	采购成本降低比例	业绩提升比例
飞利浦	2%	12.1%
IBM	2%	14%
可口可乐	2%	3.58%
康师傅	2%	15.8%
大众	2%	64.34%
沃尔玛	2%	47.73%
……		

（数据来源：各上市企业对外披露的财报）

物料采购成本在销售额中占比小（如低于 50%）的企业，其物料成本的降低对销售业绩提升的影响有限。在绝大多数行业中，采购价格对优化财务指标都具有显著的积极作用。

这其实并不难理解，我们可以引入一个简单的、以价格为主导的"成本－效益"模型：一家企业的采购成本占其总销售额的 50%，税前纯利润占比为 10%，即 100 元的销售额中，利润为 10 元，采购成本为 50 元，其他成本为 40 元。

假设所有成本费用均随着售价变动，那么，如果企业想将利润率提高 10%，即将利润增加至 11 元，企业该如何做呢？具体有两种做法，如表 1.1-4 所示。

① 销售额提高 10% 至 110 元。此时，税前利润为 11 元，而采购成本随之增至 55 元，其他成本则达到 44 元。

② 采购成本降低 1 元，其他成本保持为 40 元不变。此时，税前利润为 11 元，销售额仍为 100 元。

表 1.1-4 采购成本变化对比表

方法	销售额（增长率）	采购成本（增长率）	其他成本（增长率）	利润（增长率）
方法 1	110（10%）	55（10%）	44（10%）	11（10%）
方法 2	100（0%）	49（−2%）	40（0%）	11（10%）

注：销售额、采购成本、利润的单位均为元。

在第二种计算方法中，企业只需缩减 2% 的采购成本，即可实现 10% 的销售额增长，从而实现利润的增加。对于大多数企业而言，上述两种方法哪种更容易？这显而易见。

然而，这只是最简单的采购成本计算模型。真实的企业采购远比该模型复杂。

如果再增加其他变量，如不良率、管理成本等，采购价格的因变量函数就会更加复杂。即供应商成本 Y 的函数表达式为：$Y=f($ 物料价格、交易成本、管理成本、合格率……）

具体而言，如果引入不良率的概念，则情况如下：若因采购成本降低2%，导致良品率由100%降至97%，那么最终，采购成本反而会提高1%。

如果引入管理成本的概念，则有如下情况：若为了找到使采购成本降低2%的方法，企业需要额外付出5%的时间成本、评估成本、风险成本等，那么最终，采购成本反而会提高3%。

采购成本对企业利润的杠杆作用由此可见一斑。采购成本绝不只是采购价格，采购成本受多个变量的影响。正是因为采购成本函数的自变量的复杂性，即使企业无法控制采购价格，同样可以借助其他成本管控手段与渠道，助推企业利润的增加。

1.2　采购常见的模式

只有在深入理解采购基础知识之后，企业才能正确选择合适的采购模式。因此，企业要对自身有更加深入的认知，从采购组织、采购思维、采购操守与采购绩效4个维度出发，构建OTEP模型，并借助协同采购、集成采购、响应采购、反应采购等常见的采购方式，科学地指导企业的采购实践。

1.2.1　OTEP模型下的采购类型选择

在前文讲述通过采购战略达到降低成本的目的时提到过，采购团队缺乏系统技能是一个巨大的障碍，笔者曾对31家企业（其中包括25家制造型企业、3家全球性贸易型、3家服务型企业）进行现场调查与团队调查，并为其建立采购与供应链管理OTEP模型。

所谓OTEP模型，是采购组织（Purchasing organization）、采购思维（Procurement thinking）、采购操守（Procurement ethics）与采购绩效

（Procurement performance）4 个维度的简称，如图 1.2-1 所示。企业可以通过搭建 OTEP 模型，形成优秀、卓越的采购矩阵运营体系。

图 1.2-1　OTEP 模型

综合对 4 个维度进行对比，结果如表 1.2-1 所示。

表 1.2-1　OTEP 模型的 4 个维度比较

OTEP 模型维度	俗解	简称	团队构建
采购组织（Purchasing organization）	组织化	有体系	有德有才，破格重用 有德无才，培养使用 无德有才，限制使用 无德无才，坚决不用
采购思维（Procurement thinking）	有想法	有才	
采购操守（Procurement ethics）	职业化	有德	
采购绩效（Procurement performance）	有办法	有才	

从采购组织与流程体系设计到德才兼备的人才团队构建，所涉及的所有绩效与技能，都是基于企业战略层面的当前竞争与长期可持续发展的需要，通过内部系列化设计与优化，汇总企业资源，支撑企业的最终战略。

具体而言，OTEP 模型下的采购类型选择，主要需遵循 5 个目标原则。

1. 确保供应交付

收集市场资讯，掌握市场的需求及未来的趋势，从供应商处获取最有利的供货条件（包括质量、包装、品牌、折扣、价格、进货奖励、广告赞助、促销办法、订货办法、订货数量、交货期限及送货地点等），以达到公司采购要求的采购标准，实现供应与交付的目标。

2. 总成本最低

战略采购的核心内涵就是以最低总成本建立服务供给渠道。它注重的是最低总成本，而非单一最低采购价格。

在低价格的背后，往往是更高的总成本，但这很容易被企业忽视。例如，笔者看到某些企业为了防止所谓的"腐败风险"，成立专门审价的"审计部"，最后审计部只能脱离企业采购的实际情况，一味追求低价采购，使得采购人员花大量时间寻找审计部需要的低价"证明"。这样一来，采购人员的专业性被否定，采购团队的价值归属感降低。

成本战略采购循环涉及供应商、采购部门、生产研发部门，甚至售后部门等多个部门，因此，企业必须遵循总成本最低的原则，对整个采购流程中涉及的关键成本和其他相关成本进行管控，不能一味追求采购价格最低。

3. 建立共赢关系

不同的企业，适用不同的采购方法。有的企业注重与供应商建立良好的合作关系，有的企业倾向于竞争性定价，有的企业则认可采购外包，……但无论如何，采购并非零和博弈的过程，而是商业协商的过程。

如果执着于利用采购杠杆逼迫供应商妥协，企业也绝不可能成为受益者。因此，企业要遵循建立共赢关系的原则，基于对原材料市场的充分了解和企业自身战略，实现所有利益相关方的共赢。

笔者曾在帮助某企业做成本改善项目时，通过该企业与供应商构建良好的共赢关系，实现采购数据、工艺计划、模具安排、研发改进和品质优化的协调统一。不到3个月，在供应商的准时交付率提升至98%的同时，该企业的采购总成本下降了11.5%。

4. 完善采购能力

采购不只是交易行为，因此，战略采购所需的能力也不只是询价和谈判的能力。理想的采购能力涵盖三大方面：采购精神、采购绩效、采购职业化。这三大方面又可细分为六大能力：采购逻辑、采购战略能力、供应商整合与关系管理能力、品质管控与计划能力、成本建模与管控能力、商务协同与谈判能力，如图 1.2-2 所示。

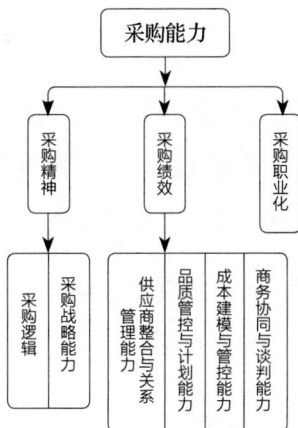

图 1.2-2　采购能力

很少有企业能够同时拥有以上六大能力，但企业仍然应该不断完善自身的采购能力，并争取优化其中 3 个方面的能力，即成本建模与管控能力，为建立战略采购循环奠定基础；采购战略能力，推动采购由战术性行为转变为战略性行为；供应商整合与关系管理能力，确保实现利益相关方的共赢。

5. 制衡与合作

供应链是动态的。采购方与供应商之间虽非零和博弈，但也存在相互比较、相互选择的现象，双方都具有议价的权利。如果采购方（企业）对供应商的业务战略、运营模式、竞争优势等信息有充分的了解和认识，就有利于企业发现机会，在共赢合作中找到平衡。

即使选择单一供应商，企业也应当遵循制衡与合作的原则，持续关注自身所在行业及相关行业的发展，考虑如何借助与供应商的深入甚至先期合作，来降低成本、增强竞争力。

1.2.2　协同采购方式

协同采购方式适用于产品数量多、种类也多的企业，此类企业的供应链需要一个庞大的团队来管理，并应对产品的质量、交期、服务、成本等要素进行管控。

由于涉及的产品线丰富，管理成本高且效果不尽如人意，很多企业会将品类有共性的产品汇聚起来，交由给个渠道商管理，以节约成本、提高效率。例如，沃尔玛的采购品种多、数量也大，往往会委托渠道商采购。

协同采购的战略诉求一般如表 1.2-2 所示。

表 1.2-2　协同采购的战略诉求

采购方式	采购关键诉求	QCDS 关注点
协同采购方式	追求功能 质量至上 品种相对单一 规模化效益 生产成本低 快速满足需求	Q ☺☺☺ C ☺☺☺ D ☺☺☺ S ☺☺

注：QCDS 即品质 Quality、成本 Cost、交期 Delivery、服务 Service。

在新零售模式下，功能性产品被不断细分。成本最低不再是此类供应链的目标，但高效率仍然是；可计划性随着大数据应用的不断深入而提高，按库存生产逐渐转变为按需求生产或按订单生产。基于上述变化，渠道供应链开始向精益供应链转变。

1.2.3　集成采购方式

集成采购方式适用于产品数量多、种类少的企业，如丰田汽车公司等，这种市场通常竞争比较激烈，最后只能以拼价格的方式决定胜负。这种市场竞争下的企业以总成本为导向。

集成采购的战略诉求一般如表 1.2-3 所示。

表 1.2-3　集成采购的战略诉求

采购方式	采购关键诉求	QCDS 关注点
集成采购方式	与供应商协同 库存水平低 精益化制造 上下游集成 反应时间慢	Q ☺☺☺☺ C ☺☺☺ D ☺☺ S ☺☺☺

在新零售模式下，随着消费升级和客户需求的多样化，订单的数量和频次增加，订单模式由"大批量少品种"向"小批量多品种"转化，订单渗入点进一步前置。因此，"按订单生产"开始向"按订单设计"转化，精益供应链进一步升级为柔性供应链。

1.2.4　响应采购方式

响应采购方式适用于产品数量少、种类也少的企业，为满足这种市场需求，企业通常采用个性化定制商业模式。市场的个性化通常需要供应链的柔性响应，高端商品定制行业就是这样一个例子。

响应采购的战略诉求一般如表 1.2-4 所示。

表 1.2-4　响应采购的战略诉求

采购方式	采购关键诉求	QCDS 关注点
响应采购方式	个性化 多品种 小批量 快速捕捉 快速满足	Q ☺☺☺ C ☺☺ D ☺☺ S ☺☺☺☺

随着大数据应用范围的扩大及对目标客户的精准分析，需求拉动的供应链战略被广泛应用。柔性供应链在满足多样化的柔性需求的基础上，也要通过对大数据的整合应用，探寻成本优化与利润增加的空间。同时，企业也要

进一步加快响应速度、提高服务水平，在柔性供应链的基础上重点向敏捷供应链转化。

1.2.5 反应采购方式

反应采购方式适用于产品数量少、种类多的企业，如戴尔计算机等，这就是我们常说的大规模定制、模块化生产，需要个性化与快速响应。

反应采购的战略诉求一般如表 1.2-5 所示。

表 1.2-5 反应采购的战略诉求

采购方式	采购关键诉求	QCDS 关注点
反应采购方式	供应链延迟 大规模定制 标准化模块 快速反应	Q ☺☺☺ C ☺☺☺ D ☺☺☺☺ S ☺☺☺

该供应链管理方式更注重提高客户体验和运营效率，过程库存进一步减少，交付时间更短。随着对目标客户的数据收集与分析的深入，客户画像逐渐清晰，其需求可以被准确预测甚至被引导和创造，供应链响应点因此前置。此类供应链的运行效率和利润率更高，更新速度快，服务水平也会有很大提升。

1.3 供应链竞争模型与采购供应方案

在市场竞争中，每个企业都有独属于自己的企业竞争战略。战略将企业资源汇总并凝聚成系统力量，在市场竞争中全力以赴从而获得竞争优势。一旦企业的竞争战略确定，企业的任何经营运转，都应当为实现战略而服务。采购与供应链同样如此。

从采购环节来看，采购战略是为生产制造与服务战略服务的，而生产制造与服务战略则是为市场竞争战略服务的。当"采购—生产—销售"连成一环时，再加入计划环节，事实上就形成了内部供应链，这样，整个供应链就能为实现企业战略服务。因此，在讨论如何借助采购与供应链，实现企业可持续盈利之前，企业首先要将目光放大至全局，从企业竞争战略的角度思考问题。

1.3.1 企业竞争战略类型

企业的战略是什么？简单来说就是：活下来，赚钱，发展下去。另外还有一种说法是：战略即取舍。简单理解就是舍弃无用的，以盈利为导向。但赚钱的前提是，企业必须有价值竞争优势。

说到底，企业战略的第一要务就是赚钱。但企业凭什么赚钱？竞争优势是什么？

在全球范围内，企业的竞争优势有很多种，系统地将其归类不外乎 4 种，如表 1.3-1 所示。

表 1.3-1　各类型企业的竞争优势

竞争优势	代表企业
技术创新	苹果
客户体验	IMAX 电影、奔驰汽车
产品质量	雷克萨斯
成本领先	小米

在我国工业化发展早期，由于我国的工业化进程相对比较慢，工业基础相对薄弱，面对全球化竞争，大多数企业直接而有"杀伤力"的第四种竞争优势——成本领先抢占市场。从产业转型与工业化进程的维度看，成本领先型竞争优势也符合我国企业还处于成本敏感型阶段的特点。

但随着互联网与新技术的应用，很多企业出现了差异化的战略竞争势头，这就需要我们认真思考：企业当前与未来的战略是什么？

确定了企业竞争战略，接下来就应该思考战略的协同与传承，只有这样，企业才能集中所有资源与力量来获取最优绩效。从企业竞争战略中导出供应链战略，供应链战略决定制造与服务战略与采购战略等，企业竞争战略的结构如图 1.3-1 所示。

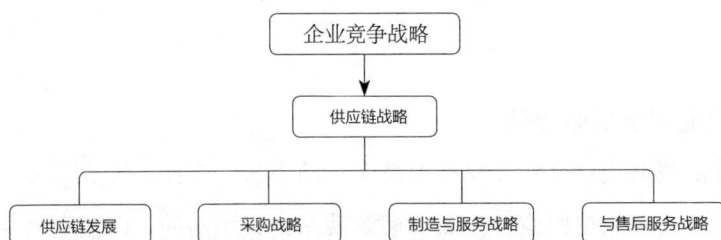

图 1.3-1　企业竞争战略的结构

1.3.2　基于企业竞争战略的四大供应链分解

确定好的战略，需要供应链运营方式，亦称商业模式的支持，从而有效梳理制造与服务模式、订单处理模式与采购模式。

为了更好地解释与对比，我们结合市场需求的产品与数量的品类，直观地绘制出四象限图以便读者理解企业的竞争战略，四象限图如图 1.3-2 所示。

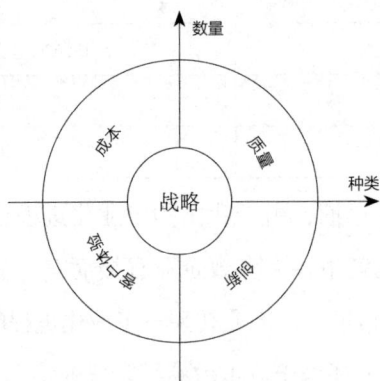

图 1.3-2　四象限图

结合图 1.3-2 的内容，我们再以表的形式展现不同竞争定位的区别，如

表 1.3-2 所示。

表 1.3-2　不同竞争定位的区别

象限	产品需求种类	产品需求数量	竞争定位
第一象限	多	多	质量
第二象限	少	多	成本
第三象限	少	少	客户体验
第四象限	多	少	创新

从图 1.3-2 和表 1.3-2 中可以看出，依据企业制造与提供服务的产品品类的差异，企业应找出适合自己的立足点，参与市场差异化竞争。

我们也可以根据"种类—数量"的关系，确立 4 种差异化战略，由差异化的战略定位导出供应链类型的差异，如图 1.3-3 所示。

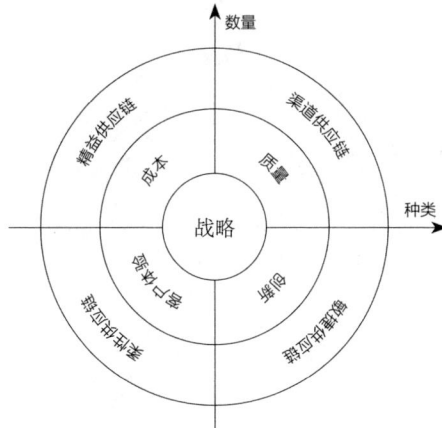

图 1.3-3　供应链类型

结合图 1.3-3 中的内容，我们再以表的形式展现不同竞争定位下的供应链类型，如表 1.3-3 所示。

表 1.3-3　不同竞争定位下的供应链类型

象限	产品需求种类	产品需求数量	竞争定位	供应链类型
第一象限	多	多	质量	渠道供应链
第二象限	少	多	成本	精益供应链
第三象限	少	少	客户体验	柔性供应链
第四象限	多	少	创新	敏捷供应链

由企业的"种类—数量"推演出来的战略，可以导出 4 种不同类型的供应链支持其企业战略。

基于不同供应链的生产与服务特征，我们可以进一步推导出相应的生产与服务方式，以帮助企业在协同采购、集成采购、响应采购及反应采购等采购方式中做出选择。采购方式如图 1.3-4 所示，再将其用表的形式展现不同供应链类型下的采购方式，如表 1.3-4 所示。

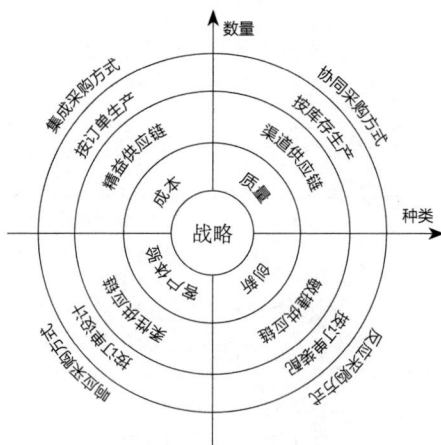

图 1.3-4　采购方式

表 1.3-4　不同供应链类型下的采购方式

象限	产品需求种类	产品需求数量	竞争定位	供应链类型	生产与服务方式	采购方式
第一象限	多	多	质量	渠道供应链	按库存生产	协同采购

续表

象限	产品需求种类	产品需求数量	竞争定位	供应链类型	生产与服务方式	采购方式
第二象限	少	多	成本	精益供应链	按订单生产	集成采购
第三象限	少	少	客户体验	柔性供应链	按订单设计	响应采购
第四象限	多	少	创新	敏捷供应链	按订单装配	反应采购

不同的企业竞争战略要有不同的采购战略来支撑。通过品类分析决定企业的竞争战略，最终通过供应链战略推导出企业的 4 种采购方式。每一种采购方式有各目的采购策略、供应商管理办法、成本管控方案与合作商务方式。

1.3.3　基于企业竞争战略的四大采购与供应链汇总表

我们将 1.3.2 节中提到的几个表格进行汇总，就可以得到基于企业竞争战略的四大采购与供应链汇总表，如表 1.3-5 所示。

表 1.3-5　基于企业竞争战略的四大采购与供应链汇总表

象限	产品需求种类	产品需求数量	竞争定位	供应链类型	生产与服务方式	采购方式	产品特性	整体关注点
第一象限	多	多	质量	渠道供应链	按库存生产	协同采购	功能性产品（如纸巾、餐盒、桌子、水盆等）	效率、总成本最低和供应链可计划性
第二象限	少	多	成本	精益供应链	按订单生产	集成采购		
第三象限	少	少	客户体验	柔性供应链	按订单设计	响应采购	创新性产品（如时尚商品、高科技电子产品等）	利润率高，更新速度快，需求准确预测，反应迅速，最优服务水平、订单满足水平
第四象限	多	少	创新	敏捷供应链	按订单装配	反应采购		

基于对供应链竞争模型与采购供应方案的理解，我们就能更好地理解 4 种采购方式的战略诉求差异，现总结如表 1.3-6 所示。

表 1.3-6 4 种采购方式的战略诉求差异

采购方式	采购关键诉求	QCDS 关注点
协同采购方式	追求功能 质量至上 品种相对单一 规模化效益 生产成本低 快速满足需求	Q ☺☺☺☺ C ☺☺☺☺ D ☺☺☺ S ☺☺
集成采购方式	与供应商协同基础 库存水平低 精益化制造 上下游集成 反应时间慢	Q ☺☺☺☺ C ☺☺☺☺ D ☺☺ S ☺☺☺
响应采购方式	个性化 多品种 小批量 快速捕捉 快速满足	Q ☺☺☺ C ☺☺ D ☺☺ S ☺☺☺
反应采购方式	供应链延迟 大规模定制 标准化模块 快速反应	Q ☺☺☺ C ☺☺☺ D ☺☺☺☺ S ☺☺☺

1.3.4 关于采购战略与战略采购

依据供应链竞争模型,企业能形成完整的采购战略与采购策略方案,以战略采购制胜新时代。但在实践过程中,企业经常将"战略采购"与"采购战略"两个词混淆。

采购战略是关于采购需求、供应商分析、采购策略与交付商务等内容带有指导性、全局性、长远性的整体管理方案。而战略采购是一种系统性的、以数据分析为基础的,以最低总成本获得企业竞争所需外部资源所有权的采购方法。故两者无论是内容还是重点和目的,都完全不同,具体区别如图1.3-5 所示。

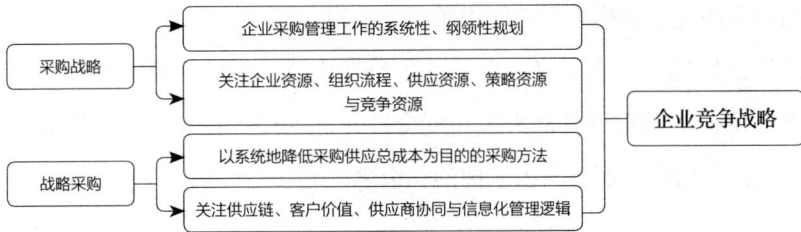

图 1.3-5 采购战略与战略采购

战略采购既是基于供应链系统以期系统化地降低采购供应总成本的，也是基于企业构建长期供应竞争力环境的，其主要是从 3 个角度，即竞争价值定位、供应链运营以及采购组织与流程管理来定义的。

1. 竞争价值定位

一个企业要在市场竞争中立足，一定有其竞争战略，竞争战略主要能回答以下 3 个问题：

（1）客户是谁？

（2）客户为什么选你？

（3）你能够给客户提供哪些差异化价值？

如果能将这 3 个问题回答清楚，就意味着企业有明确的竞争战略方案，这里面也包含为了使客户满意，企业所需要做的所有资源准备。就如奔驰（Mercedes-Benzes）轿车的定位是高档汽车品牌，而比亚迪（BYD）轿车矢志打造物美价廉的国民用车。同样是汽车，定位差异导致企业产品实现的全过程，即市场定位、产品策划、功能实现、供应商策略、生产运营、交付商务、库存物流等的价值趋向产生不同，但无论如何整条价值链不能出现任何成本浪费与冗余。

这也让笔者想起多年前的一件事：某知名企业做供应链成本改善项目，其产品的设计寿命为 7 年，但我们做价值工程（Value Engineering，VE）/价值分析（Value Analysis，VE）后发现，产品有 1/3 的配件的设计寿命为 15 年，而且有部分配件的附加值很高，明显高于其产品的市场定位，企业相关部门的采购成本居高不下的原因瞬间被找出。

采购供应链职业人明确企业的竞争价值定位，意味着企业决策应基于客户对产品价值的满意度并从系统角度全局化地安排产品总成本，以避免企业与供应商因价格纷争而打击供应商的积极性。

2. 供应链运营

定位清楚了，接下来就是运营了。

大量实践证明："企业最大的成本是信任"。由于上下游企业之间的不信任而增加的商务交易成本几乎占到企业销售额的 10%~15%，但这常常是企业管理者与供应链运营者很难觉察到的。

由于供应链管理与运营水平有限，企业与企业之间缺乏基本的数据与信息共享，企业间的交易每经过一个环节，都会在无形中增加相应的成本。

例如，在供应链构建不成熟的情况下，企业都有近 10% 的营销成本，6% 的采购运营成本，在供应链中，每增加一个环节就会增加供应商的营销成本，对采购商的评估、认证、识别的成本，交通成本等一系列成本，供应链成本累积示意图如图 1.3-6 所示。而这些成本最终将转化为产品价格转移至最终客户，这不仅降低了交付效率，还拉长了供应周期。

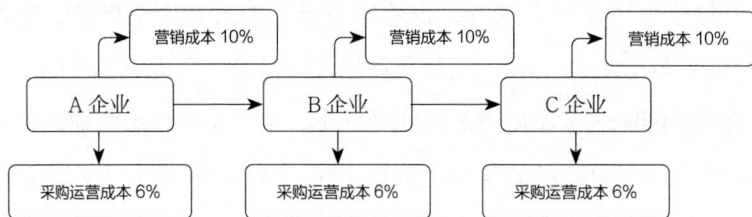

图 1.3-6　供应链成本累积示意图

3. 采购组织与流程管理

官渡之战，是东汉末年"三大战役"之一，也是中国历史上著名的以弱胜强的战役之一。当年曹操能以不到 2 万士兵战败袁绍的 10 万汹涌而至的大军，绝非简单的兵力资源的对决，而是组织布阵与调度管理的对决。

很多企业采购组织基于职能分工的传统架构模型开展工作, 这种架构下分工明确、目标清晰, 就如很多企业的组织架构分为生产部、研发部、采购部、品质部等一样。但在公司关键绩效指标 (Key Performance Index, KPI) 的考核压力下, 各部门都只考虑自己部门的利益最大化, 不会考虑企业整体竞争力的协同, 因此难免出现部门间指标与利益冲突, 最后在耗费企业宝贵经营资源的同时, 牺牲企业整体经营效益, 延长企业与供应商的沟通与确认周期的情况。因此, 设置合理的采购组织与管理流程, 对提高采购效率与绩效、改善供应环境都极为有利。

随着市场竞争加剧, 客户订单多品种、少批量的市场模式来临, 企业的运营方式和流程应该进行调整以迎接市场所提出的更多的挑战。因此, 无论是扁平化组织架构还是项目制运营方式, 都是为了更好地满足客户需求, 以最有效的方式调度企业资源, 确保企业的采购供应系统运营顺畅。

因此, 企业的总效率能取决于企业竞争价值、供应链运营和组织运营三大核心版块。无论是内部效率, 还是外部资源的整合与管控水平, 都将体现在企业运营的总效率与总成本中。企业运营的总效率与总成本最终会体现在产品价格上, 直接影响企业的最终竞争力。

1.4 采购的四大维度

制定采购战略的关键工具就是 OTEP 模型。OTEP 涵盖了采购的四大主要维度, 即采购组织、采购思维、采购操守与采购绩效, 企业在运用 OTEP 模型工具时, 也需要深入理解采购的四大维度。

1.4.1 采购思维

采购思维即采购精神。采购是以成本为中心还是以盈利为中心? 采购方的心态是什么样的？为何说采购的投资回报高？企业与供应商是怎样的关系？采购如何从被动采购转化为主动采购？

企业构建采购思维的具体工作任务与目标如下。

（1）理顺采购财务认识：采购盈利。

（2）构建清楚的采购与供应链逻辑，协助采购工作者立体、全面地看到采购任务与目标。

（3）建设盈利性采购思维，形成良好的采购心态。

（4）辅导企业进行实际采购，充分认识采购组织的财务价值，形成职业采购思维。

1.4.2　采购组织

组织力就是生产力。企业是否觉得采购制度滞后影响对客户需求的响应？采购腐败与漏洞防不胜防？建设基于公司战略服务目标与绩效管控的采购组织与制度流程，能规范采购体系，降低采购风险，提高采购能力。

企业建设采购组织的具体工作任务与目标如下。

（1）协助采购组织明确组织任务与职能。

（2）协助规范采购组织的目标、流程、制度与跨部门信息反馈。

（3）协助构建基于组织绩效目标的采购组织体系与考核系统。

（4）辅导采购组织"接地气"，提高其采购能力。

1.4.3　采购绩效

采购绩效是采购的核心。采购工作者实现采购价值链绩效需要何种能力？实现采购价值的工具有哪些？企业应构建采购工作者的绩效能力雷达图，明确采购工作者的绩效财务指标。

企业的具体工作任务与目标如下。

（1）理顺采购战略与采购任务的关系。

（2）培养采购工作者的供应商开发、筛选、评估与管理能力。

（3）培养采购工作者的降低采购成本与进行商务谈判的能力。

（4）构建系统绩效，会涉及计划、仓储、生产、配送工艺、调度等部门。

（5）辅导采购工作者对工具与方法进行掌握，实现技能落地。

1.4.4 采购操守

采购职业化操守，即鉴于采购职业的特殊性，采购工作者在采购职业活动中必须遵从的最低道德底线和行业规范。它具有"基础性"和"制约性"特点，凡采购工作者必须遵守采购操守。

企业的具体工作任务与目标如下。

（1）建设健康的采购职业化规划。

（2）明确企业伦理与职业伦理。

（3）理解采购的主动与被动。

（4）构建对知识产权、秘密信息、技术资料和其他资源的规范管理。

（5）辅以企业规定：要求采购工作者始终坚持维护企业利益，诚实守信、实在做事。

第 2 章
制定和执行采购计划

　　采购计划是企业根据市场情况、企业特性和物料需求等要素，对物料及其采购活动作出的安排与部署。市场环境瞬息万变、企业需求无法确定，这是很多企业忽视采购计划的原因，却也是很多企业制定采购计划的原因。没有计划的采购，只会被市场"牵着鼻子走"；有计划的采购，能让企业井然有序地运行。

2.1　采购计划制定

没有计划的采购，总是会因市场变化、企业需求无法确定而茫然失措，企业也因此不得不耗费大量的资源。只有依据妥善的采购计划，企业才能有效确定采购数量、时间和方式，并据此使采购战略落地，使采购需求得到满足。

具体而言，制定采购计划的目的表现为以下5点。

（1）预估物料的需求数量及时间，防止供应中断，影响企业生产。

（2）避免采购过多物料，导致库存积压、资金占用。

（3）配合企业生产计划与资金使用计划。

（4）指导采购部门确定采购策略，在合适的时机采购物料。

（5）确定物料耗用标准，增强采购成本管理能力。

2.1.1　没有计划的采购会是什么样

即使很多企业对采购成本控制高度重视，但企业大量的收益仍然被采购所吞噬。IBM中国公司前采购总监谢勤龙对此感触深刻："一旦采购成本压缩下来，其利润回报非比寻常。"

这句话并非无的放矢。采购成本的降低，不仅有利于提升产品的利润率，在减少资金占用、降低仓储成本和加快运营资本周转等各方面，也都具有突出作用，有利于企业整体竞争力的提升。

采购成本的竞争优势愈趋明显，而无数采购人员和企业都被困于同一个问题：采购成本为什么降不下来？

东莞某膳食公司的采购人员通常会根据市场行情与供应商协商确定采购价格，但价格的真实性却难以核查监督，因此该公司的采购价格长期偏高。尤其是当公司要求降低价格时，物料的质量通常无法得到保证。因此，即使经常更换供应商，公司却总也解决不了采购成本居高不下的问题。

与此同时，该公司对市场信息的掌握也十分滞后，既无法在最合适的时机进入市场，也无法拿到最优的价格。

成本是采购人员心里"永远的痛"。人工成本、时间成本、物料成本……采购人员无时无刻不在承受着源自各方面的成本压力。企业管理者更是如此。但采购成本的有效控制、采购活动的效率提升，只依靠采购人员是不能实现的。企业如果缺乏有效的采购计划，就不可能突破这样的困局。

笔者曾调研过大量的公司采购活动，发现采购失控的根源就是缺乏控制采购活动的计划。因此，这些公司往往都会被以下问题困扰。

1. 采购管理失控

从企业内部来看，缺乏计划支撑的采购往往会失控，在采购时间、采购手段等各个环节都无法实现有效控制。

（1）采购时间难以确定。由于供料时间紧，企业缺乏足够的时间进行多渠道询价、比价；在着急采购时，议价能力也因此被削弱，企业难以确保物料采购价格的合理性。

（2）采购程序难以控制。领导干预、计划变更等内部原因可能导致采购无法按正常程序进行。此时，即使有相对合理的采购手段，也难以有效实施。

（3）采购手段难以掌握。在市场变化、企业竞争等宏观因素的影响下，因为缺乏有效的应对机制，企业难以掌握合适的采购手段，无法抓住最合理的采购价格。

（4）难以及时、准确验收。由于供料时间紧、缺乏专业人员等，企业难以对物料进行有效验收，物料品质也就无法得到保证。

（5）付款方式很难保证。来自资金周转方面的压力使采购资金缺乏保障，企业也因此缺乏有效的议价手段，无法与供应商讨价还价。

2. 供应商管理失控

从供应商管理来看，没有计划的采购人员会将供应商管理简化为货源管理，这将导致企业与供应商的合作永远停留在表面。

（1）无节制压低单价。在货源管理下，每家供应商在企业眼中都好像菜市场的菜贩，企业的采购原则也变成了单纯的比价。基于"价低者得"的原则，供应商很可能为了盈利而以次充好，甚至可能会因为无利可图而停止供货；企业的货源也由此中断，生产也因此陷入停滞。

（2）只做审核监管。

供应商能力低下、货源品质差、交货慢……企业总是对供应商有诸多抱怨，面对供应商的各种问题，企业的应对办法仅是审核监管，为了达到品控目的，甚至对供应商采取出现问题就进行重罚的手段。

然而，企业如果只做审核监管，就会加剧供需双方的不信任感。一旦出现问题，企业与供应商则会聚焦于互相推诿，而非处理问题、提升水平。

（3）一味拖欠货款。为了避免采购占用流动资金，很多企业会将拖欠货款看作采购的"重要"组成部分，甚至将之纳入采购工作的绩效考核。于是，拖欠货款成为采购工作的常态，有些企业还会专门，以品质不良、交货延迟等为借口，向供应商要求延迟支付货款或打折。

这种做法确实会帮助企业减少被占用的流动资金，但却会致使企业信用和形象严重受损。

（4）频繁更换供应商。"这家不行就换一家。"这是很多企业采购时的心理。当将供应商看作货源时，企业并不在意由谁提供物料，只在意单次采购的价格、品质或服务。此时，企业可以根据每次的采购需求，选择相对合适的供应商，从而在单次采购价格上获得一定的实惠。

然而，这种做法的缺陷也显而易见，企业无法与供应商建立稳固的采购关系，对供应链绩效的整体提升也毫无益处，甚至会导致供应商对企业的不重视，以"一次性交易"的态度对待企业。

货源管理确实能够在短期内为企业带来一些收益，但由此产生的一系列采购问题，却不利于企业整体实力的提升，也不利于企业的可持续发展，并且会阻碍企业在市场竞争中建立竞争优势。

2.1.2 采购的五大要素

企业制定采购计划，是为了有效地应对市场变化。采购计划是根据企业特性和物料需求作出的采购相关的安排和部署。而要让采购计划真正发挥效用，在制定采购计划时，就要考虑采购的五大要素。

1. 价格

价格是企业采购活动的焦点，也是制定采购计划时要考虑的核心要素。当下，很多采购人员也将大部分精力置于"砍价"上。为了有效地确定采购价格的计划，采购人员需要根据市场调研情况，制定计划价格，并据此与供应商进行谈判。

但要注意的是，计划价格，并不是"价格红线"。根据物料的市场价格波动，企业应当允许实际采购价格与计划价格有出入，但也要对此进行考量，避免价格波动超出合理范围。

2. 品质

与价格相比，品质这一要素似乎很容易被忽视，但其对企业采购成本的影响却更为显著。物料品质不良，会导致企业不得不经常性地变更生产计划，或导致成品不良率上升，影响企业的信誉和产品竞争力。

因此，在制定采购计划时，企业必须明确对物料品质的要求。除了良品率等常规品质指标之外，在与供应商初次合作时，采购计划中可以引入工程样件（Off Tooling Samples，OTS）/ 生产件批准程序（Production Part Approval Process，PPAP），确保供应商提供的物料品质符合采购计划的要求。

OTS/PPAP 是在与供应商正式签订采购协议前，考核供应商能力的工具。通过对样品品质的分析，我们可以确认品质能否达到要求，此为 OTS；样品确认后，供应商进行少量试生产，进一步确认品质并预测供应商的生产效率，此为 PPAP。这是新市场开发的重要步骤，尤其是在企业决定推出新品时，物料部门必须对 OTS/PPAP 进行严格监督，一旦发现隐患，必须立刻停止与相关供应商的合作。否则，等到正式开工时，各种问题频出，那么所有工作都会陷入困境，不仅包括生产，对市场营销、客户拓展、经销商计划等也会产生严重的成本浪费。

3. 交期

交期，即采购物料的交货时间。很多采购人员认为，物料只要能够在生产将该物料消耗完前入库即可。但实际上，在准时化（Just In Time，JIT）采购、零库存等管理理念下，交期的合理确定是制定采购计划时应重点关注的内容。

如果交期过早，物料就可能在仓库中储存很长时间，才能被生产消耗。这段时间意味着仓储成本的消耗及物料的自然损耗。当然，如果交期过晚，同样会影响企业的正常生产运营。

因此，企业要根据企业生产计划，合理地确定采购计划中的交期。

4. 服务

相较于价格、品质、交期等要素，供应商的服务水平对采购活动的影响并不直观。但是，服务能体现出供应商的能力和态度。尤其是处理问题时的态度和能力，更是直接反映了一家供应商是否值得继续合作。

为了让采购人员在与供应商的沟通中更有底气，企业应当在采购计划中明确对供应商服务水平的要求。如果供应商的服务水平过低或服务态度极差，那么即使该供应商提供的物料价格具有一定优势，企业也要慎重考虑，以免后续合作中出现不必要的纠纷。

5. 配合度

采购活动的有序推进，是企业生产运营的重要保障；供应商的绩效，则是企业竞争力的延伸。在这种局面下，供应商必须与企业协同运营，才能实现供应链整体竞争力的提升。

因此，采购计划也需关注供应商的配合度，确保采购双方在有效沟通的基础上，在采购、生产、研发等各环节相互配合，这样才能实现企业与供应商的协同发展、共同成长。

2.1.3 明确和合理筛选采购需求

制定采购计划的一个重要前提，就是明确采购需求。如果不能准确识别采购需求，采购计划就可能出现遗漏或采购过多等情况，影响 JIT 采购的实现。

采购需求识别流程如图 2.1-1 所示，只有在确认顾客订单需求之后，企业才能结合市场环境对采购需求进行确认，进而对需求进行分解，执行相应的采购任务。如果在需求识别环节出现失误，不仅可能导致采购成本的浪费，还有可能损害生产进程及客户体验。

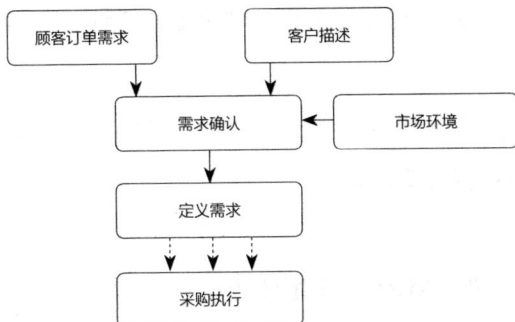

图 2.1-1　采购需求识别流程

下面介绍在明确采购需求的过程中，很多企业可能陷入的误区及对应的解决办法。

（1）一接到需求就制定采购计划。采购需求必须经过评审与确认，才能被列入采购计划。否则，一旦需求出现变化，已经采购的物料就可能失去意义。

（2）所有采购需求都无条件满足。由于市场环境的多变，企业在获悉客户的需求之后，应当对相应物料的市场环境进行分析。如果采购需求与企业的发展战略或市场实际情况相悖，企业应当与需求部门进行沟通，修改需求甚至取消需求。

为此，采购需求的明确与筛选，需要经过以下两个关键环节。

1. 对需求进行分解确认

在最初的洽谈中，采购需求通常表现为产品、数量、价格等简单要素的组合，但在采购需求的确认中，采购部门必须对需求进行进一步的分解确认，如确认交期、包装、付款方式及特殊要求等。

针对订单涉及的所有要素，与需求部门进行充分沟通协调并达成一致意见，制作一份完整的需求表。

2. 对采购需求进行评审

接到采购需求后，企业应根据实际情况，安排采购部门或多个部门对采购需求进行评审，以避免采购失败导致订单无法完成，影响顾客体验、损害企业形象。

一旦评审通过，则需要责任人签字确认。此时，采购需求表才能交到采购部门，真正开始执行采购作业。

2.1.4 物料需求计划（MRP）使用技巧

制定采购计划的一项重要工作就是制定物料需求计划（Material Requirement Planning，MRP）。

20 世纪 60 年代，在 IBM 公司提出"独立需求"和"相关需求"的概念后，制造业的库存控制方法就发生了改变：从简单的订货点法，改为用 MRP 来控制。MRP 的原理在于，以"预测法"来控制独立需求，用"正确计算法"来控制相关需求，即通过 MRP 运算得出物料需求。

MRP 运算是依据主生产计划（Master Production Schedule，MPS）、物料清单（Bill of Materials，BOM）等资料计算出物料在各个时点之需求量。

其中，MPS 确定的是每一具体产品在每一具体时间段内的生产计划，应与经营规划和销售规划协同；BOM 是描述企业产品组成的技术文件，包含总装件、分装件、组件、零部件及原材料的结构关系及需求数量。

在这个过程中，企业必须遵循以下 4 个基本原则。

（1）客户需求是源头，应尽量明确客户需求。

（2）MPS 是关键，其在一定时间内不能变动，在较长时间内动态滚动以满足需求。

（3）MRP 运算是过程，基础数据及算法正确最重要。

（4）采购订单、各工序制造工单是结果，好坏与否看前端运算和后续控制。

只有如此，企业才能在及时取得生产所需物料、确保产品及时供应的同时，尽可能降低库存水平。

MRP 的有效使用，离不开订货点法的使用与安全库存的设置。

订货点法或订购点法（Order Point Method），又叫安全存量法，是指某种物料或产品的库存量因生产或销售而逐渐减少，当库存量降低到某一预先设定的点时，即开始发出订货单（采购单或加工单）来补充库存；当库存量降低到安全存量（Safety Stock，SS）水平时，发出的订货单所订购的物料（产品）刚好到达仓库，补充前一时期的消耗。此订货的数值点，即称为订购点。

在实施订购点法之前，采购人员要明确安全存量、最高存量、最低存量这 3 个概念。

（1）安全存量。安全存量平时一般不用，它是为了防止不确定性因素（如大量突发性订货、物料交期突然延迟、临时用量增加、客户交期提前等特殊原因）的出现而预计的保险储备量（缓冲库存）。其计算公式为：

安全存量 = 紧急订购需天数 × 每天使用量

（2）最高存量。最高存量是指在生产高峰时，某项物料（如通用标准物料）允许库存的最高水平。其计算公式为：

最高存量 = 一个生产周期的天数 × 每天使用量 + 安全存量

（3）最低存量。最低存量是指在生产淡季，能确保配合生产所需的物料库存数量的最低水平。其计算公式为：

最低存量 = 订购时间 × 每天使用量 + 安全存量

通过上述3个概念，企业应当认识到，存量的设置并非一成不变，生产变化会直接影响存量的设置。

因此，企业要想借助MRP来精准控制库存，就要明确3个问题：维持多少存量（库存水准）、何时采购物料（订购点）、采购多少物料（订购量）。否则，企业就可能面临库存控制不当导致的各种不良后果，如表2.1-1所示。

表2.1-1 库存控制不当的后果

类别	订购时间	订购量	后果
1	过早	过多	库存过剩，浪费库存保管成本并占用资金
2	过早	过少	前期库存过剩，浪费库存保管成本并占用资金；后期库存不足，造成停产及延期交货
3	过迟	过多	前期库存不足，造成停产及延期交货；后期库存过剩，浪费库存保管成本并占用资金
4	过迟	过少	库存不足，多次造成停产及延期交货

订购点法实施的关键是以库存水准来确定何时订购。因此要先确定各种物料的订购点和订购量。如图2.1-2所示，通过账务管理，如发现库存水平已经低于订购点量了，就应迅速制定采购计划，使库存回到安全的水准。

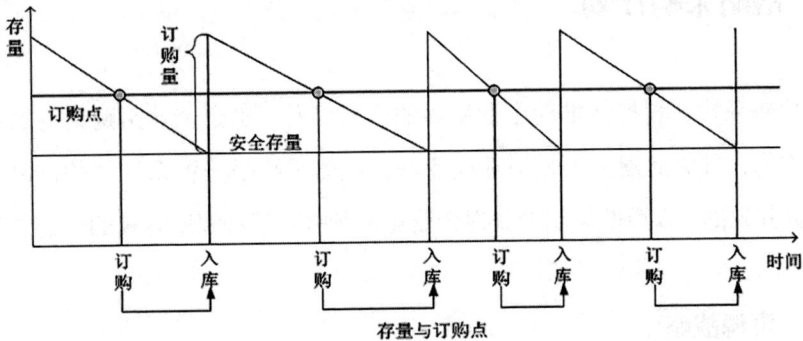

图 2.1-2 订货点法

由此可见，订货点法的实施具有两大要点。

（1）确定物料订购点。其计算公式为：

订购点 = 平均日需求量 × 平均订购前置时间 + 安全库存

（2）确定经济订购量。

具体而言，EOQ 计算公式的推导包含下述 4 个步骤。

① 订购成本 = 储存成本。最适合的订购量，即 EOQ。

② 年订购成本 = 年订购量 ÷ EOQ × 平均每次订购成本。

③ 储存成本 = EOQ ÷ 2 × 物料单价 × 库存维持率。

④

$$EOQ = \sqrt{\frac{2 \times 年订购量 \times 平均每次采购的处理成本}{物料单价 \times 库存维持率}}$$

借助订货点法，企业能够确保不断产、缩短物料备购时间、简化运营、快速处理紧急订单，这也是制定 MRP 的核心方法。

2.2 战略采购计划

战略采购计划指从推动企业发展的全局出发，确定企业采购活动的长远发展方向，并为此建立的相应采购手段。战略采购是一种系统性的、以数据分析为基础的，以最低总成本获得企业竞争所需外部资源所有权的采购方法。

2.2.1 资源战略

战略采购计划的制定必须考虑到企业需求的物料资源情况。物料资源的差异也会影响战略采购计划的制定：企业对不同物料的需求度不同，对供应这些物料的供应商的依赖度也就有所不同，其管理计划也会随之改变。

一般而言，供应市场与物料的相关性大致可分为如图 2.2-1 所示的 4 种情况。

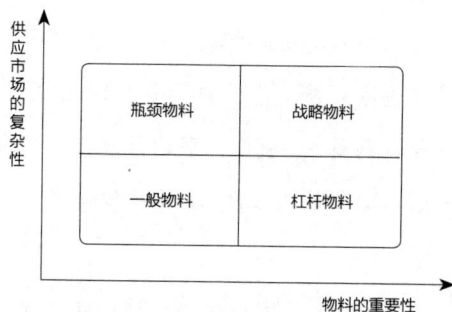

图 2.2-1 供应市场与物料的相关性

（1）战略物料，指对企业来说非常重要，同时供应市场又比较复杂，企业获得它有一定难度的物料。

（2）杠杆物料，是指对企业来说非常重要，但比较容易获得的物料。

（3）瓶颈物料，指在企业经营中的重要性并不高，但供应市场比较复杂、供应很不稳定的物料。

（4）一般物料，指对企业的重要性不是很高，同时又较容易获得的物料。

物料的重要程度决定了供应商的重要程度，采购部门对不同重要程度的物料的运营模式当然也有所不同。这反映在采购策略中就体现为，采购部门针对不同的物料制定不同的采购策略。

例如，常见非生产类采购项目中的办公用品，因其采购起来简单且可标准化，常被划分为一般物料，推荐使用集中采购或电子化采购（网上采购）等方便、快捷的方式。

表 2.2-1 所示为针对重要程度不同的物料而分别采用的采购策略。

表 2.2-1　采购策略定位

采购策略	战略物料	杠杆物料	一般物料	瓶颈物料
物料特点	价值高，质量标准高	价值较高，数量多	价值低，数量较多	价值较低，数量少
物料类别	关键部件	原材料	办公用品	辅料、配件
采购战略	战略联盟	长期合作伙伴	一般交易关系	一般交易关系
管理重点	供应链管理	目标价格管理	管理成本最小化	替代备用方案
供应商数量	少	较多	很多	少
采购方式	长期合同	集中竞价	网上采购、代理采购	长期合同
库存水平	中等或零库存	较低	低或零库存	较高

2.2.2　供应商计划与采购计划匹配

战略采购计划的有效推进，需要供应链的整体协同，更需要企业与供应商间的协同管理。只有当供应商计划与企业的采购计划相匹配时，企业的战略采购计划才能真正展开。

为了实现供应商计划与企业的采购计划的匹配，企业应当做好"6个协同"：订单协同、计划协同、交付协同、价格协同、库存系统协同、需求变动协同。

1. 订单协同

企业应当对采购订单的发布流程进行变革，可以尝试"供应商触发订单"模式，即内部需求生成后，生产控制（Production Control，PC）、物料控制（Material Control，MC）、采购员、供应商同时收到需求，同时确认信息，信息一致后即生成有效订单。这样的采购订单在"协同"管理下，会使供应商与企业之间达成有效共识。

如果一个物料可以同时由几家供应商交付，那么就可以采用"供应商抢单确认"的竞争模式，从而提升效率。

2. 计划协同

很多专家提出，跟踪供应商的生产计划，保证准确交货，是最有效的供应商交付管理办法。但是，现场跟踪或让供应商发来排产表，都会消耗采购人员的大量精力。

生产制造性物料的采购周期一般分为4个阶段，如图2.2-2所示。这里把生产制造性物料的采购周期称为"新采购周期"。

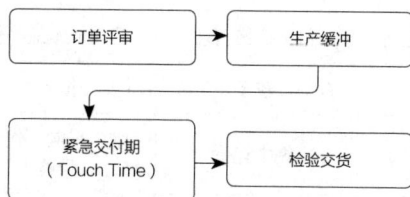

图 2.2-2　新采购周期

其中，在"订单评审"环节，企业可以利用合同来限制供应商的交期，但供应商的交期需要与公司内部的评审周期匹配；"生产缓冲"是指供应商的买料采购和排产等待的周期，这个周期往往也是制约交付的关键因素。

在实践中，企业可在供应商订单回复的交期的基础上增加缓冲时间。换言之，就是供应商在准备好原材料后，应该做一次触发，告知采购人员现在的生产情况，即等待生产或马上生产。如果采购人员发现这个确认时间与交付时间的周期已经不足，那就要紧急追货、协调计划。

紧急交付期（Touch Time）是指从第一道生产工序开始到最后一道生产工序结束的周期。对此，企业要重视供应商的产能和生产效率。

3. 交付协同

传统的工作模式流程，一般是供应商交货、仓库核对数量，细致的管理人员会核对交付时间是否符合预定的交期。仓库入库后，采购人员则会根据企业资源计划（Enterprise Resource Planning，ERP）数据再去检查物料是否准时交付、是否符合数量和质量的要求。

企业可以尝试改变，将"入库管理"前置，变成"送货管理"。

"送货管理"即使工厂计划进入供应商的交付计划中。按照交付计划，由系统设定供应商出货的日期和数量。供应商确认后，生产出货。这样，采购人员会在供应商仓库准备阶段就了解货物是否可以交付，可比之前的模式提前两天处理可能发生的异常情况，更有效地实现采购计划管理。由于供应商的送货数量和日期已经与内部的计划进行了协同，仓库人员也不会再受该不该现在交付的问题困扰的。

将仓库控制交货变成系统按照生产计划控制送货，能够为 JIT 采购的应用和实现供应商虚拟库存管理做足准备。

4. 价格协同

价格协同离不开"注册制供应商"，即注册制供应商管理是价格协同的重要因素。

可以将体系内和体系外的供应商分为 4 类，如表 2.2-2 所示。

表 2.2-2　注册制供应商的分类

类别	内涵	措施	备注
一级供应商	在企业指定的地方注册（最好是对外的网站），提交供应商基本情况调查表和合规文件。这是企业广泛寻源的基础	① 企业需要建立让所有有意愿合作的供应商都能够接入的平台； ② 可以给采购工程师指定每月寻源数量的 KPI，以促使采购人员接触外面的供应商资源	

类别	内涵	措施	备注
二级供应商	采购人员对供应商基本情况调查表和合规文件进行初审。满足报价条件的供应商，进入二级供应商管理	这类供应商参与所有通用品的比价，价格可作为参考，多次报价有优势就可以重点关注、现场考察	需求发出后，报价是主动性的，可以在考查价格是否有持续优势的同时，考查供应商的配合度
三级供应商	经过现场考查确认合格、符合企业要求的供应商，称为三级供应商	这类供应商经历过价格的多次比较和现场审核，可以参与核心部品与自设计部品的报价，如果价格确实有优势，就可以直接引入进行试用	
合格供应商	包括合格供应商的6个分类	是可以打样、报价、量产的长期合作伙伴	

注册制供应商能够帮助广泛寻源，让体系内和体系外的供应商都在同一平台上进行价格协同比较，也可以规避供应商在引入前报价低、热情度高，而引入后报价高、热情度减弱的风险。合格供应商可以和企业一起经历市场价格的考验，一起优化自身的成本控制。

5. 库存系统协同

谈到库存往往会提到供应商库存管理（Vendor Management Inventory，VMI）、JIT 这些模式，而在库存中最应被强调的是"可视化"。在需要协同的供应商管理中，可视化是一个关键。企业需要在信息共享的基础上，更明确地看到实时、真实的数据。这样，供应商和采购方就能够对双方的数据进行统一分析。

库存系统可视化将供应商的商品入库作为第一个节点，将采购方的仓库库存作为第二个节点，让供应商与采购方进行库存数据的实时共享。这样，采购方就可以实时知道自己的整体库存情况，供应商也可以知晓采购方的库存和需求情况，做好减少或增加生产的前期准备。

在实际操作中，为了使两个节点能够协同，企业要建立供应商和采购方库存共享的仓库管理模式。具体内容如下。

（1）先实施"送货管理"。

（2）企业制定 MRP 时，要对供应商的仓库数据进行计算。如果能将管理同步到供应商的"生产缓冲"环节就再好不过了。因为这样，企业能够更精准地算出供应商的合理投产时间，以适应易变的市场需求，从而实现对供应商的原材料管理。

（3）供应商可以对企业的仓库进行管理，设置时间点，如果过了该时间点，供应商就可以提出对企业呆滞的库存进行一定数量的回收，主动处理呆滞库存。这样可以避免资源浪费、减少库存，从而优化行业的供需关系。

6. 需求变动协同

在当今时代，客户需求变动更加频繁。如果企业不主动应对，就会受到需求变动的影响，遭遇如库存增加、需要销售的产品物料未及时采购等一系列问题。

企业对需求变动的主动应对包括如下两方面。

（1）缩短周期。触发需求准备的指令与实际需求之间的周期越短，需求变动的因素就会越少。

（2）遇到变动时，信息得传递得越迅速，应对越好，需求变动的损失就会越小。因此，在"可视化"的同时，企业要做到"信息无时间差"，通过组织、系统、信息技术 3 个方面去解决需求的传递问题，尽量做到信息传递的迅速和准确。如果企业的需求可以快速地传递给供应商，让供应商对需求进行分析，那么，供应商的排产计划就会更准确。

在采购管理中，企业应该更注重对供应商的管理。采购部门的绩效更多来源于供应商的表现。在日常工作中，虽然采购部门的目标是找到合适的供应商，但实际上需要用对供应商进行搭配组合的方式来满足不同部门的需求，培育消除"冲突因子"的"安全土壤"，才能达到"与供起舞"的目标，并最终实现"按需起舞"的目标。

2.2.3　应急计划

战略采购计划的制定，需要关注供应链的全局管理情况，这就需要考虑到供应链管理中可能存在的风险的努力，并制定相应的应急计划。应急计划的有效实施，不仅需要依靠采购部门，更需要财务、内控、审计等多部门的配合协作。

1. 各风险管理职能的分工协作

表 2.2-3 所示为分工协作时各部门的工作内容。

表 2.2-3　分工协作时各部门的工作内容

类别	措施
采购部门	从提升采购专业水平出发，做好市场分析、供应商引入和供应商管理以及采购流程管理、采购人员管理等工作
财务部门	从财务参与管理的方面着手，及时发现缺漏并防弊、提高数据分析水平、对采购业务提出管理建议
内控部门	建立风险内控体系，依靠体系发现系统里可能存在的风险，并持续推进改善
审计部门	对采购活动、财务管理（涉及采购活动的，如应付账款、财产安全）、风险内控等进行独立、客观的监督、评价和建议

2. 采购风险分类

采购风险分类应从分析不同风险的特征开始。采购风险可分为内部风险和外部风险，也可以分为业务风险和管理风险。

常见的采购风险分类如表 2.2-4 所示。

表 2.2-4　采购风险分类

类别	内容
市场风险	政策的变化等外因导致市场需求等发生变化，导致采购活动无法及时调整
计划风险	在制定采购计划的过程中，由于采购人员对市场的分析不到位、对采购项目管理不科学等内部原因，采购活动与企业的采购目标发生了较大的偏离
合同风险	双方在拟定合同的过程中，条款模糊不清，企业盲目签约；合同的签订违反相关法律规定

类别	内容
意外风险	供应商在实际履行合同的过程中偏离预定目标，给企业造成意想不到的损害
违约风险	供应商在交货时间、交货地点等方面违反合同，给企业带来损失
采购价格风险	制定合同条款时，对采购价格的约定较模糊，最终交货时产生价格争议
商业发票风险	由于供应商开具的商业发票性质及金额有误，企业面临无法入账审批等问题
质量风险	供应商的货物的质量参差不齐，在货物的规格上不按企业规定私自调整等，使供应商所供应的货物无法满足企业的生产要求
数量风险	由于供应商为企业提供的货物缺斤短两，不能满足企业所需数量，企业面临停产风险
滞销风险	采购员进行采购活动时，对市场的预估有误，盲目采购，最终导致产品滞销贬值
断供风险	采购物品的数量不能满足生产部门的实际需要，不能做到及时供应，导致实际生产中断
赠品到位风险	由于供应商承诺给企业的赠品不能及时到货，企业的一系列营销活动不能顺利开展，错过商机
库存成本风险	由于采购过程中没有按照 EOQ 进行采购，采购物品的数量远大于目前所需，造成库存成本的增加
责任风险	企业在招聘、培训采购人员的过程中，未能对应聘人员的基本信息切实把好关，对其能力的测试等环节也不够深入细致，导致招聘来的采购人员在自身素质、能力等各方面良莠不齐，为企业带来法律及业务方面的责任问题
腐败风险	在员工的培训环节，没有着重强调采购人员应该具备的各项素质及应该遵守的纪律，给企业的营运带来腐败风险

3. 主要采购风险的应对措施

（1）快速反应的事后管理程序。

在风险发生后，如果能快速有效处理，就能够减少风险损失，最终为企业赢得关键转机。

因此，在风险事件发生后，采购部门应第一时间收集上下游产业信息，初步排查风险是来自某供应商还是行业系统风险。评估企业可能面临的潜在影响，包括影响的持续时间。如会造成严重影响，则采购部门应立即牵头协同其他部门，跟踪事件进展、制定应急方案。

常用的应急办法如下。

① 协调供应商、销售和计划部门，确定切实可行的需求计划，每日更新。

② 采购部门启用备选供应商或迅速开发新供应商。

③ 企业高层亲自与供应商高层对接，协调供应量、承诺采购数量。

④ 协调研发部门或工艺部门测试替代品或新工艺，实时跟进测试进展。

⑤ 借助同盟关系，同行拆借或启动外发措施。

⑥ 迅速向财务部门、股东等汇报，取得资金支持用于购买货源或协助供应商获取上游资源。

⑦ 保证供应是采购人员的首要任务，断货风险比原材料涨价的风险更严重。

（2）供货紧张的时候，安排必要的对供应商现场的考察。

出现供货紧张的情况时，采购人员应及时到供应商的工厂现场进行考察，甚至可以到供应链源头去获悉最新信息。现场考察的内容包括但不限于：供应商的收货工序工作是否饱和；原材料库中的库存规模与平时的区别；产线的班次安排是否正常；企业员工的精神面貌是否积极向上；供应商每日出货的产品数量及客户情况等。

现场考察发现的异常问题，采购人员应及时与供应商交流，获悉其中原因。在现场考察后，采购人员对该供应商的持续供货能力必须做到心中有数。

（3）密切关注是否可能发生违约风险。

遭遇各种重大采购风险后，除了尽快了解事态的发展以外，采购人员还应迅速展开对供应商违约风险的调查，如通过企业信用查询平台了解供应商是否存在诉讼或法律纠纷，向同行或金融机构了解供应商是否存在资金短缺情况；另外，采购人员可视情况采取其他措施，获得供应商重要风险信息（如是否存在债务重组、资产出售、即将破产等情况），以及时妥善处理可能出现的风险。如果供应商的产能不足，而其供应的产品供不应求，在没有其他选择的情况下，采购人员应想办法强化供应商关系管理，获得供货数量的倾斜。

（4）前端需求计划的管理不足，造成供应异常风险。

需求部门计划不准确，导致采购人员时常忙于处理和供应商沟通、预测偏差有关的工作。围绕着各种材料的计划调整，可能会耗费采购人员 50% 以上的工作时间。同时，需求部门作为前端部门并不熟悉供应商的排产、运输周期、起订量等情况。若计划制定和调整只考虑企业的需求，也有可能造成采购环节出现异常风险。

因此，采购部门有必要协同前端部门共同推进风险预防工作，针对销售与运营规划流程（Sales and Operation Planning，S&OP）、提前或推后发货、缺料管理、库存优化、VMI、JIT 和开发新货源等进行一系列工作。

建立采购风险的事前管理和快速反应的事后管理体系，是应对采购风险卓有成效的举措，也是提高客户满意度和构建供应链竞争优势的采购职能的价值所在，更是采购方与供应商维持长期合作的前提和基础。

2.3 采购预算管理

采购预算是用金额来表示的采购计划。采购预算应当与企业销售预算和生产预算协同，以提升企业资金使用效率；并与采购调查和采购计划保持一致，以推动采购计划的顺利执行。

2.3.1 编制采购预算的作用

很多企业质疑编制采购预算的必要性，因为企业的实际采购支出总是超出采购预算或远未达到采购预算水平——"这样的采购预算还有什么意义？该用多少还是得用多少。"

之所以产生这样的误解，正是因为企业采购预算失去了应有的效用。其实，采购预算是用来规划协调企业采购活动的重要工具，而不只是财务部门或审计部门的专有工具。

编制企业采购预算的过程，就是采购人员深入了解企业特性、物料需求及市场状况的过程。尤其是在企业整体预算管理的大框架下，采购预算的编制能对整个组织的需求进行管理，而不只是局限于采购部门内的需求。

预算作为协调和整合的工具，能够有效推进企业战略的实现。具体而言，采购预算管理具有以下作用。

（1）采购预算是企业战略采购计划有序推进的保障，能降低企业的经营风险与财务风险。

（2）采购预算的编制，能够确保企业各部门的目标一致，促进各部门相互协调，推动企业整体目标的实现。

（3）采购预算是合理分配企业资源的重要手段，能够保证企业的有限资源被有效地分配到各部门。

（4）根据既定的采购预算，企业能够对采购成本进行监督和控制。

2.3.2　编制采购预算的方法

编制采购预算的依据就是物料成本和企业对物料价格的预期。而在具体编制过程中，根据企业预算管理方式的不同，其编制方式也有所区别。一般而言，企业的预算表的编制流程如图2.3-1所示。

```
┌──────────────────┐
│  企业长期计划与目标  │
└──────────────────┘
         ↓
┌──────────────────┐
│  企业年度计划与目标  │
└──────────────────┘
         ↓
┌──────────────────┐
│  整体收入与利润目标  │
└──────────────────┘
    ↓          ↓
┌──────────────────┐   ┌──────────────┐
│ 营销计划(销售收入预算) │   │   其他收入预算   │
└──────────────────┘   └──────────────┘
         ↓
┌──────────────────┐
│   整体成本及费用预算  │
└──────────────────┘
   ↓      ↓       ↓        ↓
┌──────┐ ┌────────┐ ┌────────┐ ┌────────┐
│ 生产计划 │ │ 摊销费用预算 │ │ 管理费用预算 │ │ 其他费用预算 │
└──────┘ └────────┘ └────────┘ └────────┘
   ↓
┌──────┐
│ 采购预算 │
└──────┘
   ↓
┌──────┐
│直接人工预算│
└──────┘
   ↓
┌──────┐
│制造费用预算│
└──────┘
         ↓
┌──────────────────┐
│   企业年度预算    │
└──────────────────┘
   ↓          ↓            ↓
┌──────────┐ ┌──────────────┐ ┌──────────┐
│预计损益表(收入、│ │预计资产负债表(资产、│ │  补助预算   │
│ 成本、利润)  │ │负债、所有者权益) │ │  现金预算   │
└──────────┘ └──────────────┘ │  存货预算   │
                              │ 资本支出预算  │
                              │   其他    │
                              └──────────┘
```

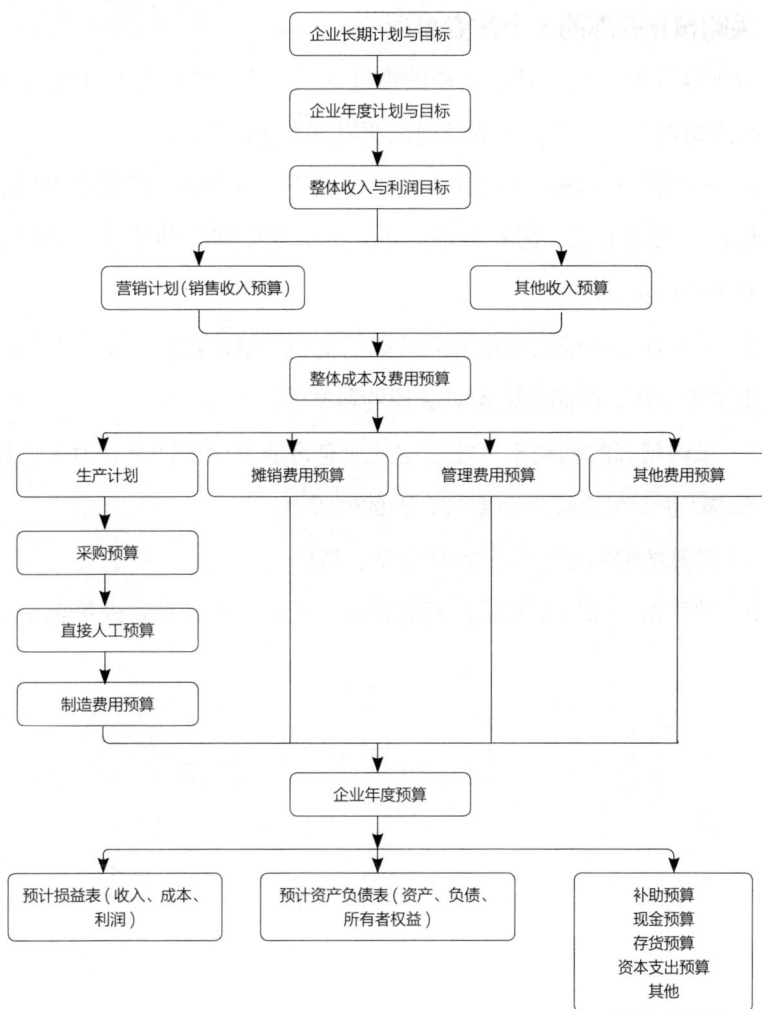

图 2.3-1　预算表编制流程

具体到采购编制的预算中，其编制流程一般如图 2.3-2 所示。

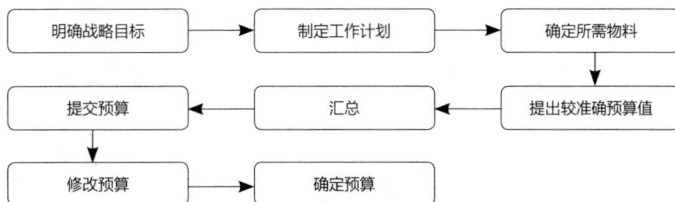

```
┌────────┐      ┌────────┐      ┌────────┐
│ 明确战略目标 │ ───→ │ 制定工作计划 │ ───→ │ 确定所需物料 │
└────────┘      └────────┘      └────────┘
                                      │
┌────────┐      ┌────────┐      ┌──────────┐
│  提交预算  │ ←── │   汇总   │ ←── │ 提出较准确预算值 │
└────────┘      └────────┘      └──────────┘
    │
┌────────┐      ┌────────┐
│  修改预算  │      │  确定预算  │
└────────┘      └────────┘
```

图 2.3-2　采购预算编制流程

2.3.3　采购预算管理的 5 个注意事项

采购预算管理影响着采购活动的推进状况，也与企业整体预算管理密切相关。在采购预算管理中，企业应当注意以下 5 个问题。

（1）编制预算前必须进行深入的市场调研。只有基于广泛的市场信息，如物料价格、市场供求、国家经济形势及汇率变化等多种信息，编制出来的采购预算才能切实可行。

（2）采购预算的编制必须遵循明确的编制、修改流程，企业必须设置完善的分析监管方法，提高采购预算管理的科学性。

（3）采购预算的编制不可能考虑到所有可能发生的情况，为了让预算管理有序推进，企业可以提出必要且合理的假设。

（4）预算的编制要尽量做到具体化、量化。

（5）鼓励相关部门参与采购预算管理，确保采购预算管理符合企业的战略需求。

第3章
做好供应商管理，采购才轻松

　　越来越多的采购职业人发现，对供应商进行有效管理不仅是必要的，而且是企业的一项竞争优势。企业应将供应商视为企业的运营资源，思考如何通过有效管理并协同外部供应商资源来提升企业的竞争优势，全力在执行层面转化思考结果。这不仅是采购人应该考虑的问题，更是企业最高决策者需要考虑的问题。

3.1 供应商开发的渠道及开发流程

供应商开发的首要问题就是开发渠道的拓展。如果企业的开发渠道狭窄，可供选择的供应商数量自然有限，在这种情况下，企业要想找到最具竞争力的供应商就十分困难。而且，在拓展供应商开发渠道的同时，企业还需建立完整的供应商开发流程，以确保供应商开发的有序推进。

3.1.1 互联网

互联网是最经济、最快捷，也是目前运用最广的寻找供应商的途径。无论是搜索引擎、各类专业企业与企业交易（Business to Business, B2B）网站、网络展销会，还是新媒体，都可被企业用于供应商开发。

事实上，互联网正在改变传统的供应商开发模式，甚至是合作模式。但互联网的虚拟性及互联网公司的逐利性，也让互联网渠道存在虚假信息等风险。因此，采购人员需要通过其他手段对其进行补充和认证。

3.1.2 国内外产品展览会

参加展览会是国际采购职业人开发供应商的标准模式。一般而言，传统企业的采购人员，每年可能有 3 个月的时间都在参加各类相关的展会。

3.1.3 国内外采购指南

这种带有专业特性的采购传统媒体在今天仍然很流行，尤其是对于某些专项领域，如钟表行业、纺织行业、石油行业等，都有其领域内的采购指南刊物。

3.1.4　国内外产品发布会

这种发布会经常举办，尤其是在市场上能力强、影响力大的企业，其经常将此作为自己的市场推广方式。例如，苹果公司发布新产品就会召开这样的发布会；此外也有很多公司在展销会上做新品发布等。

3.1.5　国内外新闻媒体

报纸、杂志、广播电台、电视等传统媒体，在如今的供应商开发市场上仍占有较大份额。尤其是在专业领域或垂直细分领域，传统媒体提供的供应商信息非常丰富。

3.1.6　政府组织的各类商品订货会

由当地政府组织的或带有政府特色的产品订货会，一般具有国家特性或区域特性，如在宁夏举办的"中国—阿拉伯国家博览会"等。企业可根据自身情况参加，以寻找合适的供应商。

3.1.7　国内外行业协会

行业协会掌握了大量同类企业会员的名录，协会对会员企业的经营状况、产品、口碑的了解也较为全面，因此，企业可以借此找到更加优质的供应商。

3.1.8　国内外各种厂商联谊会和同业公会

这种联谊会类似于商会，聚集了行业或地区的优秀供应商代表，企业可参与这种联谊会并与合适的供应商进行沟通。

3.1.9 政府相关的统计报告或刊物

在政府相关的统计报告或刊物中，可以挖掘出当期的优秀企业或代表企业，这些供应商企业通常具有较好的资质和较强的合作性。

3.1.10 专业第三方机构

第三方采购或第三方信息平台，作为专业的采购团队或数据信息共享方，有大量的供应商资源可供企业选择。根据企业的个性化采购需求，第三方机构也能做出合适的推荐。

3.1.11 厂商的自我推荐

每天有大量主动上门推荐的销售人员，这也是采购人员开发供应商的渠道之一。

3.1.12 竞争对手供应商

在法律许可的范围内，了解竞争对手的供应商资源同样是一种方法。尤其是对于市场竞争力较强的竞争对手，企业可以通过与其供应商合作，提升自身的竞争力。

3.1.13 内部员工介绍

内部员工介绍在国内的使用较为普遍。但由于涉及内部员工，企业一定要坚持公平、公正、公开的原则进行供应商的选择，避免因为内部关系出现标准倾斜，被其他供应商诟病。

3.1.14 招标采购

企业可以通过招标公告的方式发布采购需求，通过法定的招标程序进行评选，选择适合自己的供应商。

3.1.15　行业竞赛

企业通过举办竞赛的方式，选择自己中意的合作者，如法拉利车型设计大赛等。以举办竞赛的方式吸引供应商参与，并在这一过程中选出最佳的供应商，与其达成合作关系。

3.1.16　完整的供应商开发流程

良好的开始，是成功的一半！供应商管理亦如此。基于上述 15 个供应商开发渠道，企业可以获取大量的供应商信息。但要从中找到合适的供应商，企业还需建立完整的供应商开发流程。

要保证供应商管理的成功，让供应商管理活动有效展开并实现风险可控，此时建立一个完整的供应商开发、评估、筛选与管理的框架性流程就显得非常重要了。

经过多年的调查与研究，OTEP 模型构建了一套完整的供应商管理流程，如图 3.1-1 所示。

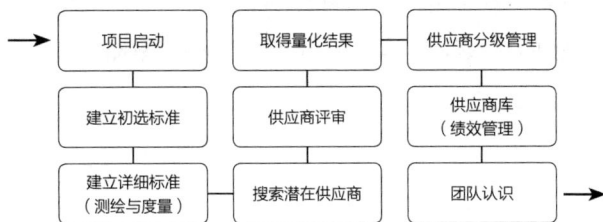

图 3.1-1　完整的供应商管理流程

从框架流程可以看出，"项目启动—建立初选标准—建立详细标准（测绘与度量）—搜索潜在供应商—供应商评审—取得量化结果"这部分为供应商的开发与评估；"供应商分级管理—供应商库（绩效管理）—团队认识"这部分为供应商的合作绩效管理。

OTEP 模型将标准的建设分为两个步骤，先"建立初选标准"，然后"建立详细标准（测绘与度量）"，原因有二。

（1）先粗后精，广中选粗，粗中选精，有利于提高筛选效率。

（2）通过初选，易于发现不妥，为后续的修改调整留出余地。

值得注意的是，OTEP 模型的供应商开发流程与现在很多企业实际的开发流程有差别，分别如图 3.1-2 和图 3.1-3 所示。

图 3.1-2　OTEP 模型的供应商开发流程

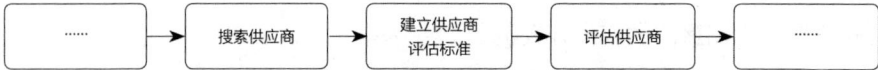

图 3.1-3　某企业实际的供应商开发流程

两者的差别在于是先"搜索供应商"还是先"建立供应商评估标准"。OTEP 模型建议先"建立供应商评估标准"，这样做有以下几个好处。

（1）明确开发目标，对接采购战略。

（2）提高供应商开发的效率与针对性。

（3）防止被供应商影响，偏离品类开发与供应策略。

3.2　供应商筛选与评估

供应商的筛选与评估是对供应商进行管理的基础。只有通过完善的筛选与评估，企业才能对供应商的产品、生产和服务能力有全面的认知，并对供应商的资质进行有效评估。

3.2.1　新供应商需要提供哪些材料

具体而言，新供应商需要提供以下材料。

（1）工商文件，如营业执照等。

（2）行业资质和证书、质量体系文件。

（3）资源信息，包括工厂分布、运输、技术支持、服务等级等内容。

（4）客户名单，由于部分供应商将此列为机密信息，企业只能要求供应商尽量提供。

（5）公司 SWOT 分析，即对供应商各要素的优势、劣势、机会、威胁进行完整的分析。

3.2.2　供应商的评核方法及评核 4 因素

基于供应商提供的各项材料，企业能够对供应商的资质进行深度评核。评核供应商的方法主要有主观判断法和客观判断法。

主观判断法是依据评核人员的个人经验，对供应商资质进行判断的方法。这种判断方法缺乏严格的科学标准，其评核依据也较为模糊，对评估人员的个人经验要求比较高。

客观判断法的实行，需要以制定标准或准则为前提，并据此对供应商进行量化的评核。具体而言，客观判断法包括调查法、现场打分评比法、供应商绩效考评法、供应商综合审核法和总体成本法等。

1. 调查法

企业可根据自身采购制度，事先制作标准格式的调查表格，在进行供应商评核时，将之发送给不同的供应商让其填写，在限期内获得反馈后再根据表格内容对供应商进行评核。

2. 现场打分评比法

对于供应商的深入评核，不能只在纸面上进行，企业还需进入供应商的现场。现场打分评比法就是预先准备评核问题并将其标准化，然后安排评核小组到供应商的现场进行检查确认的方法。

3. 供应商绩效考评法

对于核心采购供应商的评核，则可采用供应商绩效考评法，根据供应商过往的供应数据，如供货量、质量、价格等信息进行考核和评比。

4. 供应商综合审核法

针对重要供应商的评核，则需采用供应商综合审核法，对供应商的资质进行全面评核，评核的内容涉及质量、工程、企划、采购等各方面。具体而言，可将调查法和现场打分评比法与供应商综合审核法结合使用。

5. 总体成本法

当企业采用总体成本法控制采购成本时，也可以用此方法对供应商进行评核。采用这种方法对供应商进行评核时，需要供应商积极配合，采购方也需组织综合能力强的专家团队，对供应商的财务状况及成本进行全面、细致的分析，找出可行的成本控制方法，并要求供应商配合实施，最终实现双赢。

供应商评核的方法多样、内容繁杂，但无论采用何种方法，以下 4 因素缺一不可。

1. 公司评核

包括对公司声誉、历史、财务状况、管理层、地区或位置等内容的评核。

2. 产品评核

主要从质量和价格两方面进行。

3. 生产设备评核

评核供应商的生产量及生产能力、质量系统、员工素质、后勤支援等内容。

4. 服务评核

主要包括送货是否准时，送货量是否符合指定要求，技术支援和训练等内容。

3.2.3　一次性采购供应商评估

在企业采购活动中，很多物料采购都呈现一次性采购的特征，一次性采购即指此类采购活动基本不会重复进行。因此，针对此类采购，企业无须对供应商进行复杂的认证，而应以效率为先，尽快选择出最合适的供应商，并执行采购工作。

因此，一次性采购活动可简化为 3 个阶段。

1. 内部需求评估

支持运营系统的正常运行是企业采购的基本目标。为了实现完整、高效的采购，企业首先应对内部需求进行评估，如图 3.2-1 所示。

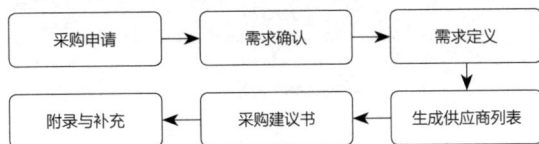

图 3.2-1　内部需求评估

具体而言，主要包括以下 5 方面的内容。

（1）充分了解内部需求。

（2）对需求逐一进行评估与确认。

（3）搜索潜在供应商。

（4）准备和发布采购建议书。

（5）发布采购需求书附录与补充。

2. 供应商分析

企业需将内部需求进行市场转化，并将其与潜在供应商的分析结果进行对照，最终选择技术和品质与企业内部需求相符合的供应商。供应商分析如图 3.2-2 所示。

```
┌──────────────┐     ┌──────────────┐     ┌──────────────┐
│ 供应商回馈能力架构 │────▶│ 收到供应商的确认 │────▶│  执行能力评估  │────┐
└──────────────┘     └──────────────┘     └──────────────┘    │
                                          ┌──────────────┐    │
                                          │  执行商务评估  │    │
                                          └──────────────┘    │
┌──────────────┐     ┌──────────────────────┐               │
│  供应商推荐   │◀────│ 优秀供应商列表（一般2~3名） │◀─────────────┘
└──────────────┘     └──────────────────────┘
```

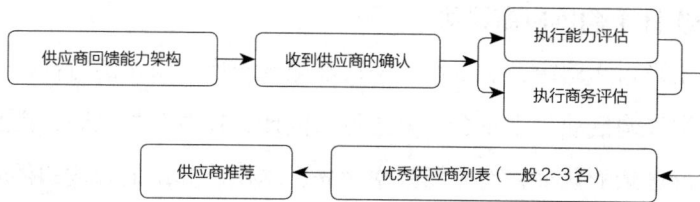

图 3.2-2　供应商分析

3. 谈判和最终选择

对于筛选出的合格供应商，企业仍需进一步与其进行谈判，以获取更好的供应条件，并根据谈判结果做出最终选择，如图 3.2-3 所示。

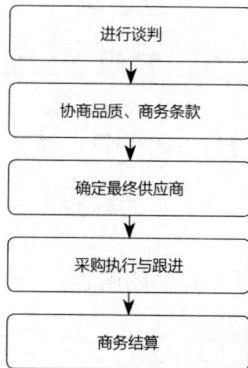

```
┌──────────────┐
│   进行谈判    │
└──────┬───────┘
       ▼
┌──────────────┐
│ 协商品质、商务条款 │
└──────┬───────┘
       ▼
┌──────────────┐
│  确定最终供应商 │
└──────┬───────┘
       ▼
┌──────────────┐
│  采购执行与跟进 │
└──────┬───────┘
       ▼
┌──────────────┐
│   商务结算    │
└──────────────┘
```

图 3.2-3　谈判和最终选择

该阶段的主要内容包括以下 4 个方面。

（1）谈判。

（2）协商各类商务条款。

（3）确定供应商并执行采购计划。

（4）商务结算，采购完成。

3.2.4　重复性采购供应商评估

重复性采购供应商通常指企业物料的主要供应商，其与企业有长期稳定的合作关系。因此，在企业的供应商管理中，重复性采购供应商的选择直接关系到企业的成本与利润。尤其是在市场竞争日益激烈、采购日益标准化的今天，重复性采购供应商的能力与企业竞争力密切相关。因此，针对重复性采购供应商的评估就显得更加重要。

纵观各大企业的重复性采购供应商的评估过程，笔者归纳出了六大关键指标，如图 3.2-4 所示。

图 3.2-4　重复性采购供应商评估的六大关键指标

1. 品质管理能力

品质是产品的生存之本，产品的使用价值取决于产品质量，这就要求供应商提供的产品质量稳定。因此，品质可以看作供应商评估最重要的因素之一。

在重复性采购中，企业必须对供应商的品质管理能力进行评估，并定期或不定期地对供应商的品质管理能力进行评估，以确保供应商的产品品质和品质保障体系符合企业标准。

但很多企业对供应商的品质管理能力的评估，更多是用来料质量控制（Incoming Quality Control, IQC）这种滞后的手段来进行管控。我们知道，当供应商把货送到企业指定的收货处，如果此刻发现质量问题，要么进行特采处理，要么退货，但无论哪种结果都意味着双输。

因此，供应商应当将品质管理前置，并做到全面、详细。通常而言，企业可以从 8 个维度对供应商的品质管理能力进行评估，如图 3.2-5 所示。

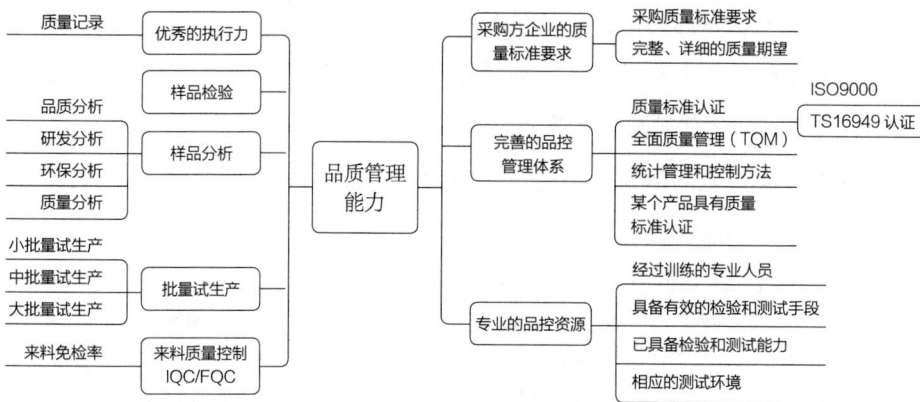

图 3.2-5　品质管理能力的 8 个维度

2. 柔性交付能力

在全球竞争加剧、市场日新月异的背景下，世界已进入 VUCA 时代，市场需求正向多品种、少批量、定制化的方向发展。为了满足消费者的需求、提升企业竞争力，迅速适应市场环境并具备柔性生产能力已成为当代企业的必然选择。

然而，企业的柔性生产能力，是以供应商的柔性交付能力为基础的。如果供应商缺乏柔性交付能力，企业也难以在缺乏物料的情况下实现柔性生产。

借助实现柔性生产的 3 个主要途径，供应商柔性交付能力的认证也可实现。

（1）柔性工厂（Flexible Plant）。

柔性工厂可理解为一种"零时转换工厂"，在理想的工厂环境下，供应商如同服务机构，通过灵活移动、拆卸、组装机器设备的方式，按照客户需求及时改变生产方式，生产相应的产品。

对于柔性工厂的认证，主要考察 3 个要素，如图 3.2-6 所示。

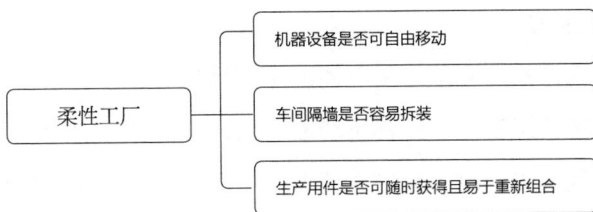

图 3.2-6　柔性工厂认证要素

（2）柔性过程（Flexible Processes）。

柔性过程的实施依赖于柔性生产制造系统和易拆装的机器设备。只有在这一前提下，面对不同种类的产品生产需求，工厂才可以迅速且低成本地进行转换。

基于柔性过程，供应商能够实现"范围经济性"，即当多种产品混合生产时，总成本低于单独生产这些产品的成本之和。

（3）柔性工人（Flexible Workers）。

柔性生产不仅体现在生产制造的硬件和系统上，也需要操作工人适应柔性生产需求，能够随时从一个工种转换到另一个工种。这样，柔性工人能取代专业工人，成为更好的选择。

经过多种培训，柔性工人能掌握多种生产技术，在与主管人员和其他职员的灵活配合中，满足工厂的柔性生产需求。

3. 生产制造能力

生产制造能力是重复性采购供应商评估的核心要素，有些企业甚至片面地将之看作唯一的评估要素。生产制造能力是一个相对模糊的概念，一般而言，我们可以借助每单位时间输出的单位产量，对供应商的生产制造能力进行评估。

通过加班或增添新设备等手段，供应商的生产制造能力通常能够在短期内得到有效提高。因此，在评估重复性采购供应商的生产制造能力时，企业应主要从生产能力、生产设备和人力资源 3 个方面进行。

（1）生产能力。

供应商的生产能力必须与供应商的生产情况相结合。由于每个供应商、每种物料的生产情况不同，对其生产能力的评估方式也会有所区别。例如，有些工厂以每周5天、每天2班次计算生产能力，有些工厂则以每月5 000单位产量来计算生产能力。

基于重复性采购需求，企业对供应商生产能力的评估，不仅要评估供应商当前的生产能力，还要结合过去的生产情况，对未来的情况进行合理判断。

（2）生产设备。

生产设备是决定供应商能力的硬件条件。根据采购的物料以及相应的规格、技术需求，企业需要对供应商的生产设备进行评估，以确保供应商的生产设备能够生产出企业所需的产品。

（3）人力资源。

人力资源状况会极大地影响企业当前和未来的状态。因此，对供应商生产制造能力的评估，不仅要关注厂房、设备等硬件因素，也要关注人的因素。

除了生产能力、生产设备和人力资源之外，还有生产面积、周转面积等内容可以作为评估供应商生产制造能力的项目指标。

4. 技术研发能力

决定一个企业生存和发展的关键要素，就是企业的创新能力，而创新能力正是源自企业的技术研发能力。供应商技术研发能力水平的高低，决定了供应商是否可以持续推动产品及生产工艺的更新换代。

与此同时，技术研发能力的提升，会带来供应商生产成本的降低。供应价格降低，也能帮助企业降低采购成本。

由于基础水平和技术力量的限制，独立进行技术开发的成本效益往往不佳。企业与供应商合作进行技术创新与开发，则能有效缩短技术创新的时间，实现企业与供应商的双赢，增强企业的供应链竞争优势。特别是在当今的市场环境下，技术创新时间的长短直接决定着创新的成败，甚至企业竞争的胜负。

在日本的汽车工业中，零部件的大部分详细设计工作都是由一级供应商完成的。以丰田汽车公司为例，其一级供应商完成的零部件开发占比高达 88%；这一数据在欧美其他企业则达到 69%。正因如此，在零部件设计工时占比数据上，丰田公司仅为 7%，而欧美公司普遍为大约 29%。

对于整条供应链而言，供应商的技术研发能力的影响极其深远。一般而言，企业评估供应商的技术研发能力时应主要关注以下 4 点，即现有专利、新产品研发速度、研发团队资历及研发投入。

5. 财务成本能力

良好的财务状况是一个企业实力的体现，因此，财务成本能力也是进行重复性采购供应商评估的关键指标。若没有良好的财务成本能力作为支撑，供应商的生产或服务就很容易陷入困境，在连锁反应下，会影响企业乃至整条供应链的生产运营活动。

此外，如果供应商具备较强的财务成本能力，则其对于采购企业的付款能力的要求也会相对降低，这对于企业而言自然是利好；相反，如果供应商的财务成本能力较差，就难以给予企业较长的账期或财务优惠。

6. 风险控制能力

随着社会经济的发展，企业在供应商管理过程中也面临较大风险，如市场风险、财务风险等。这些风险一旦发生，不仅会给供应商带来严重损失，也会对整条供应链造成影响。

供应链的每个环节都应该拥有足够的风险控制能力，在控制内部风险的同时，有效应对外部风险，以确保供应链的正常、有序运营。

一般而言，重复性采购供应商要面临的风险主要表现在经营风险、资金风险、技术风险 3 个层面，企业对供应商的相关评估认证也可据此有针对性地展开。

（1）经营风险。

正如前文所述，供应链的任一节点发生风险，都可能影响整条供应链。就供应商内部而言，其风险主要包括管理控制、经营决策等风险，这也是供应链中最高层次的风险。

然而，对于企业而言，供应商的经营风险通常较为隐蔽。因此，为了有效评估供应商控制经营风险的能力，企业在供应商选择环节就应深入考查，并实时了解供应商的制度、决策和企业文化等要素。

（2）资金风险。

供应商的资金风险与其财务成本能力直接相关。在资金的循环过程中，受各种因素的影响，企业的实际收益一旦小于预期收益，就可能导致资金损失，进而造成企业运转不畅，甚至使企业破产倒闭。

重复性采购供应商的资金风险控制能力必须得到认证。否则，轻则损害采购方利益，使采购的账期缩短或财务优惠减少；重则引发重大财务危机，导致供应链出现风险。

（3）技术风险。

供应商的风险控制能力不仅体现在内部，也包括应对外部风险的能力。在不考虑国际经济环境或国内经济政策的前提下，供应商所要控制的最重要的风险就是技术风险。

笔者之所以将技术风险归为外部风险，正是因为技术风险的产生，在很大程度上是与外部环境进行对比的结果。如果业内技术长期没有更新，那么供应商只需确保技术更新能够有序推进即可，此时技术风险的发生概率较小。然而，一旦业内技术水平有了大幅度的提高，此时如果供应商缺乏足够的技术积累，没有升级换代的能力，就可能被市场淘汰。

3.2.5　供应商筛选量化指标设计

无论是一次性供应商，还是重复性采购供应商，只有经过完整的评估和认证，企业才能与其建立合作关系，并视情况延长与其合作的期限或加深与其合作的程度。评估和认证供应商对于企业的经营发展具有重大意义。因此，整个评估过程也要尽可能严谨、科学，这就离不开量化指标的设计。

要判断供应商是否能够满足企业需求，就要对供应商进行更专业的评估，即用量化的数据对供应商进行完整评估。使用量化矩阵式表格等工具，有效运用评估模型，从而找到真正满足我们需要的供应商。

为此，企业可以设计供应商筛选量化表格。表格的设计一定要基于企业战略、行业特点与产品特点，结合对供应商的要求，完成从战略到执行的整个流程的设计。在设计表格时可参考如图 3.2-7 所示的企业绩效设计的逻辑地图。

图 3.2-7　企业绩效设计的逻辑地图

在供应商筛选量化指标的设计中，企业应尽量做到全面、细化，其量化指标至少应包含如表 3.2-1 所示的内容。

表 3.2-1　供应商量化评估表

考评项目	满分	实际得分
领导班子风格	300	
质量战略计划	100	
人力资源	140	
质量保证	80	
过程控制	200	
商务运营	100	
信息系统	180	
客户满意	400	
供应关系	200	

考评项目	满分	实际得分
时间管理	300	
总分	2 000	
其他		

通过这样的量化评估表，企业可以快速判断该供应商是否能够满足本企业的生产需求，是否可以与企业进行良好的互动、进行积极的生产改善。如果某一项分数过低，就意味着这家供应商存在明显不足，企业就应当及时对该供应商进行辅导以改善这种情况或暂停与其的合作，甚至将其淘汰。

3.2.6 样品确认与现场考察

为了对供应商的资质进行有效确认，企业还需对筛选出的目标供应商进行样品确认与现场考察，避免出现供应商提交的资质材料与实际不符的情况。

1. 样品确认

样品确认主要考查供应商的品质管理能力，一般包含 4 个环节，企业在实践过程中可以逐层递进、按需进行。

（1）样品检验。企业可以要求供应商提供样品，以检验供应商的产品样品制作能力。样品虽然可能与企业批量采购的产品存在差异，但能展现供应商必要的生产能力，以确保供应商有能力生产出企业所需的物料。

（2）样品分析。对于样品，企业还要对其进行更加深入的分析，包括品质分析、研发分析、环保分析和质量分析等，以确保单件样品符合企业的标准。

（3）批量试生产。确定样品符合要求之后，企业就可以根据生产需要，让供应商进行小批量、中批量或大批量的试生产，从而真正确定供应商的品质与生产管理能力。

（4）IQC。将上面的工作做到位后，企业可以再增加 IQC 环节，以确保产品品质。当然，如果供应商的产品质量稳定性非常好，也可以考虑对其采用免检等措施。

基于供应商送来的各批次物料，企业可以凭借 IQC 方法，对供应商的产品品质做最后的评估。一般而言，基于品质管理能力的样品确认，可以通过质量合格率、平均合格率、批退率及来料免检率等指标进行考查。

① 质量合格率。根据抽检结果，判断供应商提供的产品的质量合格率。如果抽检产品总数以 N 表示，合格产品数量以 M 表示，则质量合格率的计算公式为：质量合格率 = $M \div N \times 100\%$。显然，质量合格率越高，代表合格产品数越多。

② 平均合格率。由于每批次产品的质量大多存在差异，对供应商品质管理能力的判断可借助平均合格率。平均合格率即多次交货质量合格率的平均值。例如，某供应商每季度交货 3 次，其质量合格率分别为 95%、90% 和 85%，则其平均合格率 =（95% +90% +85%）÷3=90%。同样，该指标越高，代表不同批次生产的合格产品数越多。

③ 批退率。批退率即退货批量在采购进货批量中的占比。例如，某供应商全年交货 100 批次，返退 7 批次，其批退率 =7÷100×100% =7%。批退率越高，代表供应商生产的不合格产品越多。

④ 来料免检率。来料免检率即来料免检的种类数在该供应商供应的产品总种类数中的占比。通过长期合作，为了提高采购效率、降低检验成本，企业通常会根据合作经验，与供应商签订来料免检协议，以作为对供应商品质管理能力的认可。来料免检率越高表示供应商的品质管理能力越强。

2. 现场考察

现场考察主要关注供应商的生产制造能力，同样可以从生产能力、生产设备、人力资源 3 个环节进行。

（1）生产能力。对生产能力进行现场考察主要关注以下 5 个方面的内容。

① 在正常情况下，单位工作周期内的最大生产能力。

②判断现有生产能力是否存在超载或欠载情况，程度如何。也就是说，判断供应商的生产制造能力是否得到合理利用；在源源不断的订单下，供应商的生产制造能力能否进一步满足采购需求。

③基于不断增长的需求，供应商是否能够提高现有的生产制造能力水平。

④评估供应商的生产制造能力分布，尤其是用在主要客户上的有效生产制造能力在总生产制造能力中的占比，以及企业自身的采购需求占供应商生产制造能力的比重。需要注意的是，如果供应商过分依赖一个或两个客户，可能导致供应商的财务风险增加。

⑤评估供应商用于管理生产的信息系统是否与企业自身系统实现有效对接。尤其需要注意的是，企业应关注供应商的生产能力瓶颈，因为根据瓶颈理论，瓶颈制约的不是瓶颈本身，而是系统能力。

（2）生产设备。生产设备的现场考察主要关注以下6个方面的内容。

①考察供应商是否拥有制造所需产品的相关机械设备；如果存在生产设备短缺的问题，询问供应商将如何克服。

②评估生产设备是否先进，是否得到妥善保养和维护；如果存在机器故障，会不会影响交货。

③分析设备布置是否合理，是否存在安全隐患。

④评估供应商的厂房管理水平。

⑤考察供应商在生产设备中应用的软件系统，如计算机辅助设计（Computer Aided Design，CAD）、计算机辅助制造（Computer Aided Manufacturing，CAM）和柔性制造系统（Flexible Manufacturing System，FMS）等。

⑥考察供应商是否有关于健康和安全措施的规定。

（3）人力资源。人力资源的现场考察主要关注以下8个方面的内容。

①关注一线生产者和管理层员工的人数及比例。

②评估人力资源的利用情况：是否每个员工的能力都得到有效利用；是否有人力资源处于闲置状态。

③考察供应商管理层员工的姓名、职称、学历、资格和经验等信息。

④ 考察供应商是否拥有完整的人事管理和培训方案。

⑤ 关注供应商的团队精神构建情况和激励方案。

⑥ 分析供应商的员工流动情况：是净流出还是净流入；是否与行业特性相符。

⑦ 关注员工对企业的态度及其对满足客户需求的关心程度。

⑧ 关注企业文化的主题以及员工对企业文化的关注和认可程度。

3.3　供应商管理

企业的资源和时间有限，对供应商的管理也要有主次之分。在与供应商保持日常沟通并对其进行监督的同时，企业也要对供应商进行分类，对不同类型的供应商采取不同的采购对策和方法，确保重大问题能得到有效解决，也防止供应商垄断，损害企业利益。

3.3.1　与供应商保持日常沟通

在引入供应商之后，为了确保供应商在价格、品质及交付等方面达到企业要求，企业必须建立起完善的沟通体系，与供应商保持有效的沟通，从而确保各项目标顺利达成。

1. 目标沟通

所谓目标沟通，就是"目标管理"。企业在与供应商进行目标确认时，应当在确认总目标的基础上，对分类目标进行确认，并将这些分类目标作为考核供应商生产能力的标准。这其中，采购目标的设定应当围绕成本、品质和交期展开。只有将各个目标量化，才能对其进行精确管理；否则目标模糊，后续工作就无法展开。

2. 考核改善

考核改善，分为两个部分。

第一部分为"考核"——针对设定的目标，对供应商的工作进行考核。在沟通目标时，企业就要确定考核的时间节点，并及时对供应商的工作展开考核，尤其是供应商对供货效率、交货数量的控制等，应当进行特别考核。

一旦发现供货商不能通过考核，企业就要针对"如何改善"与供应商进行沟通。这就是第二部分——改善供应商能否拿出有效的解决方案，将直接影响接下来的生产流程。

这一阶段事关重大，如果企业未能及时考核并与供应商沟通，或如果供应商不能着手进行有效改善，企业后续的生产工作就可能陷入停滞，直接造成成本的增加。

沟通是供应商管理中的重要工作。企业内部的有效沟通可以让各部门明确各自的考核目标，进而为供应商提供精准的考核方向；与供应商的日常沟通则能加强企业与供应商之间的友好交流，建立良好的合作关系，让供应商真正认识企业的价值观和经营目标。

3.3.2 监督供应商的日常交货状况

交期，即交货时间，其直接影响着企业的生产节奏。倘若供应商经常出现延迟交货的问题，自然会给企业的正常生产带来强烈冲击，导致产品无法正常顺利上市。

超期导致的恶性循环如图 3.3-1 所示。在当今的竞争环境下，供应商超期的危害将会造成连锁反应：首先，导致消费者对品牌不信任；随后，这种不信任转化为拒绝购买；一旦拒绝购买的用户数过多，企业的利润就将大打折扣，造成资金紧张；资金紧张，意味着难以与优质供应商合作，只能退而求其次选择"不靠谱"的供应商；"不靠谱"供应商不仅无法保证产品品质，同时会继续出现超期交货的问题，最终导致恶性循环。

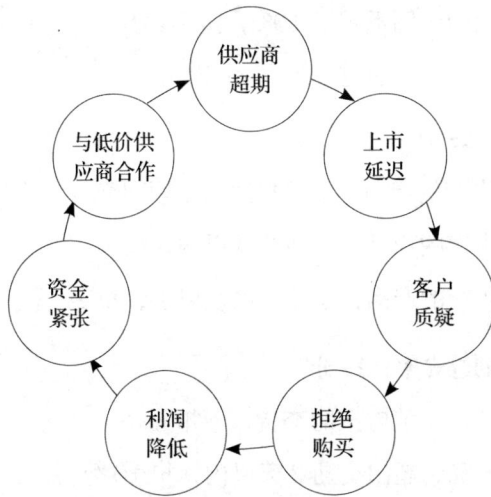

图 3.3-1　超期导致的恶性循环

所以，对供应商日常交货状况的监督是企业供应商管理的重要内容。企业可以引入交期指标对供应商进行考核，这样不仅能够对供应商的执行成果进行有效评估，还可以借此发现供应商的其他问题，并进行有效提升和改善。

使用交期指标对供应商进行考核，企业可以引入百分制，然后从交货时间、数量等各个维度入手给供应商打分。

1. 超交（考核交货时间的稳定性）：25 分

A：按照约定时间及时供货，不扣分。

B：超交时间在 5 天之内，扣 10 分。

C：超交时间超过 5 天，扣 20 分。

2. 短交（考核交货数量的稳定性）：25 分

A：按照约定时间及时供货，不扣分。

B：短交的比例在 30% 以内，扣 10 分。

C：短交的比例超过 30%，扣 20 分。

3. 时间遵守率：25 分

A：每次都能按照时间准时交货，不扣分。

B：不遵守时间的比例不超过 10%，扣 10 分。

C：不遵守时间的比例超过 10%，扣 20 分。

4. 批量遵守率：25 分

A：对于批量生产的产品，能够按照约定顺利交货，不扣分。

B：对于批量生产的产品，超期 3 次以内，扣 10 分。

C：对于批量生产的产品，超期 3 次及以上，扣 20 分。

5. 特定产品计划遵守率：25 分

A：特定加急产品，能够按时交货，不扣分。

B：特定加急产品，超出交期 3 天以内，扣 10 分。

C：特定加急产品，超出交期 3 天及以上，扣 20 分。

通过对供应商进行打分，我们既可以评估供应商的短期交付能力，也能评估其长期交付能力。当企业用打分的结果与供应商进行问题沟通时，供应商也能明确问题并主动进行业务调整，以满足企业的需求。

3.3.3　处理供应商的"抱怨"

供应商与企业的配合程度，对企业的采购、生产、产品定价及上市等环节都影响重大。如果供应商出现严重问题，企业应当及时进行更换；但与之相对的，如果供应商对企业产生"抱怨"呢？

在绩效管理体系下，企业对供应商的要求越来越高，供应商的经营压力越来越大，"抱怨"也由此产生。

虽然企业可以采取更换供应商的方式来处理供应商的"抱怨"，但临时更换供应商，也势必会对企业的生产造成影响，甚至导致项目停滞、影响企业的正常运转。

要想有效处理供应商的"抱怨"，企业就要在找到"抱怨"的内在原因之后，与供应商坦诚地进行沟通。

在与供应商签订合作协议时，企业如果缺乏有效的目标沟通和考核体系，或未对供应商进行相应的绩效管理考核，在合同中只对初级问题作出约束，那供应商就难以对合作的后续情况产生正确的预期，在后续合作中就很有可能出现"抱怨"。

尤其是在合同约束、绩效管理上存在"模糊地带"时，企业对供应商提出高要求，供应商自然会产生"抱怨"，甚至出现懈怠情绪。

为此，企业与供应商在合作之初，就要完善采购合同，明确后续合作的各个细节，尤其是质量、交期等关键细节。双方应严格按照合同方案执行，避免出现"抱怨"。

无论如何，当问题出现时，企业都要与供应商坦诚地进行沟通或签订补充协议。不要将问题搁置，否则只会使企业对供应商的管理越发困难。

3.3.4 做好供应商分类管理

管理学中的"因人而异"同样适用于采购。缺乏差异化，就无法将有限的资源分配给回报率最高的供应商。"眉毛胡子一把抓"的工作方式注定会使采购人员越来越忙，导致采购效率低下。缺乏专业性的采购管理会让企业的供应链管理能力越来越弱。而有针对性的供应商管理则可以提高管理效率、降低管理成本。

在基于绩效管理的供应商分类体系中，企业对供应商的分类如图 3.3-2 所示。

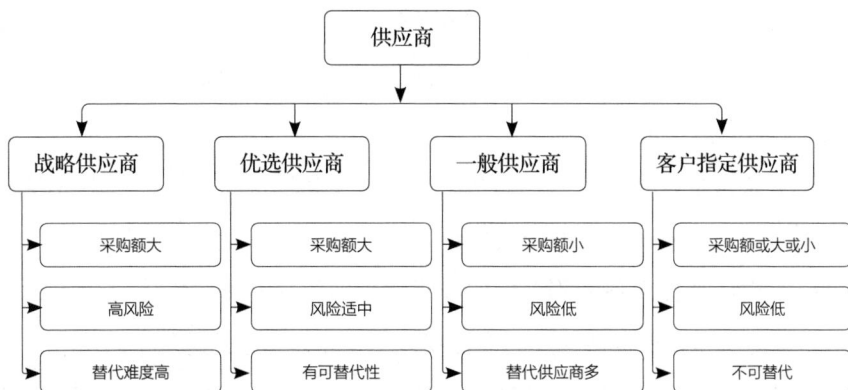

图 3.3-2　供应商的分类

1.战略供应商

战略供应商通常有前沿技术、有能力、规模大、议价能力强、供应流程复杂、行业影响力大。企业与这类供应商合作的磨合期通常很长，并且需要投入大量资源和精力来维护关系。这类供应商能保证产品品质、测试数据准确、体系健全，能满足复杂产品的设计要求及客户需求。

战略供应商一般能力强但不太服从管理，但其优势在于能与企业高度协同集成，战略供应商与企业的关系非常密切。战略供应商之所以被命名为"战略"，就是因为企业如果离开它们会很难生存或"元气大伤"。

2.优选供应商

对这类供应商，企业要投入应有的资源和时间进行管理。这是因为企业很多的产品的主要业务都与其有关，牵涉的采购额也较大。因此，一旦企业对优选供应商管理不善，供应商就有可能表现出较消极的合作态度，从而对企业的生产经营产生较大影响。

优选供应商通常在降价配合度、管理服从度、工作积极性、可靠性等方面有优势。企业可以直接用KPI考核体系对其进行管理。如果绩效差，达不到预期，企业可约谈供应商管理层召开检讨或改善会议，并定期评估供应商行动方案的有效性，或者通过适当的奖惩来推动供应商内部迅速、有效地改善。在正常情况下，企业无须过多介入优选供应商的日常运营。

值得注意的是，因为优选供应商的配合度较高，有些企业的采购管理者会对这类供应商提出诸多不合理的要求，如要求多次免费送样品、免费修改模具、时常要求降价等。

这种做法很容易导致供应商在新项目中提高报价或提出种种不合理的要求。例如，国内某些企业的采购管理者大多都会对钣金、五金冲压、塑胶结构件等的供应商提出各种不合理的要求，但因为这种物料优化设计变更快，模具也变更频繁，这种做法反而会让双方的合作效率越来越低下。

企业要尊重供应商的专业性，信任供应商，以结果为导向，通过结果的检验来管控过程。这才是明智的选择。

3. 一般供应商

此类供应商通常数量众多，企业的采购批量不大，供应的物料属于完全竞争市场，很容易被替代。它们的体系和能力水平都一般，如果企业要对其积极进行管理，按自身的标准去要求这类供应商进行整改提高，就需要投入很多资源。因此，企业没必要投入太多资源对此类供应商进行绩效改善和辅导，而是可以将问题交给时间、市场来处理。事实上，随着产品的更新换代，有些生产工艺落后的供应商自然会被淘汰。

不过，某些合作很久的一般供应商，其经营绩效不错，有一定的潜力，但由于双方的沟通和互动不够，有时也容易被边缘化。这类供应商熟悉企业的采购体系、流程和政策，对企业的产品及品质也非常了解，有可挖掘的价值并愿意主动进行改善。对这类供应商，企业可以在维持关系的同时培养它们的改善意识，所产生的效果会比寻找新供应商的效果更好。

4. 客户指定供应商

这类供应商与企业的某些客户有着比较密切的关系，即这些客户往往是供应商的相关利益方。这类供应商配合度低、难以替换且较难管理，但企业对这类供应商没有太大的选择权。

在实践中，客户指定的供应商要么规模太大、要么规模太小，要么是行业龙头企业、要么管理不完善，对企业管理来说，各有"独特的挑战"。

客户指定供应商存在的问题有以下几种。

（1）供应商规模太大、灵活性差、服务不到位。

这些企业往往是技术驱动，其产品竞争优势强，或者是战略供应商，或者是瓶颈供应商。企业如果不加区别地对待，比如用对其他供应商的办法来管理这类供应商，必然导致双方产生矛盾，而该供应商又无法被淘汰，自然不会有什么好的合作结果。

（2）供应商规模太小、灵活度高、服务不错。

这类供应商的产能往往是个问题，因其多为特定工艺的专家，以手工操作为主，产能有限，日常生产中最希望的是需求稳定。

因此，企业如果自动化水平较高，又是大批量生产，对原材料的需求量较大，供应商就只能加班加点；一旦需求停止，供应商的员工就会在短期内陷入无事可做的境地。

（3）供应商资质差、管理不完善。

这类供应商大多规模小、管理不完善、设备简陋、流程体系不健全、品质管控弱，或者品质异常情况多、反应慢、缺乏解决问题的能力。

在这种情况下，企业经常需要为应急生产而让步，采购人员虽然"怨声载道"，但也无可奈何。

3.3.5 做好供应商重大问题管理

在与供应商的日常沟通中，企业还要做好供应商重大问题的管理。当供应商出现某些问题时，企业需要及时介入，为供应商的改善提供有效建议。为此，企业应当在与供应商的合作协议中加入相应条款，赋予企业合理介入的权力。

尤其是当供应商出现如下问题时，企业要进行妥善解决。

（1）计划外停机时间。企业应对计划外的停机时间重新进行规划，尽可能固定停机维护时间，以免影响正常生产。

（2）过长的循环时间。企业应帮助供应商发现生产的问题在哪里，是什么原因造成循环时间过长，哪些工艺还有提升的空间。

（3）报废、返工、返修。减少报废、返工、返修的频次，从品质保证入手，分析原因。

（4）场地的非增值使用。企业要核实场地的非增值使用情况，思考能否有效利用场地进行进一步聚合生产、降低成本。

（5）过大的变差（品质异常情况多或差异幅度大）。企业要帮助供应商找出品质的过大变差问题出在哪个环节，解决思路是什么。

（6）人力和材料的浪费。企业应检查供应商，是否做到了人才和物料的最优化配置，能否杜绝浪费。

（7）不良的质量成本。企业要帮助供应商认识哪些是不良的质量成本，并帮助其找到良好的解决方案。

（8）产品难装配或安装。企业要帮助供应商认识装配和安装存在的问题。

（9）过多的搬运与贮存。如果货物过多，企业应引导供应商思考该如何有效进行储存、降低成本。

（10）顾客不满意，如抱怨、退货等。了解顾客最终的反馈是什么，不满意的点究竟在哪里，接下来生产上该如何解决。

与供应商仔细交流这些问题，并不断提出自己的意见和建议，协助供应商找到问题，启发供应商改善的思维，这样才能真正降低采购成本。

3.3.6　防止供应商垄断

即使供应商的各项指标都令企业十分满意，企业也不能将物料采购全部交由某一供应商负责，以免出现供应商垄断、企业丢失采购谈判的话语权，或因供应商出现问题使企业遭受重大损失等情况。

因此，企业在供应商管理中必须遵循半数比例原则。在该原则下，为了控制供应风险，企业在某供应商处的采购数量，不应超过该供应商产能的50%；与之相对，除特殊情况外，企业不能将所有采购任务都交付给一家供应商。

在供应商的开发与维护中，企业应当筛选出合适的供应商，建立起自己的"供应池"。在这个供应池里，每个采购项目都对应着不同层级的多个供应商，如此一来，供应风险也能得到分摊，从而确保采购的安全。

在日常采购中，企业可能对优秀供应商有订单倾斜、付款倾斜，从而与优秀供应商建立牢固的合作关系。但与此同时，企业也不能忽视对其他供应商的维护。

对供应池的维护，不仅有助于供应商在相互竞争中不断提升，也有助于企业在采购中获益。

3.4　供应商绩效管理

"你设立什么样的指标，就得到什么。"在供应商管理中，绩效管理总是最让人头疼的问题。很多企业曾经在供应商绩效管理中投入大量资源，效果却不尽如人意。与此同时，企业的采购战略也陷入困境。

供应商是企业绩效竞争力的延伸，采购战略与绩效管理之间也存在着"一荣俱荣、一损俱损"的关系，企业必须设置完善的绩效管理方案，对供应商进行有效管理。

3.4.1　供应商绩效管理方案的选择与确定

在采购战略与绩效管理中，企业应确立供应商绩效方案的整体方针。但要想将其真正落地实施，仍需要通过量化形成完整的实施方案。量化方案的选择与确立，不仅可以将整体方针更准确地传达给供应商，也有助于企业更精准地进行数据判断和考核，从而使企业与供应商进行更有效的沟通，提升企业的采购竞争力。

一般而言，供应商绩效管理方案分为分类方案和加权方案两种。

1. 分类方案

企业的有序运营，需要各部门的有效协作。而在实际运营中，各部门看重的信息却有所区别。采购部门可能更注重采购成本，生产部门则更关注交付及时，因此，如果让各个部门独立对供应商进行考核，得到的结果可能天差地别。

根据这一逻辑，则形成了供应商绩效考核的分类方案。分类方案主要从企业内部的不同部门入手，对各个部门进行分类，让不同类别的部门分别根据自身的考核重心对供应商进行打分，最终将考核成绩汇总，以形成完整的绩效考核成绩。

通常来说，部门大致可以分为3类。

（1）质量生产部。对供应商提供物料的质量和稳定性进行考核，并做好记录，将其纳入供应商评分系统，最终让质量生产部对供应商的评分成为供应商的资格评估的一个重要依据。

（2）物料部。物料部的工作，在于对物料进行验收并做好相关记录，对供应商提供的物料进行"优良中差"的品级区分，并依此对供应商的资质做出评判。

（3）采购部。采购部对行业内的采购价格进行分析，考查供应商的价格体系是否合理。同时，采购部还要收集各个部门的数据记录，组织召开年度供应商质量考核评价会议，建立、保存供应商质量绩效考核档案。针对供应商的改善、更换供应商等工作提供明确的方案。

当然，对供应商的绩效管理还涉及研发、财务、人力资源等多个部门。多数企业可以通过不同的部门分类，对供应商进行完整的绩效量化分析。在具体操作中，每家企业则可以根据自身情况制定量化标准，由各个部门分别组成多个评分小组，对供应商独立进行打分，最终得出供应商绩效报表，这样就能根据绩效报表向供应商提出有效建议，同时对供应商进行级别划分，如表 3.4-1 所示。

表 3.4-1　对供应商进行级别划分及奖惩情况

级别	综合绩效	奖惩情况
一级	100 ~ 90 分	一级供应商，可以优先与之进行合作，加大采购的力度
二级	89 ~ 80 分	二级供应商，保持现阶段的采购计划不变，对其提出针对性的调整方案
三级	79 ~ 70 分	三级供应商，适当减少采购量，提出明确的整改意见。如果情况依然没有得到改善，那么应当暂停采购计划，直到改善工作结束后再视结果决定是否继续进行采购
四级	69 分以下	从"合格供应商名单"中删除，从此不再与其进行采购合作

分类方案对于供应商的绩效考核非常直观，能够有效地发现问题在哪里、改善的空间在哪里。所以，多数企业都可以采取这种方式对供应商进行考核。

一般而言，分类绩效方案更适合采购需求大的企业，尤其是制造生产企业。

在这类企业中，原材料、零部件的采购成本一般占企业总体运营成本的 40% ~ 60%，其中汽车制造业更是达到 80%。因此，如果缺乏对成本的有效控制，这类企业的竞争力就会明显下降。

2. 加权方案

在分类方案下，由于各部门采用的考核指标不同，考核结果也可能出现难以汇总的问题。另外，在不同的战略侧重下，生产、采购、财务等部门在企业战略中的重要性也有所差别，分类方案则无法体现出这种差别。

因此，在分类方案之外，企业可以选择加权方案。相较于分类方案的过于平均化，加权方案可以帮助企业根据企业的战略需求，对每个考核指标进行权重分配，使得供应商绩效方案更符合企业的采购战略。

在加权方案下，企业可以制作一张统一的绩效考核表，并根据企业采购战略的需要，对每个考核指标进行加权，如价格、质量、交付及时、售后服务等指标，加权系数则记为 $X1$、$X2$、$X3$…Xn；需要注意的是，（$X1+X2+X3+…+Xn$）的结果必须等于 1。

对供应商进行绩效考核时，企业内各部门都使用这张考核表打分，然后汇总形成供应商绩效考核的最终成绩。

这种考核方案更符合企业战略的需求，能够凸显采购战略的重心。在对供应商重点指标的考查中，企业也能对供应商进行有效分级。

然而，与分类方案相比，加权方案的实施无疑更加复杂，企业需要考虑更多细节，并应对各项指标的权重进行合理分配。因此，加权方案更适用于核心供应商的绩效考核。通过使用加权方案对核心供应商进行绩效考核，能够使核心供应商的能力得到进一步提升，从而加速企业战略的实现。两种绩效方案的优劣势对比如表 3.4-2 所示。

表 3.4-2　绩效方案的优劣势对比

绩效方案	优势	劣势
分类方案	可以单独根据部门的要求考核供应商，数据统计汇总可以灵活组合	考核结果具有片面性；汇总计算有难度
加权方案	考核更加全面，统计简单	绩效突出性评估不强

3.4.2　供应商绩效管理指标设定与分级管理

供应商绩效管理应该始终以企业采购战略为起点与终点，企业在选择好与企业的采购战略相匹配的绩效方案之后，则需要制定一套详细的绩效管理指标。只有如此，量化考核才能做到有理有据。企业的绩效管理指标的设计在某种程度上也需要符合 SMART 原则，具体如图 3.4-1 所示。

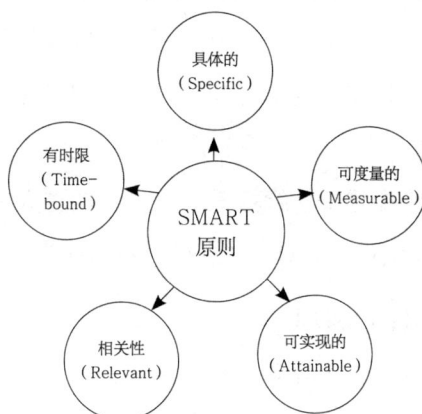

图 3.4-1　SMART 原则

S 代表具体的（Specific），指绩效考核要包含具体的工作指标，不能过于笼统。

M 代表可度量的（Measurable），指绩效管理指标是数量化或行为化的，无论是主观量化还是客观量化，都应能够验证这些绩效管理指标的数据或信息。

A 代表可实现的（Attainable），指绩效管理指标在供应商付出努力的情况下可以实现，避免设立过高或过低的目标。

R代表相关性（Relevant），指绩效管理指标是与供应商工作的其他目标相关的。

T代表有时限（Time-bound），指完成绩效管理指标有特定的期限。

量化考核只是手段，而非最终目的。为了用绩效考核来提升采购竞争力，企业仍需根据供应商绩效考核成绩对其进行分级管理，从而有效整合供应商价值。

1. 指标设计应自上而下，以采购战略为基础

供应商绩效管理必须以采购战略为基础，只有在采购战略的指导下，绩效管理作为一种"术"与"器"才能支撑"道"的实现。因此，供应商绩效管理指标设计的首要原则就是以采购战略为基础。

特别需要强调的是，指标设计应自上而下，以采购战略为基础，还应该结合行业与产品品类的特点。这就意味着在同类型企业中，不同品类的产品的指标和权重是不同的。

只有在完善的战略指导下，指标设计人员才能进入绩效考核的具体操作中，对各项考核指标仔细进行核算，实现供应商的量化分级和有效绩效管理。

2. 考核指标可客观量化进行考核

在制定绩效方案时，为了确保后续方案的有序实施，考核指标必须可客观量化，否则就难以在细致的核算中对供应商绩效进行准确的考核。

根据企业常用指标，这里以成本、质量、交期三大指标为例，进行简单说明。

（1）成本指标。成本指标的考核一般以物料价格为主导。此时，采购部门应与财务部门联合起来，针对每项物料的每批次的价格进行打分，如价格高于行业平均水平，每高出10%扣除10分，超过30%则不得分。

（2）质量指标。质量指标的考核则以品质管理部门为核心，此时，可由生产部门和品控部门联合进行考核：在验收产品时，如发现质量不合格则扣

10 分，如果连续不合格超过 3 次，则不得分；在使用过程中如出现质量问题，每次扣 5 分，造成质量事故则不得分。

（3）交期指标。交期指标同样可由多部门，包括采购部门、仓储部门和生产部门等联合进行考核，而在进行交期指标的考核时，除了考核交付的及时性之外，企业也要关注交付的准确性。供应商按约及时、准确交付，是基本的要求。在此前提下，如交付延误但延误时间在 1 天以内，则扣 1 分；如果延误时间过长或影响企业生产，则扣 5 分。

与此同时，如交付货物与约定物料的质量误差在 ±0.3% 之内，则可以接受；如超过 ±0.3%，应当扣 1 分。

3. 适度拉开差距，便于供应商分级

在指标核算下，企业可以对每个供应商的供应能力进行评估打分，从而确定供应商分级，对其进行有效管理和针对性调整。但这样做的前提就是考核分数需要拉开差距，否则一个供应商 82 分，另一个供应商 83 分，在管理上还是会存在困扰的。因此，绩效指标不仅要满足量化考核的需求，也要能够有效体现供应商的能力，应适度拉开差距为后续的分级管理奠定数据基础。

一般而言，企业可按照既定的评分标准，将供应商分为 A、B、C、D 4 个不同的等级（不同企业的叫法不同）。对于不同级别的供应商，即可分别进行不同的流程。

（1）针对 A 级、B 级供应商，企业在将其纳入稳定合作关系的基础上，应维持产品生产监督、品质管理等供应商管理措施，推动 A 级、B 级供应商能力的保持与提升。

（2）针对 C 级供应商，企业应根据供应商存在的具体问题，与供应商进行深入沟通，寻求解决方案，并提供相应支援，以帮助供应商有效提升供应能力。与此同时，也可适当通过停止交货、调整订单和重新确认等手段，对供应商施加压力。

（3）针对 D 级供应商，其一般存在重大隐患，企业应将其作为重点监控

对象，高度防范该等级供应商可能发生的供应风险。在企业辅助供应商发展无效的前提下，一旦发现风险增加，则应立即停止与其的合作，并进入"新供应商导入"的流程。

（4）针对新供应商，其同样需要遵循厂商征信、供应能力、品保系统、技术流程等的全方位考核原则。此时，企业内各部门应当及时采取协调行动：物料部门需要对样品进行品质上的考核，并对新供应商的产品品质进行严格打分；采购部门根据物料部门所做出的数据分析，对价格进行判断；物流部门对供应商的供货单进行查询，了解其是否能够顺利交货等。在多个部门共同参与的绩效考核中，如果新供应商的等级低于 B 级，则应当暂停让其供货，并根据企业产品情况调整供应商资格，甚至将其淘汰出局并重新选择新的供应商。

当与新的供应商确定合作后，即可将其纳入试用供应商进行监督。随着供应商的正式投产，其还要定期进行"原材料质量检讨"，企业对材料满意度、服务体系、订单管理、工程进度、成本波动等方面进行调查。根据产业属性、订单需求、时节需求的不同，这种检讨应当以周、月、季度为周期进行。企业应将这些数据考查纳入体系，最终将其再次纳入供应商绩效管理，对供应商的绩效进行量化考核。

3.4.3 对供应商进行定期考查

在保持与供应商的日常沟通和绩效考核的同时，企业还要对供应商进行定期考查，不断推进供应商的持续性改进。

在此过程中，企业一方面要为供应商提供完善的绩效数据作为支持，另一方面也应当要求供应商定期进行答复，提供相应的技术改进计划。这样，企业才能基于定期考查情况，进一步判断这家供应商是否能够不断进步，与企业的要求和发展保持步调一致。

一般而言，在对供应商的定期考查中，企业应当关注以下需持续改进的事项。

（1）防错（设计、工装等）。

（2）控制图。

（3）设备总效率。

（4）产品结构组合分析。

（5）价值分析。

（6）基准确定。

（7）动作／人机工程分析。

基于上述考查和分析情况，企业要与供应商不断进行沟通交流，引导供应商持续进行改进，从而使供应商真正符合企业发展的要求。

在供应商绩效管理及定期考查中，最忌讳的行为有以下两种。

1. 单纯只提要求

不对问题进行有效表述，仅仅只表示"我们需要降低成本"。这会让供应商找不到问题的关键所在，难以真正对成本进行改善。

2. 没有缓冲地带

成本的改善，需要双方的不断交流才能最终确认。所以，即便供应商提出相反的意见，也应当让其将困难之处讲清楚，再进行最终的定夺。否则，原本有可能进行的采购成本改善，也会因为企业过于强烈的拒绝而终止。

3.4.4　辅导供应商

在新时代的市场竞争环境下，企业与供应商越发成为利益结合体。一旦整个行业被颠覆，行业内的竞争也将失去意义。而要应对如此快速变化的市场环境，仅靠企业一己之力，当然力有不逮。

为此，丰田和戴尔公司均选择培养与发展供应商，将供应商培养为具有核心竞争力的优秀企业。如此一来，当企业为了应对市场变化而转型时，供应商也能快速应变，给予配合；甚至当供应商发现市场先机时，也能及时通知企业，使企业与供应商共同进步。

为形成这样共同进步的合作机制，企业在每次进行供应商绩效考核后，都需要对供应商的能力进行全面分析，明确每个供应商的优势与劣势；同时以此为基础，与供应商进行关于绩效改善的沟通，帮助供应商有针对性地改善自身存在的问题。

正因如此，在日本的很多制造企业中，甚至会在采购部门下设立供应商发展部，其作用就是辅助供应商发展。

如此一来，在供应商能力的定向提升中，企业的采购竞争力也将随之提升，最终实现共同发展、共同进步。

为了确保供应商辅导机制能发挥相应的作用，企业在供应商的分级管理中，对不同绩效级别的供应商应给予不同程度的订单、财务倾斜，从而激励供应商进行改善。

因此，企业可以将合作方案的制定与绩效考核相结合，先对各级供应商的基本合作方案进行初步确定，再结合每家供应商的绩效结果对合作方案进行灵活调整。如此一来，在对供应商进行分级管理的同时，也能充分考虑每家供应商的独特情况，做出更具针对性的决策。

依靠这样的分级管理措施，优秀供应商的能力将得到进一步提升，企业与供应商的合作关系也将得到深化。

第4章
采购价格分析与采购成本管理

企业盈利，不仅靠"开源"，更要靠"节流"，如果成本损耗过多，企业盈利就是一句空谈。因此，企业只有明白供应商如何定价，明白如何进行采购价格分析，才有可能使采购成本进入精细化运营的轨道。

4.1　知己知彼：懂得供应商如何定价，才能做好采购

在采购成本的构成中，采购价格是最主要的部分，也是最受企业关注的元素。几乎每个企业都会与供应商讨价还价，询价与议价环节被看作采购工作的重点。笔者在对企业进行培训和问题咨询的过程中，经常会被问到应如何询价与议价。笔者在回答这个问题之前，认为企业首先应知道供应商的定价方法。

4.1.1　询价单分析流程与内容

询价单在企业采购中的应用非常广泛，尤其是对于采购物料的规格、标准相对统一，货源充足且价格稳定的项目，企业更倾向于使用询价采购的方式。此时，企业可以向多家供应商发出询价单，供应商对企业所需物料提出报价后，最终"价低者得"。

1. 询价采购的常见误区

在实际运用的过程中，企业可能因为采购程序不规范而错误地使用询价单。询价采购中主要有三大常见的误区。

（1）在大多数采购项目中都使用询价采购。

事实上，询价采购具有明确的前提，即"规格、标准相对统一，货源充足且价格稳定"。如果物料规格、标准不统一，货源紧缺或价格变动大，供应商的报价则不具备可对比性，企业更应该采用招标或其他采购方式。

（2）询价单只送往有限的供应商。

只有让尽可能多的供应商收到询价信息，企业才能在这种公平竞争中获得更大的收益。如果询价信息公开面狭窄，则可能出现"暗箱操作"，甚至导致实力雄厚的供应商根本无法参与。

（3）询价采购只考虑报价高低。

"价低者得"是询价采购的基本原则，但如果只考虑价格的高低而忽视对供应商的资格性审查和服务质量考查，那么供应商就可能利用"价格战"获得采购合同，之后却在产品和服务质量上偷工减料。

2. 询价流程

当采购物料规格、标准相对统一，货源充足且价格稳定时，企业可以选择合适的供应商向其询价，将价格作为关键的评判依据，选择报价最低的供应商，从而在提升采购效率的同时，确保采购成本的最小化。

此时，企业必须遵循严谨的询价流程，笔者将之归纳为四大步骤。

（1）成立询价小组。

询价小组是询价采购的主体，因此，成立询价小组是询价采购的必要步骤。即使询价项目金额小、易操作，也应当遵循既定程序，成立专门的询价小组。一般而言，询价小组由采购人员和有关专家共同构成，组成人数应是 3 人以上的单数。

一旦询价小组成立，询价小组就需要根据采购需求，编制详细的书面询价采购文件，即询价单。询价单上需要展示采购项目的基本情况和注意事项，并公示项目评审结果和成交原则。

（2）确定询价供应商。

作为询价目标的供应商，必须经过企业的资格审查。此时，询价小组可以通过制作统一的供应商情况登记表，对供应商的信息进行管理和分析。这些信息主要包括注册地、注册资金、股东结构、生产场地、设备、主要产品、主要客户、生产能力等。

在对这些信息的分析判断中，企业尤其要对供应商的工艺能力、供应能力及其综合竞争能力进行评估。

剔除明显不适合的供应商之后，询价小组还可以对供应商进行实地考察，甚至在初期就邀请质量部门、工艺工程师加入询价小组，借助他们专业的知识与经验，对每家供应商进行综合评分，最终确定询价供应商。

（3）询价。

询价的过程，即是企业将询价单发送给供应商，明确截止时间，并在规定的时间内接收供应商反馈的报价单的过程。

在询价采购中，除了制作询价通知书外，询价小组还应递送基本的合同条款，以免在询价采购结束后，出现采购双方不签订合同、权利与义务不明确等情况，引发不必要的纠纷。

另外，在向特定供应商发送询价单的同时，为了扩大询价面，询价小组也可以在公开渠道发布询价信息，从而避免供应商遭遇"信息失灵"的情况，同时也降低"暗箱操作"的可能性。

在整个询价过程中，每家供应商都只有一次报价机会，一旦报出即不可更改。而在询价期间，企业也需要对供应商的报价信息进行保密，以免出现徇私舞弊的情况。

（4）确定成交供应商。

询价截止时间后，询价小组首先要对收到的报价单进行综合评审，确保报价单有效且供应商符合采购需求，并向所有参与者公开供应商的报价。

在此基础上，企业则可以按照采购确定成交的原则和询价文件的规定，确定报价最低的合格供应商为成交供应商。然后，向成交供应商发出成交通知书，并签订相关合同，就可以进入合同履行阶段。

4.1.2 供应商定价的 5 种方法

面对不同的供应关系，每家供应商都会根据自身的成本结构定价，但较多地影响供应商的定价的还是供应商自身的定价目标。

供应商的定价目标主要可以归纳为以下 5 点。

（1）获取足够的预期收益，衡量标准分为长期标准和短期标准。

（2）在较长的时间段内，通过控制总收入和总成本创造最大的总利润。

（3）如果自身能力不足，无法获得预期收益或最大利润，供应商的定价目标则是参考市场行情制定合理的合理利润空间。

（4）制定较低的价格，从而迅速挤占市场，提高市场占有率，再逐步提高产品价格。

（5）认真研究竞争对手的策略，制定更具竞争力的价格与之抗衡，以占领市场或保护既得市场。

"知己知彼，百战不殆。"只有在了解供应商的定价目标之后，企业才能更深入地明确其定价逻辑。很多企业忽视了对供应商定价目标的了解，并因此陷入了误区。

目前，大部分供应商都采用以下 5 种定价方法。

1. "成本 + 利润 = 价格"法（也称"成本加成"法）

该方法常见于垄断市场或新产品刚推出的市场。

在卖方市场，当供应商具有更大的话语权，以"成本 + 利润"定价的方法就比较常见。这种定价方法基本不考虑外部市场的情况，在估算出产品的平均成本之后，将其增加一定比例作为利润，再对二者求和即得出最终价格。

按照这种方法，供应商首先需要估算产品的平均成本。此时，供应商需要先确定一个正常或标准的产量，再假定生产能力的可利用程度（一般为 66%~100%），从而计算出产品中包含的平均固定成本和变动成本。利润率则依据经验制定，而非理论分析中的最大利润，但二者取值一般近似。

由于产品的平均成本一般不会大幅变动，行业利润率也较为稳定，所以成本加利润的定价一般较为稳定。如果遇到税费增长或原材料、工人工资上涨等情况，各大供应商往往会一起提升定价。

供应商的这种定价方法的风险在于，一旦出现竞争对手或替代方案、产品等，如果供应商只关心自己的价格而忽视市场变化，就会影响企业的产品推广与市场占有率，甚至错失企业发展的机会。

2. "价格 – 成本 = 利润" 法

该方法常见于竞争市场。

在竞争激烈的市场环境下，企业为了确保预期的目标利润，必须千方百计降低成本，从引入精益生产（Lean Production）降低生产制造成本，到引入采购与供应链OTEP模型降低采购运营成本，再到引入全面质量管理（Total Quality Management，TQM）降低质量成本……

这种定价方法完全基于市场竞争环境与企业盈利需求，在三者之间寻找一个平衡点，即供应商需要运用收支平衡图（Break-even chart）。以市场竞争为导向可能牺牲企业的盈利能力，以企业的盈利能力为导向则可能牺牲市场竞争。

恒大冰泉就是一个很典型的例子。

恒大冰泉作为天然矿泉水进入市场时，因其水质良好、定位高端，500ml 的瓶装矿泉水最早定价为 4 元 / 瓶。无论如何，"水" 在国人心目中的价格有一个这样的标准：水的价格为 2 元 / 瓶左右，超过 3 元 / 瓶的就应该是饮料！当时甚至有人开玩笑说，1 000ml（1 升）的水价格高达 8 元，甚至高于 1 升 95 号汽油的价格，直呼 "喝不起"。在一个完全竞争的市场，几乎所有企业都没有定价权，恒大冰泉的定价自然导致其销售量下滑。后来其不得不接受 "残酷" 现实，将价格调整为 2.5 元 / 瓶，后来又降到全国统一价 2 元 / 瓶，甚至有的超市出现 0.9 元 / 瓶（估计这是渠道管理混乱，价格也混乱）的情况……结果非常尴尬，这样的定价不仅得罪了原先的老客户，也没有获得新客户的认可，造成 "两边不讨好" 的局面。

3. "价格 – 利润 = 成本"法

该方法常见于夕阳产业市场。

由于行业过度竞争，产业极度成熟，或产品竞争激烈或被模仿，企业毫无定价权，基本处于随行就市的环境，成本挖掘空间也已竭尽。这种企业只能等待行业转型或升级换代，才能进入新的发展周期。

我国彩色电视机早期由于缺乏基本的技术，其核心配件阴极射线显像管（Cathode Ray Tube，CRT）几乎都从日本厂商手中进口，国内的电视机厂几近沦为国外品牌的组装厂，企业将相同的配件组装好后贴上自己的品牌各进行市场销售，各地纷纷建立彩电产品生产线，重复建设严重。随着生产能力严重过剩，供大于求的市场竞争价格很快就到了底线。为制止彩电市场持续恶性竞争，防止透支市场，避免市场极度疲软，国内 9 家大型彩电骨干企业成立彩电价格联盟以在产品价格方面进行约束，但这种仅仅停留在产品价格层面的联盟很快就解体了。行业发展到这个时候必须"凤凰涅槃、浴火重生"。直到液晶面板电视出现，才让彩电行业进入了新的发展纪元。

4. 跳跃定价法

该方法常见于无法横向比较的产业市场，如文化产业、新知识产权（Intellectual Property，IP）设计行业等。

例如，同样是清朝末年两位不知名的画家画的国画，一幅标价 2 千元，另一幅标价 2 万元；一套企业管理软件，有标价 50 万元的，还有标价 60 万元的……这类定价方法由于横向比较与参照性弱，属于跳跃定价法。

同样，随着供应链环境变化，市场偶尔价格波动较大，某些产品短时间内涨价或降价的情况并不罕见，如 2017 年的包材价格，某些电阻、电容的价格也使用跳跃定价法，甚至某些供应商在涨价函中写道："下个月涨价 20%~30%或更多，具体涨幅届时通知。"

在采购企业看来，这是无法理解的价格"暴涨"；但站在供应商的角度，这其实是以市场需求为导向的跳跃定价法。

根据市场需求状况和采购企业反映，即使产品平均成本相同，供应商也会制定不同的价格。跳跃定价法的基点在于产品的历史价格，如果市场供不应求，供应商则可能加价出售；如果采购方需求较小但时间紧迫，供应商同样可能加价出售。

5. 社会责任定价法

该方法指从社会底层需求发出，被社会责任唤醒后的定价。

例如，某地发生地震，某帐篷厂立刻标出帐篷以 3 折的价格卖给受灾群众等。

当然，在供应市场上，还有些供应商则以履行社会责任为目标，即以最大化满足社会公众的利益为企业定价的基本准则。

因此，公共事业或公共责任企业一般采用社会责任定价法。

（1）公共事业型企业，如公交公司、自来水公司、电力公司、煤气公司等，他们通常以较低的价格向客户提供产品和服务。

（2）执行社会市场观念、拥有公共员任的企业，他们以保护或提高客户和社会福利的方式，将产品价格定得较低，只获得有限或低微的利润，以兼顾企业利润、客户需求和社会利益。

4.1.3　报价单信息分析

面对企业的采购需求，供应商大多会以报价单的形式做出回应。拿到供应商报价单，企业千万不要只看价格数字，就评价其价格的高低。

报价单类似于价格清单，一般包括单头、产品基本资料、产品技术参数和价格条款等内容。

1. 报价单主要信息

在一份完整的报价单中，一般包含以下 4 类信息。

（1）单头。

单头主要包括报价单抬头、报价日期，以及供应商的基本资料等信息，如供应商的 Logo、名称、地址、联系方式等；个别报价单还会明示采购企业的基本信息。

（2）产品基本资料。

产品基本资料包括序号、产品名称、型号、规格、价格等信息。产品不同，其内含的主要信息也不同。

（3）产品技术参数。

对于特殊产品，其报价单则涵盖相应的技术参数。如铜材报价单中的"铜含量""实测电导率"等参数。

（4）价格条款。

价格条款包括交易方式、运输方式及其他备注信息。

以上为一般报价单的主要内容，供应商和产品不同，每份报价单在细节上也存在区别，展示的信息也可能出现增删。

2. 常见分析误区

在对报价单信息的分析中，很多企业都难以做到全面解读，甚至会做出错误的解读。常见的分析误区有以下 3 种。

（1）只关注价格。

如果产品参数合适，认为只需关注价格即可。报价单虽然名为"报价单"，但其内容却不只是报价。一份完整的报价单包含许多信息，如果企业不能对其进行全面解读，则可能落入供应商设下的陷阱，忽视如材料的新旧程度、货币单位、报价有效期等信息。

（2）不熟悉产品报价情况就进行分析。

对于企业需要采购的主要产品或市场透明度高的产品，供应商大多会报出合适或较低的价格，以取得企业的信任。事实上，在企业不熟悉产品报价的情况下，供应商的报价可能蕴含更多的"水分"。

（3）认为报价单中的原材料的价格无法变动。

企业在采购时大多关注物料产品的报价，而忽视对供应商的原材料成本的分析，因为企业认为原材料价格无法变动。这给予了供应商趁机提价的空间，尤其是一些原材料价格变化较大的物料，即使供应商报价较高，企业通常也会轻易接受其报价。

3. 报价单信息分析

面对报价单信息分析的常见误区，企业该采取什么策略和方法去应对呢？

（1）要求供应商按照采购方的成本结构来报价。

为了阅读和理解方便，企业应尽量制作统一格式与要求的报价单。

很多企业在拿到报价单之后，会被上面纷繁复杂的信息弄得一头雾水。于是，他们只好根据主要采购物料，重点关注其中几款产品的报价信息。这就可能导致企业在分析供应商的报价信息和计算采购成本上出现偏差。

企业应当要求供应商按照企业的成本结构来报价，报价单的格式也要遵循企业的要求。尤其是企业在进行大批量采购时，可以直接发送报价单模板给供应商，让其按照统一的报价格式及成本计算方法报价。

这样有助于企业快速分析供应商的报价信息并计算采购成本。

（2）要仔细研究供应商提供的报价单。

如果报价单是供应商提供给采购方的，其内容格式可能并不统一。因此，采购人员在拿到供应商的报价单之后，需要对其中的信息进行分析及判断，要带着疑问对报价单的信息细节进行深究。

① 标的名称、规格、型号、特殊要求等项目是否齐全？

② 有最小订单量（Minimum Order Quantity，MOQ）要求吗？

③ 报价含税吗？是最终报价吗？

④ 价格透明度是否符合要求？成本结构合理吗？

⑤ 报价处于什么水平？有恶意报低价的现象吗？

⑥ 报价有效期是多久？

⑦ 有促销活动吗？有现金折扣/数量折扣吗？

⑧ 涉及的工装模具费用分摊符合约定吗？

⑨ 预付款比例是多少？付款期是多久？

⑩ 交期的弹性空间有多少？

⑪ 有质量保质期限与质量处理流程吗？

带着以上这些问题去看报价单，在报价单中找到明确的答案，企业才能尽可能地规避报价单中可能存在的陷阱。

（3）要注意报价单中的弹性项目。

基于某些产品或服务本身的特殊性，供应商往往会对其进行弹性报价。由于供应商在解释报价时，会尽可能提升企业对产品价值的认识或说明市场价格的多变性，而企业稍有不慎，就有可能为这些弹性项目付出不必要的成本代价，供应商则能借此在后续供货中获得丰厚利润。

有时报价单会采取阶梯式报价方式，即包含数量折扣（Quantity Discount，QD）[1]，企业也需对此进行准确分析。

（4）要深入供应商的工厂分析报价单。

正所谓"知己知彼，百战不殆"。在采购周期（非紧急采购）允许的情况下，企业可以利用供应商开发、评估的机会详细了解供应商的主要原材料采购价格、制造工艺、物料损耗率、产品合格率、设备变动率等情况，以供企业在对供应商进行报价评估时直接参考。

最重要的是，企业应深入供应商的工厂了解供应商的情况，对供应商的二级采购保障能力、交付能力与研发工程情况等有先期的了解与预判。企业应先筛选出几家供应商进行前期分析对比，进行风险评估，而后派遣经验丰富的采购人员进行实地调查，避免供应商的生产经营出现问题，导致采购成本提升，甚至无法按期、按质、按量交货。

1　数量折扣是企业采购时，供应商对企业常用的采购优惠手段，也被称作批量作价，是供应商给予大量购买产品的企业的一种减价优惠。一般而言，采购量越大，折扣也就越大。

4.2 8种常见的采购价格分析方法

明确供应商的定价方法之后，面对供应商的报价，企业有必要对其报价进行分析，以评估报价是否合理，并据此进行采购决策，找到最适宜的采购定价、采购量和采购时机。

对此，笔者总结了8种常见的采购价格分析方法。

4.2.1 历史数据法

大多数企业都有一定的采购历史交易数据，当评估供应商报价时，历史数据法也是最常用的方法之一。在与历史报价的对比中，企业能够轻易发现可能存在的报价异常，并调查其背后的原因，从而对当前报价的合理性做出有效评估。

企业应明确以下影响采购价格的主要因素。

1. 采购数量

采购数量直接影响价格,购买方式的不同(如单买、小批量买、大批量买等)会使采购价格存在明显的差异。

2. 合作关系

如果企业与供应商保持持续交易的关系，企业也有更大的可能拿到相对优惠的价格。

3. 交货期限

在较为紧张的交货期限下，供应商可能会提升价格；反之，则可能有一定优惠。

4. 市场行情

市场行情分为区域市场行情和宏观市场行情两个层面。在市场的价格变化周期内，企业采购价格也会随之发生变化。

5. 产品质量

质量决定价格，采购物料的标准是国标、行标，还是非标，对采购价格的影响明显。

6. 付款方式

一般而言，企业以预付款的方式可以拿到更加优惠的价格。而如果付款期较长，供应商报价也会相对较高。

7. 供应商渠道

供应商渠道包括生产商、一级供应商、二级供应商和终端零售商等，从不同的供应商渠道采购，其价格也不同。

8. 供应商成本

随着供应商生产成本的增减，其报价也会发生相应变化。

只有明确影响采购价格的因素，企业才能正确运用历史数据法，对供应商的报价进行合理的评估。否则，因理解片面或信息不全，一味地以买方身份强压供方，不仅获得不了供应商的信任，还会因构建不好的供应关系而陷入议价的被动局面。

那企业在使用历史数据法对报价进行评估时，通常会遇到哪些误区呢？

1. 单纯地将采购报价与过去的价格相对比

历史数据法表面上是价格的对比分析，但企业也要考虑历史数据形成的相关要素，如历史成交量较大，故采购价格低；或历史成交在市场价格低点等。

2. 只做环比分析，不做同比分析

每种产品的价格变动都存在一定周期，大多以一年为一个周期。在这个周期内，其价格变动也存在一定规律，如果只做历史数据的环比分析，则可能忽视价格周期的影响。

陷入误区不可怕，可怕的是没有策略和办法去应对。历史数据法的核心就在于参考过去的实际采购价格，评估当前报价的合理性。需要注意的是，

在评估过程中，企业必须结合相关因素进行综合评估，以免评估不准确。具体的评估方法如下。

1. 建立基本的数据档案

企业应建立起基本的采购数据档案（现在 ERP 系统几乎都具备数据汇总和导出功能）。在每次的采购活动中，企业都应当将相关数据记录下来，并将其整理到数据档案中。

数据档案的基本内容包括产品名称、产品参数、采购数量、采购价格、供应商、采购时间等。数据档案中的每一条记录都应当链接相关的单据、合同等电子档材料。如单次采购价格存在异常，企业也需要备注原因。

2. 历史数据趋势

根据产品的价格变动周期，企业可以对历史数据的变化趋势进行分析，一般以折线图或点状图的形式制作趋势变动表。借助这张趋势变动表，企业能够对采购价格的变化有整体认知。

需要注意的是，在制作这样的趋势变动表时，由于历史采购价格可能存在异常，企业可以将这些异常情况作为离散点剔除，以免影响趋势分析的准确性。

3. 同比或环比分析

对于当前的采购价格，企业可以采用环比（month-on-month）或同比（year-on-year）分析，将之与上期或历史同期价格进行对比分析。

例如，将 2018 年 3 月的采购价格与 2018 年 2 月的采购价格相比，即为环比；与 2017 年 3 月的采购价格相比，即为同比。

结合历史数据的变化趋势，在同比和环比的分析中，企业可以明确当前采购价格的合理性。

长期以来，中国动向（集团）有限公司（以下简称"动向集团"）一直坚持积累与分析采购数据。在从事品牌运动服装的市场推广与分销中，这一制度也为其采购价格分析提供了客观依据，从而帮助其做出更具科学性的采购决策。

仅在基本数据档案的设计方面，动向集团就在细节上做到了极致。借助完善的采购台账，动向集团能够对各物料的采购价格进行深入分析，并了解采购价格的变动趋势。为此，企业可以制作一张采购价格走势图，让这种趋势更加直观。

结合供应商的报价，我们也可以将其与过去的采购价格进行对比，以同比和环比为主要指标，制作走势图。

日常的数据积累可以帮助企业在每一次采购时，都方便地将采购价格与历史数据进行对比，进而结合价格影响因素，判断当前的采购价格是否合理。

4.2.2 目标价格法

正如供应商在定价时可能以某一价格为目标一样，为了确定价格的市场竞争力，企业对于产品的最终售价同样需要严格控制。在这样的售价限定下，企业的采购价格也必须限制在一定范围内，否则就可能倒逼售价上涨或缩减盈利空间。

目标价格法起源于美国施乐公司，目前日本企业如三洋、丰田、松下、住友等都采用该方法。

要确保目标价格法的有效性，企业要遵循以下五大基本原则。

1. 以市场竞争为基础、以客户需求为导向

全面控制产品形成的诸多成本要素，不仅关注采购价格这一单一因素，而应将注意力放在产品形成的全过程、全环节。

2. 供应链参与原则

邀请供应商参与产品生产的全流程，从研发到运筹，全部门参加，以拓展盈利空间。

3. 责、权、利相结合的原则

制定完善的绩效考核制度，推动全员参与、共同努力。

4. 职能控制的原则

按照目标价格计划，对采购计划的完成情况进行评估，并及时纠正计划执行中的偏差，以确保目标价格得以实现。

5. 目标管理的原则

在企业管理中，以目标价格及对应的目标成本为依据，对各项成本开支进行严格的限制和监督，力求在采购价格等各方面实现最小的成本耗费。

想要实现目标价格，严格控制采购价格当然是重点，但其内容也绝非仅此而已。如果在制定目标价格之后，企业只知严格控制采购价格，也可能会步入歧途。

目标价格法，即从产品的卖价逆算采购品的目标单价，其计算公式为：目标单价＝目标售价－目标利润－其他费用。

事实上，目标价格法的内涵丰富，它不仅是采购价格的透析方法，更是企业战略的重要模块。对此，企业要从目标价格、目标利润、成本控制等多个方面着手进行控制。

1. 要制定合适的目标价格

根据不同的定价目标，企业的目标价格制定策略也有所不同。企业定价目标主要分为8种：投资收益率目标、市场占有率目标、稳定价格目标、防止竞争目标、利润最大化目标、渠道关系目标、渡过困难目标和塑造形象目标（也叫社会形象目标）。

基于企业的定价目标，企业还需结合需求价格弹性和市场竞争情况，确定最终的目标售价。该目标价格也应满足以下3项原则。

（1）目标价格的制定应与企业的定价目标一致，有助于企业战略目标的实现。

（2）目标价格应符合消费者整体及长远的利益。

（3）目标价格的制定应与企业的市场营销策略相配合、协调，以促进企业营销目标的达成。

2. 要确定合理的目标利润

目标利润是指企业在未来一段时间内，经过努力应当达到的利润最优化控制目标，如美国通用汽车将目标利润定位为价格的 15%~20% 等。

目标利润制定得适当与否，直接关系到目标价格法的实施效果，如目标利润过高，则会加大采购成本的控制难度；如目标利润过低，同样不利于企业发展，甚至会让企业产生大量无效成本。

在确定目标利润时，企业既要考虑自身经营发展的需要，也要结合上期利润计划的执行情况和行业平均利润水平进行综合考量。

3. 全过程控制成本支出

企业成本的控制应贯穿企业生产经营活动的全过程，从市场调查、产品策划、设计开发、材料采购、生产加工、产品销售和售后服务等各个阶段、各个环节，控制所有成本的支出。

成本控制必须依靠企业全体员工的共同努力，因此，企业需要在内部树立起降低成本、节约开支的理念，使成本控制建立在可靠的群众基础上。

与此同时，企业还需要完善前馈控制制度，在严格的预算制度下，一般不允许超出预算的成本消耗，将无效成本的支出消灭在萌芽状态。

4. 基于目标价格和目标利润，控制采购价格

一旦目标价格和目标利润确定，企业就能得出要实现该目标应付出的目标成本。

例如，目标价格定为 100 元，目标利润定为 15 元，税金等其他成本费用控制在 40 元，则采购成本就必须控制在 45 元以内。根据产品采购成本的组成，企业可以计算出每种产品的采购单价。

此时，面对供应商的报价，企业可以直接以计算出的采购单价作为标准，筛选出报价合适的供应商，再对其资质进行考查，最终确定成交供应商。

如果采购的目标价格较低，企业也可以通过其他手段，如供应商渠道、付款方式等，增强采购议价能力，争取实现目标价格。

中国零售行业生态圈比较完整，市场竞争自然也是可以用"异常激烈"来形容的。故制造型企业可以以流通企业的标杆——沃尔玛的目标成本法做参考。

成立于1962年的沃尔玛在全球已经拥有超过5 000家购物广场或会员店，"天天平价"的经营理念是其成功的基础。沃尔顿的名言是："一件商品，成本8角，如果标价1元，则销售数量就是标价1.2元的3倍。我在一件商品上所赚不多，但卖多了，就有利可图。"

而要实现"天天低价"，沃尔玛甚至提出"如果我店价格高于周边超市，愿意按双倍奉还"的口号。这句口号的实现离不开其全系统的成本控制能力，而低廉的采购价格当然也是其中的关键要素。

在采购方面，沃尔玛制定了严格的目标价格。正是因为较低的目标价格，使得其所有商品与同行的商品相比都具有价格优势。

为了实现目标价格，沃尔玛首先会避开一切中间环节，直接从工厂进货。基于沃尔玛自身雄厚的经济实力，沃尔玛十分重视与供应商建立友好融洽的协作关系，因此沃尔玛给予供应商的优惠也远超同行。

尤其是在付款方式上，美国三大零售商之一的凯马特（K-mart）的平均付款周期是45天，而沃尔玛的平均付款周期仅为29天。这也大大激发了供应商与沃尔玛建立业务关系的积极性。

目标价格是控制采购价格的重要手段，但如果目标价格低于供应市场价格，企业又该如何应对呢？答案当然不是提高目标价格；而是要像沃尔玛一样，从其他方面给予供应商优惠，以争取到目标价格。

沃尔玛的采购体系在美国取得了巨大成功，但在中国却遇到了挑战。一般而言，沃尔玛会取消供应商的"进场费"，以获得采购价格上的优惠。但在中国，即使免除"进场费"，沃尔玛的实际商品价格也难以形成明显优势。

与此同时，其竞争对手家乐福却通过收取"进场费"赚取了不菲的收入，从而支撑低廉的市场价格。

正如沃尔玛一位高层管理人员所说，就像是"橘生于北则为枳"一样，在强大的中国供采体系面前，沃尔玛开始在强势的美国沃尔玛文化和中国的现实情况面前调整摇摆，甚至自己都无法找到方向。

目标价格法具有明显的目的性，即实现目标价格，企业应当为此采取各种手段与策略。但在不同的市场环境下，这些手段与策略的有效性也有待检验。因此，在最初设立目标价格时，企业就应当考虑到实际的市场情况。

4.2.3　横向比较法

历史数据法能够帮助企业明确采购价格的变动趋势，但如果缺乏足够的历史数据作为支撑，或是要采购新材料，历史数据法就发挥不了它的作用，此时横向比较法则更具参考价值。使用横向比较法时，企业需要选出和采购物料相似或相同的采购品，在调查影响采购价格的各项参数之后，对参数进行横向比较，从而得出采购物料的合适价格。

在进行横向比较之前，企业首先要注意其使用前提。

（1）比较品必须是同类产品或具有相同属性的产品，只有如此，其价格才具有可比性。例如，同样品牌与排量的轿车，豪华版、商务版、精英版、技术版、入门版等之间仅存在配置差异，具有可比性。而不同品牌与排量之间的轿车就缺乏可比性。

（2）横向比较法的特点在于以空间为坐标，因此，比较品必须处于同一时空。例如，同样的大众轿车，品牌与排量相同的中国版与美国版也没有可比性。

横向比较法是对同类的不同对象在统一标准下的比较方法，如果忽视其使用前提，该方法也无法发挥应有的作用，甚至会给企业带来错误的信息。常见的误区有以下两方面。

1. 直接使用同类产品的采购价格作对比

即使是相同产品的不同型号，其价格差别也可能十分明显。而在同类产品的价格对比中，如果不注意消除成本变动因素，横向对比也将失去意义。

2. 使用不同时期的产品报价作对比

采购价格存在周期变化的特点，不同时期的采购价格存在差异。因此，企业在对同类产品的报价作对比时，必须选择近期的报价。

了解了误区，企业才能找到合适的解决方法。前面提到，横向比较法并非随意两种产品的价格的相互比较，只有具有相同属性的产品，其采购价格才具备参考性。为了增强其参考价值，企业还要学会消除产品中的成本影响因素，具体做法包括以下几点。

1. 要区分产品的特有属性和偶有属性

横向比较法的比较对象是采购产品和同类产品，这就需要对"同类"做出明确的定义。

任何事物的属性都可以分为特有属性和偶有属性。所谓特有属性，就是事物和同类事物的共同属性，而偶有属性则是该事物的独特属性。

只有通过比较分析，企业才能找到采购产品和其他产品之间的共同点。根据特有属性找到同类事物，这也是产品分类的基础。

与此同时，由于事物之间具有普遍联系，在某一分类标准上的偶有属性，可能会在另一层次上成为特有属性。因此，在具体分析时，企业需要从调查目的出发，对各类产品做出合适的区分。

2. 要注意产品之间的可比性

使用横向比较法的关键在于统一标准下的比较，这就要求产品之间具有可比性，否则就失去了横向比较的意义。只有将产品纳入某一标准之下，横向比较法才具有可行性。

例如，当某企业希望从日本采购索尼的 OLED 屏幕时，其选择韩国 LG 品牌的 PLED 屏幕进行横向比较。虽然产品属于同类，但由于出口国家不同，日韩对于此类产品的出口退税政策也有差异。如果不排除这种差异性，二者的可比性就很有限。

每个产品之间都具有相同点和不同点，在横向比较时，企业要善于抓住产品的本质特点。对于表面差异极大的产品，要学会"异中求同"，发现其中可能存在的共同本质；对于表面相同或类似的产品，则要发现其中隐含的本质差异。

3. 要注意消除成本变动的因素

如同历史数据法，在使用横向比较法时，企业必须尽可能地消除无关变量，控制偶有属性的影响程度，以增强同类产品的采购价格的参考价值。

影响成本变动的因素包括采购数量、合作关系、交货关系、市场行情、产品质量、付款方式和供应商成本等。

另外，对于不同品类的产品而言，其价格影响因素也有明显的不同。因此，在消除成本变动因素时，企业要抓住主要的影响因素，如表 4.2-1 所示。

表 4.2-1　不同商品的供应价格影响因素

产品类型	成本结构为主	侧重于成本结构	50% 成本结构 50% 市场结构	侧重于市场结构	市场结构为主
材料				√	√
委外部件			√	√	
电子辅材		√	√	√	
运输	√	√	√		
成本	√	√	√		
服务	√	√	√	√	√

年初，某服装品牌企业开发出一种新型服装材料，希望以此作为新一季主打款服装的主要材料。如果市场表现良好，在接下来的设计开发中，该材料将被应用到企业的大部分产品中，以此掀起新一轮的技术改革。

但由于市场上尚未出现这种服装材料，在采购时，该服装品牌企业只能使用横向比较法，计算出该材料大概的采购价格。

为了让价格分析更加准确，企业首先根据新型材料的工艺，结合同类产品的生产流程，将其成本要素归结为原材料、机器架设、机器运营成本，以及加工、包装和运货 4 个方面。

与此同时，通过市场调查，该服装品牌企业找到 4 款同类产品，并结合新型材料的成本要素构成，对其进行综合性的横向比较。

在比较中，公司特别标识出各成本要素中的最低价格，由此形成了新型材料的采购底价。根据这一估算，公司得以避免在采购时"一头雾水、任人宰割"的局面。当供应商提出新型材料需要新型制造工艺时，公司也能够根据成本要素分析与其进行沟通。

4.2.4　应用经验法

应用经验法是指采购人员凭借丰富的工作经验，对成本的发生与动因非常熟悉，从而能够对产品成本有一定的判断，甚至就算出较为准确的成本区间。

在使用应用经验法时，很多资深人员也可能陷入经验主义的误区。常见的误区有以下两方面。

1. 只凭主观判断

正常情况下，采购人员能够依据过去的工作经验，对供应商报出的价格进行主观判断。但随着新技术、新材料、新工艺的变化，成本也会随之发生变化。故采购人员应考虑当下变化情况再综合判断，否则容易对产品价格产生错误的判断。

2. 坚持认定自己判断计算的价格

应用经验法的价格计算只是一种合乎逻辑、具有经济意义的假定，在实际采购中，这种假定并不完全准确。例如，基于企业管理基础的有关要素，丰田公司精益制造的成本与非精益制造的成本可能相差 15% 以上。

经验法完全基于采购人员自身的工作经验，采购人员主观地分析指标与各影响因素的关系，对采购产品进行简单地提纯出主要成本，再结合采购现状对当前指标进行判断分析。

企业要规避这些误区，正确使用应用经验法，可以从以下两方面入手。

1. 了解产品属性与要素

企业拿到一个产品，要很快能联想起以前接触过的类似的或同类的产品，向供应商详细了解产品的各种属性，主要包括以下内容。

（1）了解产品结构、主要使用物料、关键部件等。

（2）了解制造工艺、使用的设备仪器、产品合格率、物料损耗率等。

（3）了解各因素对产品采购价格影响的程度。

2. 正确使用应用经验法

在采购价格的分析中，使用应用经验法并不需要过于具体深入，但也切忌只做简单的主观判断。

应用经验法更多的是运用分析人员的逻辑经验来对产品价格进行判断。基于丰富的采购经验，他们对于影响采购价格的因素进行经验性的分析，如几月份是旺季、旺季价格的涨幅、供应商的行业利润水平等。

但在具体分析过程中，企业仍需收集更多的相关信息，包括技术进步状况、经济分析及企业现状等。

应用经验法的效用取决于两个方面：其一在于分析人员的采购经验或专业知识；其二则在于情报的准确、及时和相关程度。

4.2.5 货比三家法

招标采购就是货比三家法的规范典型应用。

俗话说，"货比三家不吃亏"。传统的消费习惯就是在对比多个卖家之后，再做出最终的消费决策。在这个过程中，消费者可以了解更多的产品及价格信息；而在卖家的价格竞争中，消费者也更有可能拿到优惠的价格。

采购同样如此。在很多企业看来，货比三家法是采购人员的必备工具。而在诸如询价单、招标等采购模式中，也都要求可供选择的供应商数量不少于 3 家。在"货比三家"的采购中，企业可以借此获得产品的最低报价，或性价比最优的报价。

货比三家法并非适合所有企业使用，它通常比较适合标准统一、技术规范、竞争激烈的市场，同时企业使用货比三家法时也需遵循以下原则。

1. 统一性原则

采购产品的规格应当统一，否则比价也不具效用。

2. 区域性原则

货比三家法一般在本地采购中使用，区域差异可能导致供应商的报价偏差。

3. 有效性原则

供应商只有一次报价机会，而且报价不能偏离产品本身的价格太多，这样的报价才是有效的。如果出现报价偏离严重的现象，无论是过高，还是过低，企业都应当将之剔除。

4. 合格供应商原则

应用货比三家法的前提是，供应商能够通过企业的资质审查，只有对合格供应商的报价才可采用此法。

货比三家法是采购中的常用方法，无论在单件产品的单一采购或批量采购中，还是在多种产品的集中采购中，只要市场有足够的竞争环境，就可以使用货比三家法。然而，即使是采购的常用方法，仍有许多企业难以正确掌握货比三家法的使用技巧。

企业常会遇到的误区主要有以下两个方面。

1. 任何采购都要"货比三家"

货比三家法的使用需要投入相应的成本，如果不区分情况地使用此方法，不仅可能导致采购成本的增加（购买一只圆珠笔与购买大型设备都货比三家，交易成本差异巨大），还可能出现供应商因多次报价被拒而不再与企业合作的情况。

2. "货比三家" 时只比总价

如果企业只根据总价最低的原则选出供应商，就会导致有的供应商采取不平衡报价法，以完全规避价格陷阱。

例如，采购某一设备，由 A 公司、B 公司和 C 公司两家公司报价，在排除报价明显偏高的 C 公司后，A 公司报总价高于 B 公司报总价。B 公司采取不平衡报价方法，即总价格较低，但 B 公司的易损件报价较高，B 公司在后续交易中能获得更大的收益。

货比三家法，即通过对 3 家或 3 家以上供应商的报价进行对比，从中选择价格最低或性价比最优的供应商的方法。熟练使用该方法，能够有效帮助企业获取最优的采购价格。同样是货比三家法，企业其实可以使用不同的比价手段，具体如下。

1. 单一产品采购，视情况使用报价最低法

在采购单一产品时，由于产品规格、型号、参数唯一，企业在货比三家时，只需选择报价最低的合格供应商即可。

需要注意的是，如果采购产品较为简单，与某家供应商已经建立了长期合作关系，企业也可直接向该供应商发出采购需求，无须再引入新的供应商进行比价，以免损害与合作供应商之间的关系。

尤其是当企业已经有合作良好的供应商时，也不用固执于使用货比三家的方法。因为使用这种方法必然会导致一定的成本消耗，如果只是为了"走程序"，只会带来无效的成本支出。

2. 较大宗、多种类的产品采购，灵活运用货比三家法

在采购实践中，较大宗、多种类的产品采购时常发生，由于产品种类繁多、规格特殊、数量较大，每家供应商的价格优势也有所不同。此时，货比三家的过程也更为复杂。

通过对总价和单项价格进行分析，企业可以采用相应的议价手段。对此，一般可采用 3 种议价方法。

（1）总价最低法，将采购清单作为一个整体，对供应商报价汇总之后，选择报价最低的合格供应商，向其采购全部需求物料。

当采购清单不可拆分时，这种方法是最常用的比价方式。集中采购的方法也能确保质量和速度，但其中部分产品的价格必然还有谈价空间，企业难以获取真正的底价。

（2）单项最低法，获取每家供应商对采购清单的报价后，对清单中的所有产品逐一比价，然后向相应的供应商采购报价最低的商品。

当采购清单可拆分时，这种方法能够确保企业采购价格绝对最低，但由于供应渠道分散，企业难以享受到统一的服务。与此同时，单项产品的采购有时也无法享受到最初的价格优惠。

（3）集中压价法，该方法是将总价最低法和单项最低法结合的方法，企业在选出总价最低的供应商之后，再根据其他供应商报出的单项产品的最低报价，与该供应商进行压价，最终调整得出总价最低的报价。

这种方法能够在享受集中采购的优惠的同时，确保总价的绝对最低。但这种方法十分考验采购人员的议价能力，也受限于供应商自身的盈利空间。如果供应商在某项产品上本身就缺乏竞争力，他们自然不会接受议价。

3. 要注意非价格因素的谈判

采购不只是对采购价格进行商议，如供货期限、包装材料、运输、售后服务、付款方式等均需经过严格谈判，才能保证企业的总采购成本最低。即使采购价格最低，但如果供货期限过长或售后服务较差，企业也可能因此付出额外的采购成本，导致总成本不降反增。

为了提高货比三家的效率，企业应事先制定快捷、统一的评比方法和内容，以减少重复、不准确的工作，避免个人感情对采购产生主观影响，更有效地对供应商报价进行客观评价。

晋城金焰机电有限责任公司在物资采购方面，对于"货比三家"制定了详细的管理办法。该管理办法规定了以下内容。

（1）凡一次性采购单项价值超过 5 000 元的物资，必须坚持"货比三家，择优选购"的采购订货原则。

（2）在进行物资采购时，要综合分析供应商的产品质量、产品价格、付款方式及付款条件、供货时限、其他费用、售后服务等方面的情况，坚持公开、公正的原则。

（3）所有参与报价的供应商，原则上应全部属于我公司合格分承包方。

仅从以上 3 点规定中我们就能看出金焰公司在采用货比三家法时的严谨。在具体采购过程中，采购人员会对供应商的报价信息进行汇总和详细对比，如表 4.2-2 所示。

表 4.2-2　发动机减速器的报价信息汇总表

项目	第一家	第二家	第三家	第四家	第五家
价格	8 000 元	9 500 元	8 700 元	9 000 元	9 250 元
供货期限	现货	2 个月	现货	1 个月	3 个月
包装	没有包装，估计需 2% 包装费	单件包装	有托架，无包装	纸箱包装，每箱 3 件	每箱 5 件，带托架
运输	出厂另加 5% 运费	到厂	出厂（在本市）	出厂另加 3% 运费	到厂
质保期	3 个月	2 年	6 个月	1 年	1 年
付款条件	90 天	60 天	90 天	30 天	30 天

通过表 4.2-2 可以看出，金焰公司明确掌握了每家供应商的采购价格、供货期限、包装、运输、质保期、付款条件等信息。据此，金焰公司可以计算出采购的总成本，再结合自己能够接受的付款条件，选择出最适合的供应商。

在货比三家法的监督管理方面，金焰公司还规定了以下内容。

（1）供应部必须建立完整的统计台账，保存完整的报价记录，并认真做好全部资料的档案管理工作。

（2）凡经过货比三家且市场供求价较为平衡的物资，原则上一年内不再更换供应商；与通过竞争报价而确定的供货定点公司签订协议，按计划通知供货方供货。

这样的规定既有助于做好采购数据的积累，有利于后续采购的价格分析；又能避免频繁地进行货比三家，导致采购成本的增加。

4.2.6　市场价格法

市场价格法是指，企业只需计算产品原材料的成本，即可大致推算出合理的采购价格。

例如，矿泉水瓶，当其生产量达到一定程度时，其价格几乎完全由其材料 PVC 或 PET 的成本来决定。

4.2.7　采购价格标准法

根据企业的正常生产条件，在高效率的生产运转下，企业能够对生产成本预先进行计算，这就是标准成本。随着科学水平和会计管理技术的进步，越来越多的企业开始采用标准成本法进行成本控制与核算。

标准成本是建立在合理发生的理论基础上的最佳成本，但由于实际生产中可能存在诸多问题，标准成本与实际成本之间通常会存在差异。

那么，相比于实际成本，标准成本的意义是什么呢？笔者认为有以下4点。

（1）一旦制定标准成本，企业在生产过程中成本费用的发生，就有了一个明确的参考标准。作为成本控制的依据，标准成本有利于企业对成本进行事中控制。

（2）当实际成本与标准成本有差异时，有助于对企业管理人员进行监督，如果实际成本较高，则说明存在企业管理人员的管理工作缺陷；反之，则值得激励。

（3）由于每个批次或不同时间段的生产情况不尽相同，实际成本可能存在时间上的差异，标准成本则能为企业提供较为统一的参考标准。

（4）与实际成本的计算相比，标准成本的计算更为简便，减少了计算成本的会计人员的工作量。

标准成本的制定更利于企业对成本进行控制和管理，在此过程中，企业能够按照标准成本的尺度，评估供应商的报价。但在国内企业环境下，标准成本法的使用容易出现偏差。

企业常见的误区有以下两方面。

1. 认为只需根据日常生产成本进行平均计算，即可得出标准成本

标准成本的计算需要依据标准用量、标准单位成本，对各部分成本费用进行综合计算。如果只以日常生产成本进行平均计算，就无法发现日常生产管理中的成本控制漏洞。

2. 标准成本法只用于账务管理，没有动态性

事实上，标准成本是一段时间的"标准成本"，随着时间的推移，产品的供求关系会发生变化，因此，标准成本制定者要定期更新价格数据库，从而更有效、更客观地管理标准成本。这样，标准成本才有标准参考价值，千万不要将其只应用于账务管理上。

标准成本的制定主要考虑的是市场行情，但也要结合直接材料成本、直接人工成本和制造费用 3 个方面，全面考虑市场宏观状况与当地环境的价格差异。标准成本的制定需遵循以下几个原则。

1. 明确标准成本法的适用范围

标准成本法并不适用于全部企业，企业首先应当明确标准成本法的适用范围。

（1）适用于产品品种较少的大批量生产企业，而对于单品种、小批量或试制性生产的企业则不适用。

（2）标准成本法可以简化存货核算的工作量，因此更适用于存货品种变动不大的企业。

（3）标准成本法的关键在于标准成本的制定，这就要求企业有高水平的技术人员和健全的管理制度，以确保标准成本的合理性和切实可行性。

（4）适用于标准管理水平较高且产品成本标准较准确、稳定的企业。

2. 要有标准化的生产程序和技术文件

对于制造型企业，其直接材料成本需要根据标准用量和标准价格进行计算，以下为其计算公式。

（1）单位产品耗用的第 i 种材料的标准成本 = 材料 i 的标准价格 × 材料 i 的标准用量。

（2）单位产品直接材料的标准成本 = $\sum$ 材料 i 的标准价格 × 材料 i 的标准用量。

其中，标准用量主要是根据产品的设计、生产和工艺现状，结合企业的经营管理水平以及使用、储存中的必要损耗，进行综合测算的。

而标准价格则是企业在当前采购时的采购价格标准，一般而言，企业需要根据日常生产的平均成本算出合理的价格。平均成本的计算公式如下。

平均成本 =（入库数量 × 入库单价 + 现有数量 × 现有成本）÷（入库数量 + 现有数量）。

根据加权的时间不同，平均成本的计算也分为全月一次加权平均和移动加权平均。

无论是标准用量，还是标准价格，其发挥作用的重要前提是：标准化的生产程序和标准的技术文件。

如果在日常生产中企业缺乏标准化的生产程序，那么，日常生产的平均成本也不具有参考价值。因为在不规范的多次生产中，其成本数值可能出现较大的偏差。

3. 分析价格差异原因

在标准成本法下，当企业制定出采购价格标准之后，如果其与实际采购价格存在差异，企业就需要对这部分差异进行分析。

需要注意的是，当采购价格标准制定完毕，并不意味着企业必须要按照采购价格标准进行采购。在以采购价格标准分析当前的采购价格时，企业首先要明确其中的差异并对其原因进行分析。

出现价格差异的主要原因包括以下 3 方面。

（1）采购价格标准计算失误。作为计算基础的数据可能出错或不适用于当前市场情况，故计算结果与当前价格存在较大差异。

（2）过去的采购管理存在缺陷，导致采购价格过高，制定的采购价格标准也因此过高。

（3）基于当前供过于求的市场行情或供应商优惠政策，能拿到更加优惠的采购价格；反之，若当前供小于求或供应商无优惠，则采购价格可能高于采购价格标准。

通过分析产生价格差异的原因，企业可以根据采购价格标准，详细分析当前采购价格的合理性，从而做出更加科学的采购决策。

由此可见，采购价格标准法的使用，能够极大地方便企业对采购价格的考核。企业通过进一步分解标准成本，将标准成本指标分解到每个环节、每个人上，并将价格差异与奖惩挂钩，可充分调动各方的积极性。

同时，使用标准成本法也有利于企业较为客观地、有科学依据地对当前的采购价格与价格标准进行对比分析，为采购价格管理提供准确的数据支持。

"这个月企业实现销售收入 58 900 万元，标准成本 36 500 万元，毛利 22 400 万元，管理差异 2 694.23 万元（其中采购价差 1 500 万元、任务关闭差异 760 万元、标准成本更新差异 430 万元、发票价差 4.23 万元），管理费用 5 700 万元，营业费用 4 400 万元，财务费用 535 万元，净利润 9 070.77 万元，销售毛利润率为 38.03%，销售净利润率为 15.40%。与企业预算数据对比……"这是一位财务经理在公司月度经营总结会上汇报的一组数据。

该企业使用的是基于 ORACLE ERP 的标准成本法，因此，在日常的数据维护中，财务经理可以迅速获取相关数据，并在此基础上对其进行分析。

尤其是在采购环节，当月的"采购价差"高达 1 500 万元。对这部分价格差异的分析，也成为当月财务分析的重点。

需要关注的是"标准成本更新差异"，一般而言，采购价格标准一经制定，就不能随意修改。但在实际采购过程中，由于市场行情多变，企业也应允许对采购价格标准进行修改。

该企业的规定是，"对于价格在 5 000 元以上的单个物料成本，如果价格变动幅度超过 10%，则应更改标准成本；对于价格在 2 000~5 000 元的单个物料成本，如果价格变动幅度超过 15%，则需要更改标准成本"。

只有在一个可控的成本框架下，企业才能在采购、生产等各环节中对成本进行控制。但要注意的是，采购价格差异的存在是常态，因此，企业不应将采购价格差异作为考核采购人员的要素。

采购价格标准只是采购价格的参考数据，如果采购符合标准程序且存在合理的出现价格差异的原因，则企业也应认可差异的存在。

另外，采购价格标准等标准成本应当由一个专门机构设定，并由其定期对价格变动趋势进行监控，分析价格趋势对成本的影响，从各个环节控制成本。

4.2.8　网络数据法

信息时代的到来，为企业采购提供了更加丰富的信息获取渠道。在分析采购价格时，企业可以使用网络数据法，借助专业商业网站的数据、国际期货和原材料的数据等，对采购价格进行更加深入的分析。

互联网的快速发展让人类进入信息大爆炸时代。但在含有大量数据信息的网络上，很多企业也可能陷入"数据过载"的尴尬境地。

企业常见的误区有以下两方面。

1. 只关注采购价格数据

网络上的各类信息数据包罗万象，在获取采购相关的数据时，如果只关注采购价格数据，无疑是"暴殄天物"。

2. 采信网络上的所有数据

网络上数据繁多，可能导致企业从互联网上获取无效数据甚至错误数据。如果企业对网络数据不加判断地采信，则可能被错误引导。

网络数据法指通过观察、调查、测量等方法，搜集企业所需的各类数据，对其进行分析，并结合此类数据对采购价格进行分析。企业在使用该方法时，应注意做到以下几点。

1. 要明确使用网络数据的分析目标

（1）行业数据分析。了解行业现状和发展趋势。

（2）竞争对手分析。获取竞争对手的相关信息。

（3）客户需求分析。对客户需求进行深入分析。

（4）营销数据分析。借此改善企业的营销策略和促销手段。

（5）采购数据分析。获取采购价格、采购渠道等各方面的信息。

（6）生产信息分析。了解生产现状及新的生产工艺等信息。

2. 整理收集数据，并结合第三方数据和经验进行对比分析

借助各种 B2B、B2C 平台，企业可以搜集到各类采购数据，但在数据搜集完成后，必须对其进行统一的整理，以免数据杂乱无章、难以分析。

与此同时，在搜集数据的过程中，企业就应有意识地对数据的真实性、有效性进行判断。如果数据错误或过时，对于企业的采购价格分析而言，则可能有害无利。

此时，企业首先可以根据自身的采购经验进行判断，如果数据明显不合理，就要对其进行分析；也可以结合第三方数据，进行对比分析。如果三方数据存在差异，则要弄清楚差异出现的原因并找到正确的数据。

企业必须明白，只有经过整理、检验的数据才具有分析价值，否则，最

终的分析结果就有可能出现差错。

随着电子商务的发展，采购也正从线下走向线上，尤其是淘宝和天猫，其背后有专业的采购平台阿里巴巴。数据显示，目前每月有百万量级的淘宝卖家从阿里巴巴平台上采购，尤其是童装、美妆、内衣、女装等产品。

比如阿里巴巴品质童装货源，吸引了92%的金牌卖家进行采购；男装方面，则有近四成的淘宝卖家在阿里巴巴进行采购。

即使是非电商企业，在采购时，同样可以借助阿里巴巴平台获取采购数据，对采购价格进行分析。2017年7月，阿里巴巴专门推出"买手情报局"功能，从淘宝卖家、跨境买家、社交分析、线下采购商4个维度，向企业推送各种买手数据。

在阿里巴巴平台上，企业只需简单搜索，即可获取各类产品的采购价格数据。事实上，随着电子商务的蓬勃发展，各类采购信息类网站也不断完善，如小蜜蜂采购网（公益信息共享）、中国采购与招标网、中国网库采购网、百卓采购网等。

这些网站既为企业提供了获取采购相关数据的渠道，也成为线下采购的平台。在分析采购价格及其他相关信息时，企业可以借助这些平台的公开数据进行分析；或注册会员，获取付费的数据分析服务。

4.3　全面采购成本管理的 10 个关键点

全面采购成本管理，为基于企业竞争的需要而对产品从设计到交付全过程，以及涉及运营管理、风险等全要素进行成本管理的方案。

我们知道，成本发生在过程中且由无数具体问题累积而成。因此，管控与降低采购成本的过程，实际上就是预防与解决具体问题的过程。因此，在思考如何降低成本之前，企业应该系统、全面地思考影响采购成本发生的所有要素，从而真正理解成本。

为了让企业全面管控采购成本，企业需要提前布局，尽量将成本管控前置，从目标物分析、期望目标、项目计划与实施周期、供应条件、顾客需求识别、设计开发需求实别、产品工艺与标准化、采购限制因素、供应环境分析、采购风险分析 10 个方面逐项展开，尽量将所有问题考虑周全，避免可能出现的问题与风险。

4.3.1　目标物分析

目标物分析，就是对采购产品的需求功能、属性等项目进行分析。因为有时候，需求部门提出的需求，并不是真实的需求。

如在炎热的夏天，某企业的中央空调冷凝控制器坏了，工程部门立刻向采购部提出购买控制器的要求，因品牌不同其市场价格为 2 000~8 000 元不等。考虑到稳定性，工程部建议购买价格大约为 3 500 元的某品牌的控制器。采购人员接到需求之后并没有立刻执行下单购买行为，而在跟工程部、技术部交流之后发现，其实是控制器的一根电缆被老鼠咬断了，只要换一根约 1 米长的电缆即可，结果采购人员只花了 30 元就修好了控制器。

从 3 500 元降至 30 元，并未使用"高大上"的成本降低方法，仅仅是对采购产品进行了功能分析。

采购永远要记得：我们采购任何产品，都是采购产品的功能，而非产品本身！

目标物分析并非简单地按图索骥，如果只是拿着采购需求表按单采购，那采购也将陷入误区，继而影响后续的采购和生产成本管理。企业必须从一开始就对目标物进行全面的分析。分析的内容主要包括以下几个方面。

1. 明确采购目标物的基本信息

（1）明确采购需求由哪个部门提出，由哪个部门使用。

（2）明确目标物的名称及型号。

（3）确定目标物的需求数量。

（4）确定相关部门对于采购期限的要求。

（5）确定目标物的参数要求。

（6）明确采购预算。

2. 对目标物进行功能性需求分析

在明确目标物的基本信息之后，采购人员仍需对目标物进行功能性需求分析。只有深入分析目标物的用途，采购人员才能在采购时有更大的选择空间。一般来说，目标物的功能性需求可以通过参数要求来辨别。主要有两种方法可供选择。

（1）预算内优选。

如果相关部门对目标物没有详细要求，采购人员则可在预算范围内，进行优选。例如，预算3元的黑色中性笔在预算内就有多种选择，采购人员可以选择更加物美价廉的产品。

（2）替代品分析。

即使相关部门对目标物的要求较为明确，采购人员也可以在对功能性需求和市场信息进行综合分析之后，寻找更加合适的替代品。例如，行政部门需要采购吸尘器做职场清洁，那么，是否可以将吸尘器更换为更加便捷、节省人力的扫地机器人呢？

通过对目标物的用途进行深入分析，采购人员也可以做出更加合适的选择，在满足相关部门的功能性需求的同时，从目标物的采购上实现对采购成本的控制和管理。

3. 综合考虑当前价格、条件和年度支出

传统的采购管理大多局限于目标物的当前价格，为了获取价格优惠，采购人员可能盲目追求数量折扣，导致采购过量、采购成本增加。

目标物的价格分析是全面采购成本管理的重点内容，对此采购人员不能只局限于对当前价格进行分析，必须结合当前价格、条件和年度支出进行综合分析，并将之纳入年度成本管理中，以做好前期品类规划与采购计划控制。

需要强调的是，全面采购成本管理应追求总成本最低，而非价格最低。

4. 要注意当前合约的失效日期

如非采购新物料，企业采购物料时大多已有合约在身。尤其是在 JIT 生产机制下，采购作为一项持续性的作业，每个旧合约的失效日期必然与新合约的生效日期紧密挂钩。

因此，目标物分析也要注意当前合约的失效日期。一般而言，当前合约的失效日期则是此次采购的最终期限。采购人员应提前布局、准备好材料，与供应商谈判时可以将当前合约作为历史数据的一部分，当前合约的价格和条件，能够作为采购人员此次价格谈判的重要依据。

5. 区分目标物的战略重要性

不同物料的属性决定了不同的采购方式。战略性物资通常以保障供给的可靠性为主要目标，而非战略采购物资一般择优、择价、择时、择地进行交易。重要性的不同决定于企业采购方式的不同，因为采购方式也决定着采购成本。

例如，JIT 采购方式是一种理想的采购策略，其极限目标为原材料和外购件的库存为零、缺陷为零。简单来说，就是把合适数量、合适质量的物料，在合适的时间供应到合适的地点，从而更好地满足采购方的需求，运营综合成本相对较低。

总之，全面分析采购目标物的真正需求与属性，在于剔除各种工作"成本杂音干扰"，明确要求、提前布局、控制成本。

采购人员都应对采购目标物的战略重要性有所了解，但也可能存在一定的片面性，具体如下。

1. 认为只需分析各部门点名需要的物品即可

在采购之前，各部门都会明确需要采购的物品。对于采购人员而言，按需采购十分简单，但由于无法及时获取市场信息，各部门可能对市场情况存在误判。例如，曾经物美价廉的物品大幅涨价或出现了新的优质替代品等，采购人员若不了解相关情况，则可能导致采购成本相对增加。

2. 把采购看作一种短期行为

企业所需的大多数物料都需要长期采购，即使是临时所需，采购也是一次与供应商建立联系的机会。因此，目标物分析也要着眼于长期。

4.3.2　期望目标

期望目标是基于公司的采购战略与策略要素所传递至具体采购需求的期望总和。具体到采购执行，采购人员只有理解需求对采购的期待，包括低成本期待，才能思考如何有效地满足需求。

采购的目标是以最低的总成本，为企业获取满足需求的外部物料和服务。由于企业竞争战略的差异，不同企业的采购战略不同，采购期望也会有差异。同时，同一个企业对不同的采购目标物可能也有不同的采购目标与期望，比如，沃尔玛对生鲜类产品与五金化工类产品的采购的期望目标就不一样，因为生鲜类产品强调"鲜、活"，而五金化工类产品强调"品牌、质量、口碑与稳定性"。因此，采购的目标与期望差异巨大。

当然，企业的采购目标的内涵极为丰富，企业的每次采购活动都应当以采购目标为出发点。但这需要结合企业、行业与产品等各种差异化的条件，因此，采购期望也涵盖更多内容。

（1）要实现整个企业的物资供应，必须在不间断的物料流和物资流中，保障企业的正常运营。

（2）使库存投资和损失保持在最低水平。

（3）在保持采购质量的基础上，不断提高质量。

（4）发展有竞争力的供应商，并与重要供应商建立稳固的合作关系。

（5）不断完善采购制度，力求将采购物料标准化。

（6）以最低的总成本帮助企业获取所需的物资和服务。

（7）建立采购成本优势，提升企业竞争力。

（8）在协调物资供应的基础上，协调企业内部各职能部门间的合作。

（9）不断增强采购管理能力，以最低的管理费用完成采购目标。

…………

然而，大部分企业在这些方面少有分析，更谈不上有采购目标了。如果说有采购目标，那就是"物美价廉、多快好省"。因为采购人员难以在采购时全面达成目标，有时甚至会为了追求更低的采购价格而做出损害企业利益的行为。

因此，在采购中，企业应该依据与供应商的偶然、短期与长期关系采用差异化的采购策略，使采购工作力量集中、有的放矢。

具体实施过程中，应该采取的策略如下。

1. 对偶然采购只需确保交易性关系

在企业运营的过程中，可能出现各种偶然性需求。由于这些采购需求大多呈现出明显的一次性和偶然性特征，采购只需达成最基本的期望目标即可，即在保障企业正常运营的基础上，尽可能削减单次采购成本，只需与供应商确保交易性关系，而无须耗费过多资源或精力在维护与供应商的关系上。

每一次交易都应该明确的步骤及其对应内容，如表 4.3-1 所示。

表 4.3-1　每一次交易都应该明确的步骤及其对应内容

步骤	内容	重点内容
1	明确采购需求	与需求方确认采购的详细需求书
2	定义采购需求	对有异议的特征与属性达成共识
3	分析采购需求	分析供应市场并确定供应商
4	发出采购需求	形成完整无误的订单

续表

步骤	内容	重点内容
5	交付反馈	按照需求计划对全过程进行管控

2. 在短期采购中建立合作性关系

在短期采购中，企业一般只需与供应商进行几次交易，就能够满足企业生产经营活动的需要。与此同时，随着企业经营需求的变化，同品种目标物的采购需求也会随之变化。因此，短期采购中的全面采购成本管理的期望目标就是，与供应商建立合作性关系。

如此一来，企业采购能够保持极大的灵活性，能够随时调整供应商，但也要为可能出现的再次合作奠定关系基础。

当然，短期采购的不稳定性也会影响采购谈判的效果，出现价格洽谈、交易及服务等方面的不足。因此，短期采购主要适用于如下产品。

（1）非经常消耗物品。如机器设备、车辆、计算机等。

（2）补缺产品。由于供求关系变化，当长期采购出现供货中断情况时，为保障正常经营需要以短期采购作为及时补充。

（3）价格波动大的产品。对于此类产品，无论是供应商还是采购商，都不希望签订长期合同，以免价格波动导致利益受损。

（4）质量不稳定产品。如农产品、试制新产品等，由于每批次产品的质量不稳定，故需选择短期采购或一次性采购。

3. 在长期采购中形成双赢性合作

长期采购是指企业与供应商签订长期合作合同（合同期一般在一年以上）。在合同期内，企业承诺向供应商采购约定产品，供应商则承诺满足企业关于产品数量、品质、交付期限等各方面的需求。

长期采购的稳步推进，离不开供需双方的稳定关系。因此，在长期采购中，企业必须以双赢性合作关系的建立作为目标，从而确保长期利益的实现，而不能仅着眼于一时一地的利益。

双赢性合作关系的形成，有利于增强双方之间的信任和理解，同时通过签订长期合作合同降低价格谈判费用，并依据明确的法律法规维护双方利益。

然而，长期采购也存在不足，如价格调整困难、合同数量固定、供应商变更困难等。因此，在长期采购之前，企业必须选定最合适的供应商，并确保合同内容足够完善，以免因条款限定而在目标物的价格、数量或质量等问题上陷入被动。

在设定采购目标的过程中，常见的误区有以下几方面。

1. 将期许作为目标

期许是愿望、是梦想，绝非目标。目标必须符合 SMART 原则。

企业必须明确竞争环境，制定有助于实现利益最大化的采购目标。"缘木求鱼"式的工作方式不但不利于提升采购效率，反而容易损害企业竞争力。

2. 试图与所有供应商建立长期合作关系

目标物不同，企业与供应商的关系也有所不同，企业不必一视同仁地与所有供应商都建立长期合作关系。尤其是在偶然采购中，由于采购本身可能就是一次性活动，长期合作关系的建立自然没有必要。

3. 独立设定采购目标

采购目标必须纳入企业整体战略目标当中，只有基于企业目标设定采购目标，企业才能在对目标的协调中，实现各职能部门的通力合作，真正实现全面采购成本管理。

全面采购成本管理的目标，简单而言，就是以最低的总成本为企业提供满足需求的物料和服务。采购在企业运营中占据着非常重要的地位，对于企业利润的提升来说，采购成本节约的作用，甚至强于销售额增加的作用。

4.3.3 项目计划与实施周期

采购计划是供应链计划的核心内容，根据销售或出货计划和生产计划，确认详细的采购要素，再依据采购要素确定采购预算、时间使采购项目顺利运营。采购计划将直接影响采购运营成本的开支。

时间是一个非常有力的筹码：一个有时间的人与一个没时间的人，就算其他条件都一样，有时间的一方的筹码也远多于没时间的一方。

人无远虑必有近忧，很多企业常常在紧急采购和零星采购中产生不可控的成本，这就是因为其缺乏准确的采购计划与整体的统筹安排。采购项目的计划与实施周期给了采购更大的运营空间。因此，优秀的采购经理人非常善于提前谋划与布局、集合运营需要，从容应对供应市场的变化。另外，计划不准确导致的成本消耗现象比比皆是，如物料积压或停工待料等。

仅以项目计划来说，单个项目的全面采购成本管理目标一般有 5 点内容，如图 4.3-1 所示。

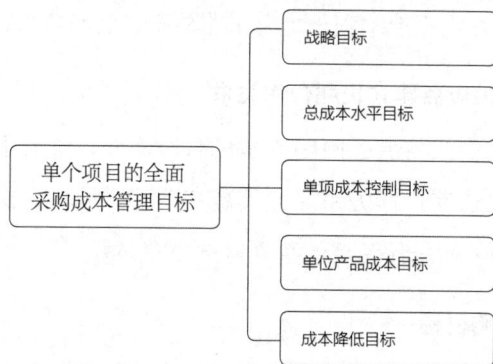

图 4.3-1　单个项目的全面采购成本管理目标

（1）战略目标。该采购项目在企业整体战略目标中发挥的作用。

（2）总成本水平目标。此次采购项目的总成本水平目标。

（3）单项成本控制目标。由于采购成本发生在各个环节，因此需要明确各环节的成本控制目标，如管理费用、研发费用、财务费用等的控制目标。

（4）单位产品成本目标。针对每单位产品，确定其成本目标。

（5）成本降低目标。基于对过往同类采购项目的成本分析，确定此次采购项目的成本降低目标。

基于以上五大目标，全面采购成本管理才能落实到每个采购项目中，并根据相应目标确定项目计划与实施周期。否则，全面采购成本管理也将浮于纸面、难以落地。

项目计划的制定，能够为企业的全面采购成本管理提供具体的操作指引。采购计划不同，其实施周期也有所区别。因此，企业需要进行全面分析，具体内容如下。

1. 评估年度潜在需求，在产能匹配中提前确定未来需求

根据年度销售规划，对未来的采购需求做前期设计。尤其在准时制采购的要求下，物料采购与需求应当保持同步，这就需要企业尽量做到严格的产能匹配，根据过去与当前的物料使用情况，提前对未来需求进行确定。尤其是针对企业的持续性采购需求，更应当制定完善的采购计划。

企业采购必须引入提前期管理的概念，将采购管理时间前置。项目计划的制定需要综合考虑各种因素，如果等待项目确定再制定计划，很可能会因为时间紧迫而出现失误。与此同时，前置时间也使得企业能够发现更多的市场机会，从而把握降低采购成本的机遇。

2. 针对细节制定完善的项目实施计划

在制定项目计划之初，企业需要明确实施周期，即对采购业务的时限要求。对于已有的采购项目，一般以当前合约的终止期限为最终时限；对于新的采购需求，则要以项目开始时间为最终期限。

在实施周期确定之后，则要针对项目细节，制定完善的项目实施计划，或称为物料需求计划。常规的项目实施计划如图 4.3-2 所示。

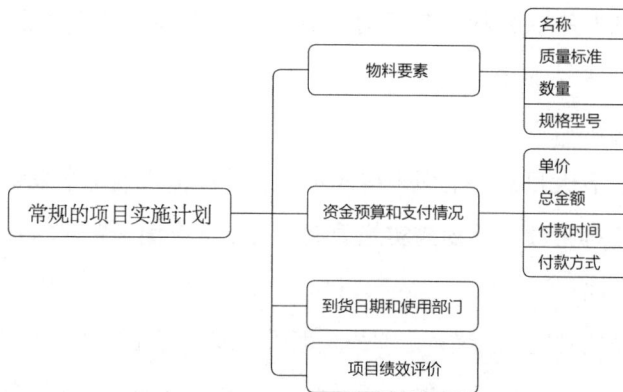

图 4.3-2　常规的项目实施计划

（1）物料要素。为了确保采购产品的名称、质量标准、数量、规格型号等符合需求，要对相关供应商进行筛选和认证。

（2）资金预算和支付情况。包括单价、总金额、付款时间、付款方式等的确定。

（3）到货日期和使用部门。在项目进行过程中，必须实时跟踪项目进度，解决项目推进过程中出现的如供应商纠纷、企业内各职能部门间协调不足等各项问题。当供应商按照约定时间将约定物料交往指定地点时，质量检验部门则要负责对物料进行验收，并做好录单入库工作，继而将物料交付使用部门。

（4）项目绩效评价。当项目全部实施完成时，企业还需根据项目目标，对整个项目实施过程进行绩效评价。评价对象包括项目涉及的所有部门、人员及供应商。

在单个采购项目中，企业常见的误区有以下几方面。

1. 认为只需制定整体计划，无须针对每个项目制定计划

企业业务模式不同，采购工作的复杂性也有所区别。虽然事无巨细地制订项目计划可能会使得工作十分烦琐，但如果只制定整体采购计划，也会让采购计划失去效用。

2. 等待项目确定后再制定计划

在企业的正常运营中，很多采购需求都十分固定，呈现出持续性的特征。如果等到项目确定后再制定计划，无疑会错失很多削减成本的机会，也难以从容应对突发状况。

为了控制日益增加的采购成本，某企业规定：任何超过 20 万元的采购项目都必须按要求制定相应的项目计划，并经过上级审批通过后才可实施。

项目计划由此成为该企业采购管理的重要工具，其内容包括项目描述、采购产品类目等各类信息。具体而言，主要包括以下内容。

（1）项目的合理性说明。即为什么要进行这一项目。

（2）项目可交付成果。表现为一份主要的、归纳性的项目清单。

（3）项目目标。指项目成功必须达到的某些量化标准，项目目标至少包括费用、进度和质量标准等内容，并应有相应的计量单位和数值。

（4）产品说明。即项目推动的流程说明，包含采购过程中需要考虑的所有技术问题或注意事项。

（5）采购活动所需的资源。

（6）市场状况。即采购物料当前的市场状况，包含价格、主要供应商、供应条件等内容。

4.3.4　供应条件

供应条件分析除了包括对主要采购目标物的品种、数量、规格、质量、价格、来源、供应方式和运输方式等内容进行分析评价外，还包括 JIT 供应、交付要求（FOB 或 CIF 等）、付款条件与期限、规格更新（结构更改等）、技术升级换代、折旧退让等内容。这些条件都涉及后续采购成本的发生。

总体来说，供应商是采购成本的重要影响因素：供应商的好坏，直接决定了企业采购工作是否有效、采购成本是否受控。供应商的主要评价标准，除了产品价格之外，就在于供应条件。

供应条件的主要分析内容如下。

（1）物料数量。根据项目的设计生产能力，以及工艺技术和设备等因素，估算所需物料的数量，并分析和预测其供应的稳定程度。

（2）物料质量。通常，在项目生产和资源利用率的提升中，物料质量发挥着重要作用。供应物料必须符合项目需求，以确保项目的正常运营。

（3）物料供应来源与方式。对供应来源的基本要求是可靠。在此基础上，需要对供应地区、供应商和供应方案等要素进行确定，根据采购需求，选择市场采购、投资建立物料基地、投资供应商等不同的供应方式。

（4）物料运输和存储。物料运输方式和运输距离，会对采购成本和项目灵活性产生极大影响。根据物料具体情况，供应条件分析应包含对存储设施、运输距离和方式、包装方式、运输费用等内容的确定。

（5）物料价格。物料价格是采购成本管理的关键内容，也是供应条件谈判的焦点。

供应条件的内容极为丰富，涉及采购物料的各个方面。由于每个项目所需的物料种类较多，企业对供应条件的分析管理也可能陷入误区。常见的误区有以下几方面。

1. 对每种物料供应条件都进行全面分析

正如前文所说，每个项目所需的物料种类繁多，对每种物料进行全面分析无疑会消耗大量精力。根据帕累托原则，在项目评估阶段，只需对耗用量大的或关键性的物料进行着重分析。

2. 只关注采购当下的供应条件

供应条件并不局限于数量、质量、价格等因素，也包括规格更新、技术升级换代等售后服务内容，采购谈判时切不可忽视。

供应条件的内容丰富，针对不同的物料、不同的供应商，供应条件的谈判策略也有所不同。因此，在全面采购成本管理下，企业必须把握供应条件的重点内容。为了便于理解，笔者以 JIT 采购为例进行采购谈判策略的讲解，具体如下。

1. 了解企业战略与品类采购特点

不同的企业战略与品类采购特点对供应条件的要求差异巨大。

例如，相对于传统采购机制，在 JIT 采购战略下，为了尽可能地消除库存和浪费，采购作业流程必须极其精简。想要取得这一效果，就必须在供应条件的谈判中，牢牢把握 JIT 采购原则。

对比来看，JIT 采购与传统采购的区别主要如表 4.3-2 所示。

表 4.3-2　JIT 采购与传统采购的区别

项目	JIT 采购	传统采购
采购批量	小批量、送货频率高	大批量、送货频率低
供应商的选择	长期合作、单源供货	短期合作、多源供货
供应商评价	质量、交期、价格	质量、交期、价格
检查工作	逐渐减少、最后消除	收获、点货、质量验收
协商内容	长期合作关系质量和合理价格	获得最低价格
运输	准时送货，由买方负责安排	较低送货成本，由卖方负责安排
产品说明	供应商革新、强调性能宽松要求	买方关心设计、供应商没有创新
包装	小、标准化容器包装	普通包装，没有特别说明
信息交换	快速、可靠	一般要求

JIT 采购原则的核心内容就在于，需求拉动精益计划与零库存，实现采用较少供应商和小批量采购的策略。

传统的采购模式一般是多源采购，在多个供应商中择优采购。但 JIT 采购的理想供应商数量只有 1 个，即对于每一种物料，只有一个供应商，也就是单源供应。在单源供应中，供应商管理效率更高，有利于降低采购成本，并与供应商建立长期稳定的合作关系，实现价格、质量等供应条件的最优化。

但为了避免依赖性过大这一潜在风险，企业也要视情况选择单源或较少供应商。

由于企业的物料需求不确定，大批量采购必然存在仓储和资金浪费的风险。因此，小批量采购成为 JIT 采购的必然选择。但小批量采购带来的多批次采购也必将增加供应商的运输成本，而要解决这一问题，最佳的方法就是选择距离较近的供应商。除此之外，企业也可要求供应商就近建立临时仓库或将物料运输外包给第三方物流企业。

在较少供应商和小批量采购的策略下，企业必须在供应条件的谈判中占据主动地位，基于产品质量、交期、批量柔性等条件，对供应商进行严格筛选，并与筛选出来的供应商建立稳固的长期合作关系。

2. 确定付款条件

财务费用是采购成本的重要组成部分。一般而言，付款方式越灵活、账期越长，对企业就越有利。但在实际操作中，为了减轻账期压力，供应商也会对付款条件做出明确要求。因此，在供应条件的谈判中，企业必须注意有关付款条件的约定。

3. 要注意售后服务的相关约定

在任何采购项目中，都不能忽视关于售后服务的相关约定，如残次品更换、设备维修等。

但除了这些常规约定之外，针对成本较高或技术迭代较为频繁的物料产品，如大型设备、软件系统等，由于其重新采购成本远高于部分结构更改或技术升级的成本，为了提升采购项目的长期效益，双方也可就规格更新、技术升级换代等内容进行约定。

4.3.5 顾客需求识别

顾客需求是指顾客对企业的产品或服务的总体目标、需要及期望，在确定其需求时，主要有以下两方面的注意事项。

（1）有时候顾客说出的需求其实不是其真实的需求，故企业必须分析顾客的需求，以找出顾客真正的需求。

（2）顾客需求信息应定义准确，尽可能减少含糊不清、模棱两可的表述，故企业必须完全了解顾客的需求。

只有对顾客需求进行详细的确认与分析，企业才能在采购时做到有的放矢。

顾客需求识别的流程大致如图 4.3-3 所示。

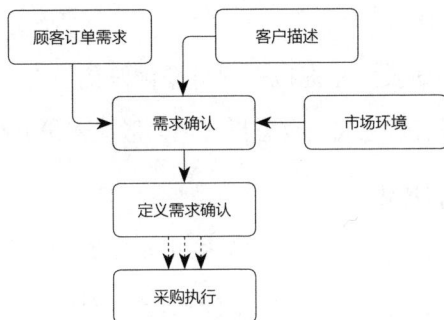

图 4.3-3　顾客需求识别的流程

顾客需求来源于两种：订单需求与描述需求。"订单需求"在企业中很常见，正因为常见，企业往往就对其进行"常规"处理，殊不知这种常规处理往往埋下因"漠视"顾客需求而出错的成本祸根。笔者曾经在做企业咨询时遇到过一个"老产品"需求的订单，企业对需求产品很熟悉，但由于太熟悉而忽略了"镀锌"与"镀镍"的差别，最终导致客户退货。

另一种是"顾客描述"。这种需求在原始设备制造商（Original Equipmemt Manufacturer，OEM）和原始设计制造商（Original Design Manufacturer，ODM）中非常常见。对于这种需求，企业应该不断探寻、了解顾客需求，逐项确认产品的功能、品相等要素；否则后续不但会付出成本和时间，更会使客户对企业的能力产生怀疑。

如果顾客需求识别环节出现失误，不仅可能导致采购成本浪费，也可能损害顾客体验。

企业是为顾客服务的，满足顾客需求是企业经营的宗旨。探寻顾客的准确需求并以此展开工作是企业供应链的起点。

市场、研发、采购、生产等部门都应参与识别顾客需求。

1. 对顾客需求进行分解确认

在最初的探寻中，顾客需求通常表现为产品、数量、价格等几大要素，但在订单确认时，企业必须对顾客需求进行进一步的分解，如交期、包装、付款方式及特殊要求等。

如果涉及新产品研发，企业应针对订单涉及的所有要素，与顾客沟通协调，就产品、功能等信息达成一致意见，从而形成一份完整的顾客需求表。

2. 对顾客需求进行评审

接下顾客订单时，企业必须确保能够满足顾客的所有合理需求。因此，企业应根据订单情况，专门安排单个或多个部门对顾客需求进行评审，以避免订单无法完成而损害顾客体验和企业形象。

一旦评审通过，则需要责任人签字确认。而后，顾客需求表才能交到采购部门，由采购部门真正开始执行采购作业。

顾客需求识别任务通常较为烦琐，需要多部门协作进行。因此，在具体操作中，我们可以学习 A 企业对订单进行归类的方法。A 企业将订单大致以下分为两类。

（1）常规订单。此类订单应同时满足以下 4 个条件：产品技术符合国家标准要求；属于企业现有产品或已为顾客生产过的产品；产品数量与交期在成品库存或生产计划能满足的范围之内；产品包装及其他要求符合企业的相关规定标准。

（2）特殊订单，指不满足上述 4 个条件中任何一条的订单。

在顾客需求识别的全流程中，A 企业各部门的分工也十分明确，如图 4.3-4 所示。

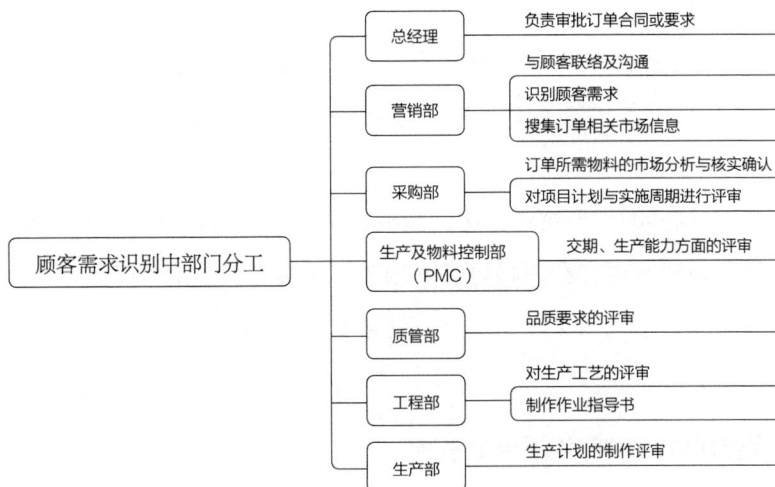

图 4.3-4　A 企业顾客需求识别流程中的部门分工

在各部门的协作中，顾客需求识别的效率得到极大提升，而完善的评审流程也能确保对订单需求进行准确的分解确认，从而使每一份订单都能起到推动企业发展的作用，并在 JIT 采购中对采购成本进行全面管理。

4.3.6　设计开发需求识别

新产品研发的风险之高不言而喻。这主要是因为，一方面，新产品的开发周期长，投入资源多；另一方面，一旦研发失败则意味着血本无归。研发新产品通常也涉及开发新供应商、新产品导入管理等一系列问题。

同时，在经济全球化的浪潮下，技术工艺的升级不断加快。因此，前置设计开发需求识别，也是企业有效控制采购成本的重点。

例如 TCL 公司在产品开发初期，就引导供应商参与新产品的早期开发。在这一机制下，电视机芯的供应商会专门派遣技术小组进驻 TCL 公司，参与新电视产品的开发与设计，配合设计部门完成早期开发工作。与此同时，采购部门也会与设计部门、销售部门共同分析，确定产品功能和产品成本。

TCL 公司将这种设计开发流程称为"可采购性设计策略"，借助该策略，TCL 公司与供应商建立起了紧密的战略合作关系。

与 TCL 这样的大型企业相比，受限于实力与规模，中小企业在实施可采购性设计策略时，通常会面临更多的困难。大多数供应商也不愿意参与中小企业的早期产品开发。此时，中小企业就更需要完善设计开发需求识别机制了，具体内容如下。

1. 完善样品、图纸等客户资料管理

在确认顾客需求时，企业就要对样品、图纸等客户资料进行整理分析。在这样的过程中，企业需对设计开发需求文档的内容进行深入分解，如核心功能、外观、包装等。只有如此，后期的设计开发才能做到有的放矢，避免产品开发方案不符合顾客需求。

2. 召开设计、采购、工程、生产的联席会议

全面采购成本管理需要企业各职能部门的通力合作，而在设计开发需求识别中，为了确保设计开发方案能够真正推动采购成本控制，召开设计、采购、工程、生产等各部门的联席会议也成为必然。

联席会议需要解决的主要问题如下。

（1）顾客需求的最终确认。

（2）核心功能及相关设计的确认。

（3）筛选出符合顾客需求的设计方案。

（4）从采购、工程、生产的角度，对设计方案进行分析。

（5）在满足顾客需求的基础上，在设计开发层面将成本最小化。

3. 客户指定的 OEM 供应商管理

OEM 生产，也称为定点生产，即人们常说的"代工"。当企业品牌拥有一定市场地位时，企业只需掌握核心技术，并根据顾客需求不断开发新产品，而具体的生产加工任务，则可委托其他厂家进行生产，实现 OEM 供应。

客户为了控制产品质量与成本，通常会指定二级供应商以降低风险。由于供应商是客户指定的，夹在中间的企业在采购时很难对供应商进行管理，甚至有时候供应商比客户还强势。

对于这类供应商，也称单一来源供应商，管理策略为如下。

（1）既然是先天性"单一来源"，维系关系是第一要务。客户指定其作为二级供应商，一定有理由，企业应尽量在现有框架内做事，这样风险也较小。

（2）培养供应商内部联系人。不要只跟对方的销售部门建立单线联系，要在对方的生产、品质、工艺等部门中挖掘并培养联系人。

（3）保存所有的合作记录与实时数据。出现问题时提供必需的资料证明。

（4）定期邀请最终客户代表协同进行供应商绩效管理，包括现场评估、产品评估、管理评审等工作。

4. 把握采购市场反馈

产品可以"研发"出来，但不一定能"做"出来，有的产品能做出来，但做出来成本很高，不利于参市场竞争。事实上，很多设计方案的有效性都只停留在纸面上，在实际产品实现中可能与现实采购市场相悖，即无法通过采购获得。因此，企业在确定设计开发方案之后，需要获得采购市场的反馈并对设计开发方案进行优化。为了避免此类情况发生，采购部门首先要确保实时更新市场信息，而在设计开发方案出台之后，也要及时获取供应市场的反馈。

4.3.7 产品工艺标准化

产品工艺标准化的导入对于采购产品的制造成本的降低意义重大。

对一个企业来说，标准化工作是企业管理的重要课题。在标准化下，用更少的设计经费，企业能够获得更好的管理效益和更多的经济效益。随着全球高新技术的迅猛发展，标准化的作用也日益突出，产品工艺方面更是如此。

工艺标准化，不仅能够确保在生产过程中切实保证产品质量，也能提高效率、降低能耗，达到全面采购成本管理的目标。

1. 要认识到标准化在提升产品竞争力中的重要意义

标准化不仅是降低成本的重要渠道，事实上，工艺标准化率越高，产品也就越具竞争力。要理解这一点，可以从工艺标准化的 4 点主要内容来看。

（1）工艺术语标准化。工艺术语是工艺领域内的共同技术语言，也是制定工艺标准、编制工艺文件等各项工作的基础。工艺术语的不统一，不仅会影响生产工作，也会影响技术交流。因此，工艺标准化离不开术语标准化，如国家制定的《机械制造工艺基本术语》等。

（2）工艺要素标准化。工艺要素包含产品工艺的一系列重要因素，如机械加工中的工序尺寸、加工余量；塑料加工中的温度、压力等因素。工艺要素的标准化和贯彻，能够简化相关工序和工具，推动产品工艺的改进。

（3）工艺规程标准化，又称工艺规程典型化。一般来说，企业生产的各类产品，在产品结构、加工工艺等方面都具有相似性。此时，企业可以对相似的地方进行归纳总结，研究工艺上的共同特征，并结合企业情况，设计并筛选出更加先进的工艺方案，对相似产品的生产进行工艺指导。

（4）工艺文件标准化。使工艺文件成套、完整、统一的标准化工作，能够进一步加强对工艺的管理，确保工艺的简化和提高。由于各企业产品工艺存在差异，工艺文件标准化的工作应首先在企业内部进行，并通过行业协会或主管部门统一工艺文件格式。

2. 设计建议与采购反馈要及时传递给研发团队

产品工艺标准化的各项内容，都需要与企业实际相结合，否则，标准化将无法有效融入企业运营，难以实现效益最大化。因此，研发团队在研究产品工艺标准化的过程中，也要充分采纳设计建议与采购反馈，确保产品工艺标准能有效融入企业运营。

与之相对，设计和采购部门也要及时向研发团队传递重要信息。尤其是在采购市场信息变动频繁，可能会对工艺标准化产生重大影响。例如，核心供应商的工艺标准化进程，其基于促进技术交流和信息沟通的需求，也会反向推动企业产品工艺的标准化。

工艺标准并非一成不变，随着科技进步，设备、环境、应用技术的变化，工艺标准在保持相对稳定的基础上，要适时进行修订。需要注意的是，工艺标准的修订也要保持积极谨慎的态度，并充分做好相关准备工作，以免对正常工作造成重大影响。

4.3.8　采购限制因素

如果你去问在不同企业工作的朋友，工作最大的瓶颈是来自外部还是内部，大家都会异口同声回答："内部。"

采购效率能否顺利提高、绩效目标能否实现，受到企业内部各种主、客观因素的影响，如资金、时间、审批程序、报告进度等。这些因素可以统称为采购的限制因素。采购限制因素的存在，会从各方面影响采购管理的效率。

因此，消除采购限制因素的方案，也成为全面采购成本管理的重要内容。

例如企业的采购价格管理。随着竞争的加剧，企业越来越注意控制采购成本，采购价格自然被重点关注。企业采购时货比三家，再与供应商讨价还价。甚至有些企业要求采购人员必须重新寻找 3 家供应商作价格比较，然后交给核价部门审定。核价部门忽视市场供应变化与价格波动，仅仅拿价格与历史价格进行对比，一旦超过历史价格，则要求采购人员提供必要的价格说明文件……为此，很多采购人员不是花时间研究如何提高采购绩效，整合外部供应资源，而是疲于应对内部的各种管理需要。虽然制定了完善的采购计划，各种采购限制因素却使得采购工作无法按计划进行，采购成本不降反增。

在实施全面采购成本管理之初，企业就需要考虑采购限制因素的存在，尤其是对于企业内部的限制因素，更要提前找到相对应的解决方案。

采购限制种类很多，不同的企业也会有不同的限制因素，具体限制及相应的对策如下。

1. 避免新产品独立开发的信息壁垒

在企业的运营过程中，各职能部门的分工有助于提升企业运营效率，但如果新产品开发相对独立，则可能导致信息壁垒的产生。

由于设计开发团队大多居于"后台"，新产品的开发也呈现出明显的独立性。虽然开发团队大多会考虑市场信息或采购成本等要素，但在信息壁垒的作用下，仍然无法避免开发方案偏向于理论的问题。

当开发方案与现实市场存在较大差异时，新产品的生产计划也可能出现极大变动，导致生产计划频繁调整，采购计划也随之频繁发生变动。这就使得供应商管理陷入困局：采购计划的不确定，使得企业在采购谈判中失去底气，难以获得最佳的供应条件。因此，在新产品开发环节，生产、采购等相关部门就应当参与到设计开发中去，如派遣业务代表、采购顾问等，在充分的信息沟通中，尽可能地考虑到相关要素，不断完善设计方案。

2. 应对小批量采购的风险

多品种、小批量是现代企业采购的特点。JIT 采购是一个不错的方式，在小批量采购下，库存很少甚至几乎为零，但如果供应商无法准时交货，就会使生产陷入停滞；另外，如果物料质量存在问题，物料退换同样会影响生产效率。

为了有效化解小批量采购的潜在风险，企业也要通过沟通协调，制定相应的供应商管理制度。

（1）让供应商参与新产品的设计开发。

（2）帮助供应商提高技术能力和管理水平，提高供应商生产的连续性和稳定性，以免供应商生产不稳定而导致交货延迟或质量出现问题。

（3）建立一个开放、兼容的信息平台，详细了解供应商的生产流程、质量控制等细节。

（4）企业与供应商协作，提升物流管理能力，确保运输过程的准确无误。

3. 财务成本审核的指挥棒作用

资金问题是采购管理的重要限制因素，资金出现问题会直接导致采购管理的失效。在采购环节，任何采购活动都需要经过财务部门的确认。

因此，在消除采购限制因素时，企业需要发挥财务成本审核的指挥棒作用，让财务部门参与全面采购成本管理的每个环节，通过财务部门的指导解决采购限制因素的问题。

针对采购合同，财务部门审核的主要关注点如下。

（1）合同审批流程是否完整，有无越权审批现象？

（2）采购金额是否符合预算，库存资金是否足够？

（3）付款方式如何？按惯例应是签约后付首款，产品交付后付第二期款，质保期后付尾款。首款比例如何，是否符合行业标准？

（4）有无验收不合格时的退赔约定？

（5）关于发票开具的约定是否明确？

财务部门在成本审核中，主要应关注流程合规性、资金风险、税务风险等方面的问题。只有在严格的企业内控管理中，成本审核才能把好采购管理的最后一关。

4. 避免陷入完美主义的采购陷阱

物美价廉、多快好省，是采购管理的理想状态。但在实际操作中，想要达成这样的目标非常困难。

与其为了所谓的完美主义投入过多成本，不如脚踏实地，根据采购需求与供应环境做出切合实际的决策，找到成本与效益的平衡点。

4.3.9 供应环境分析

随着市场状况的不断变化，供应环境也随之改变。此时，企业必须依据供应环境分析，调整全面采购成本管理策略，从而增强企业采购的适应性，确保采购战略决策的正确性，继而提升企业的市场竞争力。

作为全球最有名的家居公司之一，宜家在全球拥有近 2 000 家供应商（其中包括宜家自有的工厂），因地制宜成为宜家保持采购成本优势的重要措施。最初，宜家在亚太地区的中央仓库设置在马来西亚，所有亚太地区供应商的货物均需先行送往马来西亚，再运送至各地区的商店。

然而，随着中国市场所占比重的不断扩大，上述措施在成本缩减方面的作用愈趋弱化，反而导致中国市场的产品成本较高。于是，宜家开始逐渐改变供应商管理策略：针对中国市场的重点产品，交由中国供应商生产，并直接运送至中国商店，中国供应商同时承担周边国家或地区的产品供应。

在企业运营中，深入的供应环境分析十分必要，其中涉及的因素也较为复杂，笔者将之总结为以下 3 个方面。

（1）宏观环境因素：包括政治环境、经济环境、法律环境等。

（2）供应商及所处行业环境：可分为完全竞争市场、垄断竞争市场、寡头垄断市场和完全垄断市场。

（3）微观环境：即采购在企业内部所处的环境，包括领导及各部门对采购的重视程度，信息技术在采购中的应用程度等。

供应环境的复杂性和多变性，使得供应环境分析难以实现一劳永逸。相反，供应环境分析需要分周期进行，甚至需要以项目为单位，根据每个项目对供应环境进行具体分析。

市场营销学把供应市场分为 4 类：垄断市场、寡头市场、完全竞争市场。由于企业差异、竞争差异与品类差异，供应环境分析的重点主要集中于供应市场的分析，即以物料价值、供应风险和我方价值为核心要素，对供应商及所处行业环境进行分析。

具体而言，供应环境分析的流程可分为以下五大步骤。

1. 确定目标

全面采购成本管理的任一环节都需要以明确的目标作为指引。供应环境分析同样如此，如无明确目标，分析人员可能会在庞杂的环境因素中模糊焦点，分析效率和结果也将因此大打折扣。

要确定供应环境分析的目标，一般要先解决以下问题。

（1）要解决什么问题？瓶颈是什么？

（2）问题要解决到什么程度？

（3）解决问题的周期是多久？

（4）需要多少信息？信息的准确度如何？

（5）如何获取信息？由谁负责？

（6）如何处理信息？

2. 成本效益分析

供应环境分析同样需要投入相应的成本，如人力成本、市场调查成本等。因此，在分析之前，企业也需对供应环境分析的成本效益进行确定。确定供应环境分析全流程所涉及的成本支出，并判断分析结果带来的效益是否能覆盖成本。

需要注意的是，基于采购效率的需求，在对成本的分析中，也不能忽视时间成本。供应环境分析必须在一定的时间内完成，以免影响企业运营效率，导致后续的采购生产与市场变化脱节。

3. 可行性分析

获取信息和分析信息需要一定的渠道和技术，如国际数据库，专业代理商信息及数据分析模型等。根据企业自身条件，是否能够获取相应的信息和技术？企业需要对此有清晰的认知，这就是可行性分析。

为了提高供应环境分析的可行性和效率，企业首先需要找到企业内部和公开渠道可获取的信息，从而保证以更低的成本更快地获取供应环境数据。

除此以外，根据分析目标和预算，企业也可以购买高效的数据信息或研究分析服务，甚至外出进行调研，以提升供应环境分析的准确性。

4. 制定研究方案并实施

当确定了分析目标、计划、负责人和所需资源等信息之后，企业就能够据此制定完善的研究方案并加以实施了。

一般来说，实施环节包含案头分析和实地调研两个方面。

案头分析就是对数据的搜集、分析和解释，可以直接通过信息系统完成。当案头获取的数据不够完善时，则可以进行实地调研，与供应商或其他服务商进行面对面沟通，以获取更新、更详细的信息。

无论如何，实施环节都需要遵循最初制定的分析计划，以免消耗过多资源或失去分析目标。

5. 编写总结报告与评估建议

在供应环境信息搜集结束之后，负责人就需对此进行归纳、总结和分析，形成一份完整的供应环境分析总结报告。负责人在总结报告中，不仅要对供应商选择方案进行比较，还需针对分析目标提出相应的评估建议，为采购管理提供决策依据。

4.3.10　采购风险分析

即使制定了完善的采购计划，在采购过程中也可能出现各种意外情况，影响全面采购成本管理的效果，甚至导致采购成本不降反增。例如，因采购预测不准，导致物料难以满足生产要求或超出预算；或因供应商产能下降，导致供应不及时、产品不符合订单要求等。

采购风险的普遍存在，使得采购风险分析也不容忽视。纵观各行业的采购实践，笔者认为主要有七大风险需要高度关注。

（1）意外风险。在物资采购过程中发生的各种意外风险，如自然风险，经济政策或价格变动等。

（2）质量风险。供应商提供的物资或原材料质量有问题，或未达到质量标准，轻则影响企业生产效率，重则影响企业产品质量，对顾客体验造成损害，降低企业声誉和产品竞争力。

（3）技术风险。主要体现在产品和设备两方面。在产品的生产制造周期内，如出现重大技术进步，可能导致产品贬值甚至被市场淘汰，已采购物料也可能因此积压甚至变得无用；在以设备采购为代表的短期采购中，由于信息技术的高速发展，设备的更新周期也愈来愈短，可能刚刚以重金采购的设备就已落后于技术发展了。

（4）验收风险。发生在验收阶段的风险，主要包括数量上不足，质量上鱼目混珠、以次充好，品种规格不符要求，价格变动等风险。

（5）存量风险，即库存风险。主要体现在 3 个方面，一是物料采购量无法满足生产所需，导致生产中断；二是采购过量，导致库存积压，既会引发资金沉淀风险，也会因此形成存储损耗风险；三是因对市场行情预估错误，在盲目进货中产生价格风险。

（6）责任风险。很多采购风险的发生，归根结底其实是以责任风险为主的人为风险，如合同审核不严谨导致合同纠纷，或采购人员收受回扣、牟取私利等。

（7）合同风险。以合同为客体的风险包括：合同条款模糊不清、责任约束简化，导致后续出现合同纠纷，甚至引发合同欺诈风险；合同行为不正当的风险，如对采购人员行贿或给予虚假优惠等；此外，还存在合同日常管理混乱的风险，如合同丢失等。

虽然采购风险不可能完全被消除，但通过一定的手段和措施，能够有效防范和规避，将采购风险的发生概率降至最低，具体措施如下。

1. 建立并完善企业内控制度

采购风险中很多都是内因型风险，如合同风险、计划风险、责任风险等，需要企业内部人员对其进行管控。与此同时，外因型风险也需要企业内部人员进行控制。

因此，完善的内控制度是防范采购风险的前提。企业应建立并完善内控制度，加强职工教育，尤其是对采购人员的培训教育，以增强其法律观念、培养其职业道德，从而确保内部人员按章办事，以企业利益为先，从根本上增强企业内部的风险防范的能力，并规避各种内因型风险。

2. 加强对供应风险与签约的监督

在与优质供应商的合作中，由于供应商资质佳、信誉好，外因型采购风险能得到有效控制。为此，在采购供应环节，企业就要对供应商资质进行充分调查，确保采购流程符合程序、供应商符合要求。此后，企业也需定期对供应商进行复审评定。

一旦签订合同，企业就需要承担合同规定的各项义务，而供应商所享有的权利也限定在合同约定范围之内。因此，企业要进一步加强签约监督，确保合同条款符合政策、法律的相关规定，确保条款内容齐全、权利义务明确、手续具备、签章齐全。此外，在签约之前，一定要确定供应商资信调查已经完成，以切实掌握对方的履约能力。

3. 加强对采购全过程、全方位的监督

对于采购环节，企业必须加强对全过程、全方位的监督。

全过程是指包括计划、审批、询价、招标、签约、验收、核算、付款和领用等在内的所有环节。重点在于计划制定、合同签订、质量验收和结账付款这 4 个关键点。

全方位则是指内控审计、财务审计和制度考核三管齐下。利用科学规范的监督考核机制，在推动全面采购成本管理的同时，企业也可保护自己的利益，避免发生外部矛盾。

限制采购管理的因素众多，既有主、客观因素，也有内、外部因素。如果一味地追求消除所有限制因素，企业不仅需要投入大量的成本和精力，最终也无法完全消除，如此效益自然也不足以覆盖成本，理想的采购目标也不可能实现。

通过对本章提及的 10 个成本管理关键点的把控，优秀的采购职业经理人应提前把握可能出现的成本漏洞，减少问题的发生，消除采购限制因素，寻找"成本—效益"的最优解，在投入资源可控的前提下，实现效益最大化，而非盲目地追求完美主义。

4.4 采购成本控制策略

国际知名企业和学者的实践与理论，为企业降低采购成本提供了多种可行方法，以推动全面采购成本管理。但在实践中，很多企业仍然困扰于采购成本无法降低，这其实是因为企业未能将方法与企业实际相结合，所以难以对采购成本进行有效控制。

针对常见的五大采购难题，笔者将结合具体案例进行分析，以帮助企业对症下药。

4.4.1 采购时间层层压缩，如何确定

任何采购的实施都需要一定的时间，且不谈较为耗时的询价采购、招标采购，即使是反向拍卖与竞价，也无法一蹴而就。

然而，在很多采购实践中，由于供料时间紧张、审批流程漫长等因素，采购时间被层层压缩，采购人员缺乏足够的时间进行询价、比价，最终难以对采购成本进行有效控制。

对于深受此类问题困扰的企业，笔者建议企业深入实施 JIT 采购机制，并与供应商建立长期的供应伙伴关系，从而简化采购流程、节省采购时间。

关于 JIT 采购与供应伙伴关系的建立，企业可以借鉴丰田公司的实践经验。

JIT 采购由丰田公司的大野耐一提出。基于超市采购的特点，大野耐一将之与丰田生产模式将结合，创造出 JIT 生产和采购模式，并总结出完整的 JIT 采购流程。

（1）创建班组，全面处理 JIT 相关事宜。

（2）制定计划，确保 JIT 采购按计划实施。

（3）与供应商建立伙伴关系，在紧密合作中主动交流、互相信赖，确保共赢。

（4）先在某种产品或某条生产线上进行试点工作，并不断改善推广。

（5）做好供应商培训工作，真正做到目标一致、相互认可，并视情况为其办理免检证书，以进一步提高采购效率。

（6）确定交货方式，理想情况是，当生产线需要某种物料时，该物料刚好送达生产线。

（7）在持续完善和改进中，不断总结经验教训、修正供应条件，扩大 JIT 采购的成果。

在这样完整的采购流程中，丰田公司得以与供应商形成互利共赢关系。与此同时，丰田公司还专注于供应商关系维护，通过与供应商建立长期的供应伙伴关系，获得更加有利的供应条件，从而真正建立采购成本优势。

丰田公司为保证供货的持续性，与供应商建立战略性紧密关系，甚至还采用在供应商公司垂直整合入股 10% ~ 30% 的方式。融洽的合作关系促成了供需双方的良好互动，无论是计划与数据的共享还是品质与成本的合作，都深入供需双方的底层。

在成本管理上，为了达到降低成本的目的，丰田对供应商采购采用全球价格竞争方式的同时，对于紧密供应商，采用成本透明、成本加成的采购价格方案。

例如，原来丰田供应商在向丰田提供产品的时候，需要先经过供应商质检，再将产品供应给丰田，丰田收到货后仍需再进行质检入库。重复检查明显提高了采购成本。

后来丰田与供应商商定，由丰田派人员外驻到供应商仓库进行质量检查，而供应商将原来检查岗位的人员工作转派给丰田的外驻人员，这样不仅减少了供应商的人力成本负担，更降低了采购价格。

4.4.2 采购方法因人而异，如何控制

采购方法多种多样，没有最有效的方法，只有与企业最契合的方法。只有通过对企业自身情况和目标的深入分析和确定，企业才能找到合适的采购方法，并在深入实践中实现降低采购成本的目标。

事实上，如果采购方法不合适，企业不仅无法控制采购成本，反而会导致采购成本上升，甚至对企业利益造成损害。例如供应商先期参与的方法，如果企业未曾与供应商建立稳固的合作关系，参与产品先期设计的供应商则可能泄露产品机密。

与此同时，由于每个人对于采购方法的理解不同，其选择的采购方法也可能有所差别。但任何采购方法产生效用，都离不开一套完整的项目计划。因此，采购方法因人而异的问题经常使得采购计划半途而废，导致前期投入成本浪费，常见的问题如负责人变更或领导干预等。

因此，企业在采购实践中，必须遵守标准化的原则，建立完善的监督机制，任何项目计划一经制定，各部门必须严格按照程序执行，以消除企业内部的限制因素。如此一来，项目计划书和顾客需求识别能发挥突出作用。

基于确定的顾客需求和项目计划，企业能够确定合适的采购方法。而一旦采购方法被列入项目计划当中，如非特殊情况，采购方法都应得到落实。

正如 4.3 节所述的 A 企业一样，企业必须借助完善的评审流程，为项目计划的制定提供有效依据。

为此，企业采购管理需要利用项目计划这一工具，其内容包括项目目标、产品说明等各类信息，如图 4.4-1 所示。

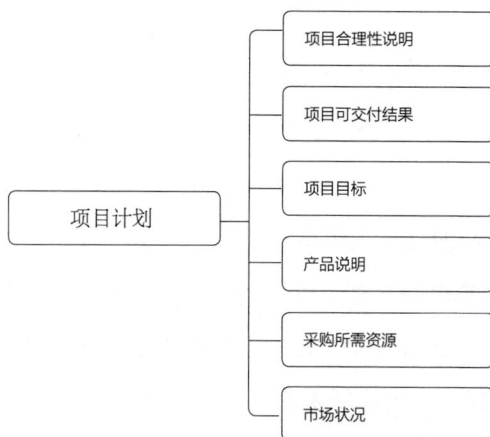

图 4.4-1　采购项目计划的内容

　　基于这样一份详细的项目计划，企业能够有效进行采购活动，避免因采购计划不合理导致的成本浪费。

4.4.3　采购手段纷繁复杂，如何掌握

　　在具体采购过程中，同样存在纷繁复杂的采购手段，如询价采购、招标采购、反向拍卖采购等。各种采购手段都需要耗费一定时间才能发挥效用，而在这段时间内，采购市场的瞬息万变也会导致物料价格的变动。如果无法把握住最合理的价格，采购成本也就难以得到有效控制。

　　面对纷繁复杂的采购手段，企业应该如何准确掌握？应对瞬息万变的采购市场，企业又该如何快速应变？这些都成为在采购时困扰企业的难题。

　　对此，企业首先应当制定完善的采购管理制度，明确各类采购手段的触发条件和适用范围，以标准化的采购程序确定适用的采购手段。一般而言，企业可根据采购金额和时间等主要因素进行划分，比如采购金额达到 50 万元，则需进行招标采购程序；采购时间紧张，则可直接向合作供应商发出询价单或采用电子采购方法。

　　在把握住最合理的采购价格的目标下，电子采购无疑更具优势。

例如，云采供是第三方电子招投标系统平台，能够实现全流程的网络在线电子招标、投标、评标与监督监察。

此类系统大多提供了全流程的网络远程在线招投标交易管理功能，包括电子招投标（标准招标、自主招标）、电子询报价、电子询竞价、电子采购、电子招商、电子招展。

借助这套系统，采购流程能够得到极大优化。与此同时，借助电子目录系统，企业能够快速与更多的供应商对接。根据平台公示的供应商历史数据，企业能快速筛选出合适的供应商，并以电子招标、电子询价等手段完成采购计划，从而提高采购效率，帮助企业快速、准确地掌握市场信息，并拿到最合理的采购价格。

4.4.4 验收时间变数多，如何及时准确

采购成本的降低不仅在于采购交易环节，也在于采购验收环节。实际上，很多采购成本的损耗都可以归咎于验收环节。如果物料质量不符合采购需求，既会影响企业生产节奏，也可能导致成品次品率上升。

然而，由于着急用料或没有专业人员，很多企业不能按正常程序对物料进行有效验收，导致不符合采购需求的物料入库，进而引发各种后续问题及成本损耗。针对这一问题，企业应如何有效解决？

1. 制定完善的验收流程

在完善的验收流程下，即使相关人员缺乏专业知识，也能够在程序分解中，确保验收工作的准确性和合规性，避免验收时忙中出错。完善的验收流程应包含以下内容。

（1）提前准备。物料到库前一天通知业务主管及仓库保管人员安排验收，并准备好验收单、入库单等材料以及应付款项。

（2）订单比对。物料到库后，比对供应商发货清单与企业采购订单，确保物料品种、数量一致。

（3）严格验收。确定品种、数量后，则可进行验收。在验收过程中，如发现物料破损、错发等情况，则要及时与主管以及供应商联系，查清原因并给出解决方案：退货、拒收或由供应商赔偿。

（4）签字入库。验收完成后，按照到库物料情况如实填写验收单和入库单，并由在场两人以上签字认可，方可入库。验收单一式三份，一份移交财务，一份移交仓库保管人员，一份采购备存。

（5）完成手续。在验收入库完毕后，在两个工作日内将相关单据交予财务，并办清相关入库手续。

2. 派遣采购人员驻厂

在与供应商的长期合作或在重大采购项目中，为提高验收质量和效率，企业可派遣采购人员驻厂，对供应商供货情况进行严格监控。驻厂的采购人员主要负责以下工作。

（1）在供应商物料加工过程中，派驻人员负责全过程监督，确定供应商物料生产过程中是否存在不符合合同要求的变更情况，如果发现有异常情况发生，应及时汇报或重新送样评估。

（2）在供应商物料出厂的过程中，派驻人员应严格监控供应商出厂检验情况，按照既定标准对物料进行抽检：对于达到拒收标准的应拒收；合格的方可出厂，并附上验收报告，企业接收货物后可直接办理入库。

（3）在供应商绩效管理中，为了实现企业和供应商的共同提升，派驻的质量工程师或检验员还需对供应商进行全面、深入的了解：对于供应商的优势予以肯定，并反馈给企业以供企业学习并进行自我完善；对于供应商的不足，则要提出改进要求和建议，协助供应商提升。

4.4.5 付款方式不确定性强，如何保证

资金是采购生存与发展的基础，没有采购资金的保障，企业采购也就无从谈起。只有在采购资金充足的前提下，企业才能在采购谈判中掌握更多话

语权，才能在获取更低采购价格的同时，以更好的付款方式提高资金利用率。

企业在编制物料采购计划的同时，必须按照规定编制相应的资金计划，以确保物料采购任务的完成。根据企业采购分工的不同，采购资金管理方法一般可归结为以下 3 种。

1. 品种采购量管理法

品种采购量管理法，适用于分工明确、采购任务量确定的部门，尤其是专项采购项目。该方法以采购时期为划分标准，按照每个采购员的业务分工，确定其采购的物料实物数量指标及相应的资金指标。

2. 采购金额管理法

采购金额管理法是指先确定一定时期内的采购总金额和各阶段采购所需资金，采购部门则根据既定资金情况，安排各阶段采购项目及采购量的一种方法。对于资金紧张的项目或部门可以合理安排采购任务，按照企业资金总体计划进行分期采购，以避免采购项目与企业资金计划相悖。综合性采购部门可以采取这种方法。

3. 成本指标管理法

成本指标管理法需确定一定时期内物料采购资金中成本的相关指标。如采购成本降低额或降低率。在该方法下，基于既定的成本指标，企业可鼓励采购人员使用采购资金，降低采购成本，提高经济效益。

4.5　采购成本降低策略

"如何实现降本"是笔者在培训课堂上经常对大家提出的问题。答案五花八门，总体归为两类：洞察供应商成本结构与探寻合适的降本方案。

洞察供应商成本结构是，通过发现并解决成本中的非合理项目来实现成本的降低，使用这种方法的前提是供应商必须提供完整的成本结构与可靠的财务数据。

探寻合适的降本方案是，通过对产品全要素、全过程的分解与分析，结合国际企业成功降本方法，制定有步骤、有策略的综合降本方案。

相对于"洞察供应商成本结构"的要求、条件及结果输出情况来看，笔者还是比较推荐"探寻合适的降本方案"这一方法。

正如前文所讲，成本是在过程中产生的，所以只要能够在各个环节中采用适当方法、"对症下药"，企业降低采购成本的方法有很多。

基于此，笔者依据国际知名企业降低采购成本的方法，归纳总结出18种降本策略，这18种降本策略几乎囊括了采购过程中的各个环节。

需要说明的是，这些方法来自各行各业，也就是说这18种策略只对特定的企业有效。希望大家通过这些方法，能够更多地进行对比、参考，然后结合自己企业与行业的特点，制定适合自己企业的降本方法与措施。

下面来详细说一说各个方法的具体内容。

4.5.1　建立长期的供应伙伴关系

由于传统企业缺乏供应链合作思想，为使局部个体利益的最大化，必然会牺牲系统的价值链成本，这个成本通过产品不断转嫁并传递，最终使供应链整体竞争力下降。缺乏上下游信任，不但会降低流程效率，而且会增加各种识别与交易成本。

一些知名企业如丰田、戴尔、苹果等都非常重视合作伙伴关系的建立。因此，建立良好的供应伙伴关系成为企业当下乃至未来获得更多利益的突破点。

具体来讲，良好的供应关系包含以下含义。

（1）以长期发展为理念，开展相互信赖、相互支持的合作关系。

（2）伙伴关系有明确目标导向，双方共同确认并且在各个层次都设置相应的沟通接口。

（3）基于双方关心的目标，双方共同制定行动与改进计划。

（4）供需双方相互信任、共担风险，打通合作壁垒，共享信息。

（5）共同开发、共同设计、共同生产。

（6）用绩效说话，以严格的绩效尺度来衡量合作表现，以持续改进。

建立长期的供应伙伴关系，不可能一蹴而就，也不是企业一方随心所欲的事情，这需要仔细规划和评估，具体如下。

1. 要清楚建立长期供应关系的前提

（1）根据企业战略与采购目标物的品类，鉴别哪一些市场和哪一些产品和服务是适合建立长期伙伴关系的，有些产品和服务就没有必要做这部分工作。

（2）把这一概念向企业最高管理层和企业所有人员以及潜在的伙伴进行宣传，指出其在采购营运、成本和战略方面的优点等。

（3）按照潜在伙伴以前的业绩和与他们建立伙伴关系后其潜在的工作能力，选择可靠的合作伙伴。

（4）与潜在的伙伴就合作关系的类型达成一致，以获得有形的和无形的效益，也需就不断改进的方针达成共识。双方必须对伙伴关系做出承诺并遵守。

（5）按下述内容去做伙伴关系工作：双方均可就合作关系提出意见；建立由双方各自的部门成员组成的工作组；不间断地监测和测定合作进展情况；经常地精选与开发合作伙伴。

搞清楚这些前提，长期供应关系的建立才有目标和方向，才能有具体的实施策略。

2. 捋清供应链和需求链，设计合适自己的伙伴接口与模式

供应链是商品从原始起点流向市场或消费终端的过程，而需求链是将市场的需求转化给供应商的过程。这二者的结合点就是采购和销售，其中一个叫订单切入点（Order Penetration Point，OPP），如图 4.5-1 所示；另一个叫价值交付点（Value-offering Point，VOP），如图 4.5-2 所示。

订单渗入点

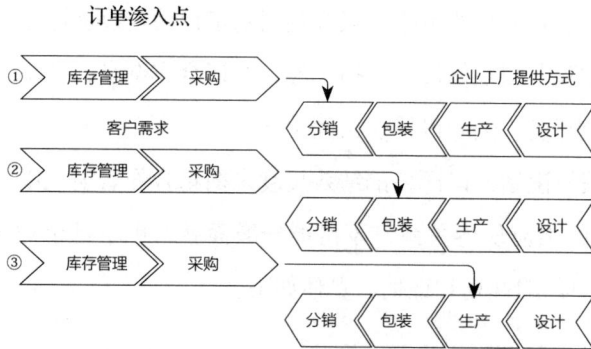

图 4.5-1　订单切入点示意图

订单切入点，可以简单地被理解为采购方下单到供应商工作的哪个节点。这个节点决定了采购方与供应商的合作模式。

（1）采购下单在分销环节，即供应商已经将产品包装好了，并且产品已经处于分销状态，客户订单来了，直接按采购订单装运即可。适用于标准化采购。

（2）采购下单在包装环节，即完全按照订单要求进行个性化包装，适用于包装差异化的产品。

（3）采购下单在生产环节，即供应商按照订单来生产，这是目前大多数工厂的运营模式；如果将采购下单点继续往后移动到设计，即为按订单设计。

从表面上看，订单切入点决定了双方的合作接口，实际上，订单切入点是两个合作伙伴企业的层次、信息共享、价值驱动与成本能力的综合体现。订单切入点的位置越靠后，双方的合作越紧密，对伙伴紧密度的要求也就越高。

价值交付点

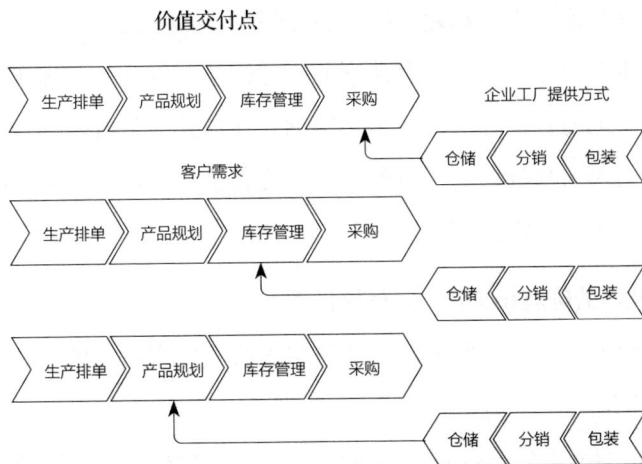

图 4.5-2　价值交付点示意图

价值交付点可以被简单地理解为供应商交付责任的切割点。表面上看，这个切割点是双方责任的划分，其实它体现了订单服务模式的演化。

（1）供应商交付给采购，即供应商对采购负责。这种模式下，供应链上下游信息屏蔽，上游只负责发送采购订单，是否是真实需求、何时需求、有哪些需求……都是供应商基于订单信息来判断的，这种服务模式容易导致缺料或库存积压。

（2）供应商交付给仓库，即供应商对仓库负责。采购商将仓库信息、需求信息共享给供应商，供应商依据下游的需求动态，自动启动生产与配送。这种方式就是供应商管理库存（Vendor Management Inventory，VMI）。

（3）供应商交付给产品规划，即供应商与企业共同参与产品规划与设计实现，利用双方智慧最大限度地挖掘供应链价值，实现共生共荣的供应链协同。

订单切入点强调的是以订单作为节点，由采购计划决定下单至分销、包装、生产、设计等环节，寻求最佳合作方式以优化成本。而价值交付点则是以客户需求价值为节点，管理仓储、分销、包装等环节的成本，在这个过程中，客户的价值被放在首位，凡事以满足客户需求为准则。价值交付点决定了双方的交付模式，更决定了双方的责任与价值空间，通过整合供应链上下游动态需求与仓储物流信息，实现供应链的数据精准与协同。

在上下游合作过程中，只有清晰明了地搞清楚供应链与需求链，才有可能去分析链条上的各个环节及各个环节的合作伙伴，系统深入合作模式。通过移动订单切入点与价值交付点的位置，找到最佳结合点，从而实现长期合作关系，达到降低成本的目的。

3. 塑造共同的价值和文化，降低接口成本

文化层面上，长期合作关系要加强文化相容性或把不相容的文化因素减至最小或完全消除。

而在价值层面上，能否通过共同生产降低接口成本就显得至关重要。

接口成本就是采购部门与供应商之间识别、评估、管理、绩效考核、合同管理以及风险预防与管控等运营成本的综合。尤其是在供应链多变的情况下，信息缺乏透明度，无论是产品设计、计划联动、库存物流等都无法实现有效管控，最终导致接口成本居高不下。

传统的供应关系接口相对比较单一，多为"采购—销售"单点联系，如图 4.5-3 所示，企业和供应商之间的共同价值较少，因此形成长期合作关系的机会不大。

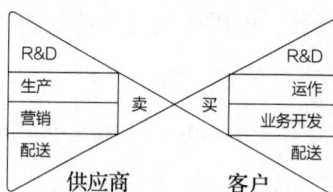

图 4.5-3　传统的买卖界面（单点联系）

但在如今的生产和消费环境中，因为工具等要素的变化，企业和供应商之间的共同价值已经覆盖共同设计、共同开发、共同选址、共同生产、共同开发客户等层面，即在多个环节都能实现共同的价值，如图 4.5-4 所示。这就为构建长期合作关系奠定了极好的基础。

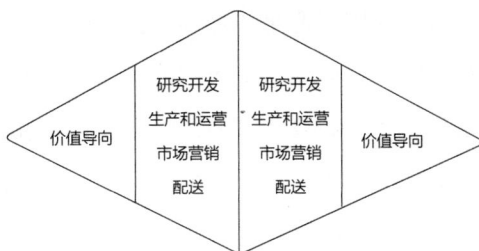

图 4.5-4　多层面的共同价值

以上是建立长期的供应伙伴关系的一些要素，满足了这些要素，双方之间的关系才能称得上是长期合作关系。很多人对长期合作关系认识不清，因此常有一些误解。常见的误区有以下几个方面。

1. 认为所有的供应商都应该成为合作伙伴，或者应该成为长期合作伙伴

事实上，许多看似不错的客户或合作伙伴关系，最后获得的成效甚至无法弥补建立长期合作伙伴关系所花费的成本与精力。这样的合作关系的建立是没有太大意义的。

2. 认为合作伙伴是永久的

在供应链合作中，合作伙伴有阶段性特点。一方面是因为采购方企业的经营战略调整，供应商伙伴管理也会受到影响；另一方面，合作伙伴需要动态管理，用绩效说话。根据双方合作情况按照绩效对供应商进行调整。

4.5.2　集中采购法

集中采购（Centralized Purchasing），其在集团公司或政府部门中被广泛应用。为了降低分散采购的选择风险和时间成本，除了一般性物料由下属企业或各部门分别采购外，其他的均由企业集中采购。通过采购的集中来提高议价能力，降低单位采购成本，这是一种基本的战略采购方式。目前有不少企业建立了集中采购部门进行集中采购规划和管理，以期减少采购物品的差异性，提高采购服务的标准化，减少后期管理的工作量。

但很多企业在发展初期因采购量和种类较少而未进行集中采购，随着企业的集团化发展，在采购上就出现了下属企业各自为政的现象，这种现象在很大程度上影响了采购管理。如果某家公司的办公用计算机的品牌不同：研发部的办公用计算机品牌是戴尔，工程部的是联想，生产部的是惠普，品质部的是华硕……说明这家企业的采购为分散采购。与分散采购相对的即是集中采购。

近年来，沃尔玛一直在对原有的采购体系进行改革，扩大集中采购范围，从而对供应商资源进行进一步优化。在这样的改革中，沃尔玛中国也取消了东北大区，对剩下的五大运营区进行改组调整，加强集中采购直管模式。

调整之后，沃尔玛中国保留了五大运营区，即华北区（北京）、华东区（上海）、华中区（武汉）、华西区（成都）和华南区（深圳）。而采购管理也由遍布全国的 29 个采购办公室，浓缩为唯一的深圳采购办公室，沃尔玛中国的所有采购决策基本都由深圳采购办公室制定。

在集中采购中，各部门、下属企业的需求得以集中，由于采购量较大，供应商一般会给予更优惠的价格，从而实现采购价格的降低。与此同时，集中采购的方式也能够有效缩短采购时间和减少运营费用，并节省运输费、质检费等间接费用。此外，集权法也压缩了各部门的采购主动权，避免各部门与供应商串通，出现腐败、贿赂现象。

集中采购虽能有效降低采购成本，但同样存在以下弊端。

（1）在集中采购模式下，企业采购管理僵化、失去弹性。

（2）由于需要集中各部门需求，因此，集中采购的响应时间较长。

（3）集中采购虽能带来价格优惠，但灵活性较差，不利于各部门的快速应变，容易导致服务效率降低。

（4）各部门的需求不同，也容易引发内部矛盾，尤其是在采购、研发、生产部门之间：采购部门更看重采购价格，而价格最低的供应商往往难以满足研发需求；研发部门需要更快开发新产品，更看重反应速度，因此倾向于选择小供应商；生产部门则偏好质量好、交付稳定的大型供应商。

综上所述，集中采购的优劣势如图 4.5-5 所示。

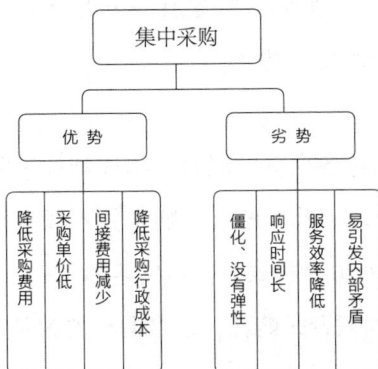

```
                        ┌──────────┐
                        │  集中采购  │
                        └────┬─────┘
              ┌──────────────┴──────────────┐
          ┌───┴───┐                     ┌───┴───┐
          │ 优 势 │                     │ 劣 势 │
          └───┬───┘                     └───┬───┘
      ┌───┬───┼───┐              ┌───┬───┼───┐
```

| 降低采购费用 | 采购单价低 | 间接费用减少 | 降低采购行政成本 | 僵化、没有弹性 | 响应时间长 | 服务效率降低 | 易引发内部矛盾 |

图 4.5-5　集中采购的优劣势对比

针对集中采购本身存在的弊端，企业在采取该方法降低采购成本时，也要根据企业情况，对集权法进行改造，选择更加适合自身的采购模式。

4.5.3　联合采购法

联合采购，既可以自行组织采购，也可以委托专业第三方采购服务机构进行采购。在政府、行业协会、商会等社会组织的采购活动中，联合采购的方式十分常见。

我们都知道，小批量采购难以获取较好的价格优惠，但对于很多中小企业而言，受自身规模的限制，其采购量难以达到一定规模，因而其在采购市场上长期处于劣势地位。

此时，联合采购法则能聚少成多，通过采购需求的联合，有效弥补企业采购规模小、单位分散、采购经验不足等缺陷，实现规模效益，从而降低采购价格并节约管理费用。

事实上，联合采购法不仅适用于中小企业，同样适用于大型企业。

非洲各个航空公司专门成立非洲航空公司协会（AFRAA），以行业联盟的方式获取采购优势。尤其是在变幻莫测的国际原油市场上，非洲航空公司协会的成员每年都会根据需求进行联合采购。例如，肯尼亚航空公司等9家航空公司就曾联合制定原油采购计划：在一年内累计采购7亿升、价值15亿美元的航空燃油。

联合采购法能够通过各企业的联合，形成规模采购优势，增强企业议价能力，并降低采购费用。因此，联合采购也并不局限于企业间的采购。目前在实际操作中，存在4种联合模式，具体内容如下。

（1）相近标的合同联合采购法。以合同标的为基础，实行少量品类或单一采购的联合机制。

（2）公司内各项目部联合采购法。在大型企业尤其是集团企业中，各项目部在采购时可进行联合，以规避独立采购的劣势。

（3）企业联合采购法。同行业企业的采购需求相近，因此，企业可通过建立行业联盟的方式，进行企业联合，实现多品种、长期的联合采购。

（4）跨行业联合采购法。不同行业的企业之间，可能存在相同的采购需求，企业可以据此实行跨行业联合采购。

借助上述4种联合采购方法，企业能够有效改进采购方法、优化采购模式，在提升采购效率的同时，充分降低采购成本。但需要注意的是，联合采购的作业手续较为复杂，需要主办方拥有较强的协调能力，以统一采购需求、抓住采购时机。

4.5.4 谈判法

谈判，即双方或多方通过沟通、交流、协调等手段，达成有利于自己一方的条件的活动，是一门有关如何获得更多的艺术。美国谈判学会主席将谈判定义为"合作的利己主义"。

简单来说，谈判就是利益各方就共同关心的问题互相磋商、交换意见、寻求解决途径、相互妥协与交换，最终达成协议的过程。其实，世界充满谈判，你跟朋友一个说吃麻辣火锅，一个说吃清汤火锅，然后最终决定吃鸳鸯火锅；夫妻俩一个说去看电影，一个说去看戏，最后双方决定陪小朋友去游乐场玩……所以也有专家说："只要有人的地方就有谈判，谈判发生在人际互动之中。"

有太多人（其中包括不少资深采购经理人）误解谈判了，认为谈判就是讨价还价、议价砍价的零和游戏，是为了一分利益使尽浑身解数最终达成独家利益分配格局的过程——这不是谈判，这是零和博弈。

在今天，企业与供应链经营环境日新月异、客户需求与市场格局也变幻莫测，但有两个变化趋势非常清楚，即产品生命周期越来越短、产品性价比越来越高。正是这两个大趋势的存在，迫使供应链内各个企业的供应链角色与企业对供应链产品的渗透性也在不断变动。这种倒逼的变动迫使供应链利益格局产生变动，甚至裂变。这就需要供应链网络中的企业在自身不断进行敏捷化调整的同时，还要进行大量的意见沟通、协调交换，寻找最佳解决路径。

每次的采购活动，都离不开采购谈判，即企业与供应商之间就合作协议内容进行的磋商，磋商内容包括物料品质、规格、数量、包装、售后、价格、交货方式、付款条件等。

在国内，通过适当的谈判"挤掉"供应商的报价"水分"，是必要的。完整的谈判方法将在第 5 章详细阐述。

4.5.5　折扣法

我们知道，采购成本每下降 1%，就相当于业绩提高 10%~15%。故能获得供应商的价格折扣就能够帮助企业有效降低采购成本。采购价格降低了，企业的采购成本自然也随之降低。

根据交易需要，采购总能找到获得折扣的理由，常见的折扣包括以下具体内容。

（1）一次性购买某种产品超过一定数量的折扣。

（2）合同金额达到某个标准的折扣。

（3）一段时间内累计订单数量达到一定标准的折扣。

（4）一段时间采购的某种产品数量到某个标准的折扣。

（5）季节性折扣。

（6）庆典活动折扣。

实际上，究竟有多少种折扣类别笔者也说不清楚，但其本质就是找到一个让供应商降价的理由。

对于企业而言，折扣能够直接推动采购成本的降低，但在获取折扣时，也要注意折扣政策，切忌盲目追求折扣，导致采购过量。

4.5.6　标准化

企业在采购时应充分考虑未来储运、维护、消耗品补充、产品更新换代等环节的运营成本，致力于提高产品和服务的统一程度，减少采购产品差异性带来的后续成本。

采购产品差异性所造成的无形成本往往被企业忽略，解决这一问题需要企业决策者进行战略规划及采购部门的连贯性执行。

笔者早年给一家企业做咨询项目时遇到一个很奇怪的状况：库存数据入库后就没怎么用过。一问原因让人哭笑不得，原来该企业在产品标准方面是一片空白，每来一位设计工程师都是按照其在上一家企业的工作设计习惯选择产品配件。几乎每来一位工程师，都会留下一种"独特"的标准物料，结果导致库存层层累积。

商业社会面临着四大关键挑战：最大化利润、降低风险、提高业绩和增强业务灵活性。在应对上述四大挑战时，标准化能够发挥出色作用。

即使是在新零售时代，面对层出不穷的个性化需求，企业也可以通过标准化的不同组合方式，来满足客户的个性化需求。

此时，为了控制个性化带来的成本增加，企业同样可以设计各种不同的标准化部件，以独特的排列组合——单元制生产方式和客户产品组合的最小模块化零件组等，实现产品整体的个性化设计。例如在消费升级的时代，很多客户追求个性化的计算机，其主机、显示屏、键盘、鼠标，乃至主机的机箱、显卡等部件都可以进行个性化设计。

在标准应用方面，我们应依据"国际标准—国家标准—行业标准—企业标准"4 级标准管理，根据企业需求选择并遵循相应标准。前文提到，产品工艺标准化能够从企业内部推动各项成本的降低。标准化也能够提升采购效率、降低库存、实现规模化采购、增强业务灵活性，进而使企业在快速应变中降低风险、提高业绩。

某企业就专门对标准化工作进行了分析。调查中发现，企业内部虽然早已明确了标准化的积极作用，但在实践过程中，仍有许多问题需要加以完善与改进。

（1）标准化采购工作的协同推进机制还不完善，缺乏配套的考核评价机制，设计、采购、销售等部门未能形成合力。

（2）采购需求十分分散，物料"万国牌"问题突出；采购需求难以集中，也就难以实现规模化采购。

（3）现有物料编码数量庞杂，既存在一物多码、一码多物等现象，也有许多非自然属性的个性化编码。

（4）物料采购未能与信息系统进行有效整合，业务操作十分烦琐，工作效率低下。

针对以上这些问题，在分析判断中，该企业展开了一系列标准化改革工作。

在标准化的过程中，借助实施规格的标准化，产品、工装夹具或零件使用共通的设计、规格，以及使用工业标准零件，能够有效地增强采购便利性、降低采购费用。

与此同时，为不同的产品项目或零件使用共通的设计、规格，或降低订制项目的数量，也能借助规模经济达到降低成本的目的。

4.5.7　目标成本法

目标成本是企业在降低采购成本时，在成品价格与利润确定的前提下，所允许发生的成本数额。

例如，丰田汽车准备进入50万元的中高端汽车市场，50万元就是其产品目标价格；而对于这样一台车，丰田要求有10万元的利润，这就是目标利润；此时，用目标价格减去目标利润，即得到产品的目标成本——40万元；之后，丰田则可以对40万元的成本进行分解，通过对每个零配件和每个环节进行成本控制，实现目标成本的要求。

于是，丰田在目标成本管理方案下，改善工程师依据所允许的成本目标对供应商进行辅导，最终达成目标成本。

在传统企业定价中，大多采用"成本＋利润＝价格"的模式，也就是按照实际成本和目标利润来制定市场价格。但当产品推向市场之后，才发现定价失误，不得不降低价格。

如今，越来越多的企业开始认识到这一定价机制的不足。在《在企业的五大致命过失》一文中，著名管理学专家彼得·德鲁克将企业的第三个致命过失定义为：定价受成本的驱动。

事实上，任何产品的研发都应以消费者乐意支付的价格为前提，这也是能够帮助产品获得市场优势的价格。而在价格确定、利润确定的前提下，企业就能够据此将成本控制在目标范围以内。

为了更有效地实现供应链管理的目标，在极大满足客户需求的基础上降低成本，作为一种全过程、全方位、全人员的成本管理方法，目标成本法能够发挥突出作用。其实现阶段如图4.5-6所示。

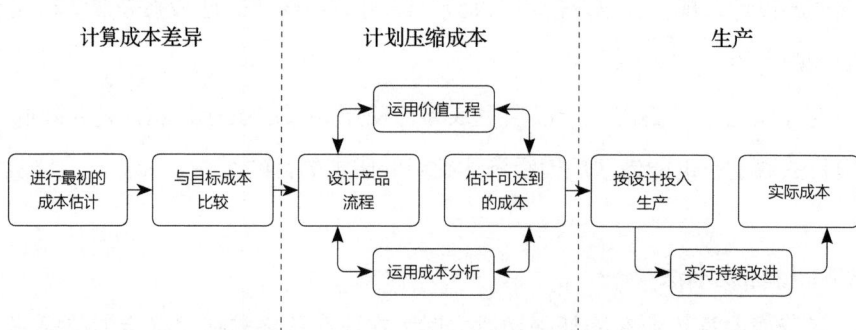

图4.5-6　目标成本法的实现阶段

相比于传统成本管理方法，目标成本法的特点可总结为以下 7 点。

（1）目标成本法是一种战略性的利润和成本管理的过程。

（2）以价格为引导。

（3）以顾客为重心。

（4）以设计为中心。

（5）跨越多个职能部门。

（6）以产品生命周期为导向。

（7）以价值链为基础。

相比于传统成本管理方法，目标成本法具有明显优势，但在大量的实践分析中，笔者发现这套系统同样存在问题，企业应在实施过程中对以下方面加以注意。

1. 全员参与，而不仅仅是采购部门

在目标成本方案中，推进目标成本法的重点部门是产品设计部门，产品设计部门需要根据产品定价和利润，开发出符合成本要求的产品设计方案。除了设计部门外，还有工程工艺、品质、生产等部门进行协同。

因此，在实施目标成本法时，企业必须激励各个部门、各个岗位参与，真正发挥目标成本法全过程、全方位、全人员的成本管理作用。

2. 注意与供应商之间的沟通

为了确保时间进度并降低成本，企业通常会给供应商施加过多压力，此时，双方的合作关系也可能遭受损害。

事实上，目标成本法的核心在于目标成本的制定，这就必须以市场为导向，对消费市场、物料市场进行充分调研，并据此改进产品设计，以满足目标成本要求，而非通过给供应商施加压力来缩减成本。

在实施目标成本法时，企业在产品设计阶段就应与合作供应商进行充分沟通，确定所需物料的供应条件和价格，一旦成本不符合要求，企业就应该与供应商进行充分沟通，共同挖掘成本潜能。

3. 注意目标成本的可行性分析

目标成本的定位应是未来市场，而非当今市场。作为一个预测结果，目标成本的可行性分析也十分重要。其主要内容如下。

（1）可行性原则。立足于企业现有资源和技术水平，目标成本可以通过主观努力实现，并符合市场竞争需要。

（2）先进性原则。目标成本需要反映出企业在现有条件下可挖掘的内部潜力，即通过加强企业管理能够达到的成本水平。

（3）科学性原则。目标成本的制定，需要广泛搜集一切必要的资料，基于可靠的数据信息，运用科学的技术方法进行测定。

（4）弹性原则。目标成本应具有一定弹性，能够根据未来客观条件的变化，随时进行相应的调整。

4.5.8　开发新供应商

通过扩大供应商选择范围来降低采购成本是非常有效的战略采购方法，它不仅可以帮助企业找到最优质的资源，还能推动企业资源的最大化利用，提升企业的水准。

当企业已有稳定合作的供应商时，是否还需要开发新供应商呢？需要。开发新供应商在许多企业看来是对成本与精力的浪费，但借助新供应商的开发，企业同样可以实现降低采购成本的目的。

戴尔公司的商业运行模式一直令业界惊叹，其快速反应能力展现在采购、生产、配送等各个环节，而这一切都源自其出色的供应商管理能力。

在零配件采购中，戴尔公司建立了一个组织严密的供应商网络，包括30家大型供应商和20家较小型供应商，戴尔公司超过95%的物料来自该网络。但该供应商网络的成员并非一成不变。

在选择供应商时，戴尔会从成本、技术、运送、持续供应能力等各方面对供应商进行评选。即使供应商入选，戴尔公司仍会持续对供应商进行评估，并采集其他有意向的供应商的信息。

当合作供应商多次评估不合格之后，戴尔公司则会启动退出程序，并迅速将新供应商纳入供应商网络，确保物料的持续供应。

供应商的竞争力包括适当的价格、快速的响应、良好的质量和完善的服务。即使经过层层筛选和持续维护，供应商的竞争优势也不可能由此固化。

事实上，供应商管理如果一成不变，也必将走向僵化，不利于增强企业供应链的竞争力。因此，在维系现有成熟供应商体系的同时，引入新的供应商，能够产生"鲶鱼效应"：引入外界竞争者，往往能激活内部的活力。

与此同时，定期适当地淘汰供应商，也是企业发展的功能性需求。否则，供应商管理也可能因此陷入困局，全面采购成本管理也无法顺利推行。

4.5.9　开发新技术 / 新工艺 / 新材料

在目标成本法中提到，采购成本降低的核心在于产品设计部门。通过开发新技术、新工艺或新材料，企业可以从产品设计环节开始就实现采购成本的降低。相比于采购环节的成本控制，这种方法无疑能够取得"治标又治本"的效果。

云南白药在新材料替代方面就获得了成功。由于防伪纸的物理指标原来用的是蓝芯纸，项目组与生产和质量部门开展了大量的测试工作，最终证明用 375 克的覆膜芯层防伪纸完全可以替代原来 395 克的覆膜蓝芯纸。同时还解决了原来小克重规格的纸盒硬度过剩导致的上机适应性不好、生产效率低下的问题。纸张利用率提高了 5.06%，成本上升空间减小至 2.41%。

到底何谓新技术、新工艺或新材料？

（1）新材料，指新近发展的或正在研发的、性能超群的一些材料，其具有比传统材料更为优异的性能。

（2）新技术，泛指根据生产实践经验和自然科学原理而发展成的各种新的工艺操作方法与技能，或者在原有技术上进行改进与革新。

（3）新工艺，就是利用生产工具对各种原材料、半成品进行增值加工或处理，最终使之成为制成品的新的方法与过程。

开发新材料、新技术、新工艺的作用，不仅在于减少物料损耗，以新技术、新工艺或新材料为基础进行产品研发，也能够从根本上减少物料需求、降低采购成本。

4.5.10 简化内部流程

如果购买一支铅笔的流程与购买一台设备的流程是一样的，那么这注定是一个缺乏差异化的管理流程。

"购买这个产品至多3小时，走流程却要3周！"这是笔者在给企业做项目咨询的时候经常听到的一句抱怨，其实这就是一个需要优化的流程。

什么是流程管理？简而言之，流程管理是指企业为了控制风险，提高工作效率及对市场的反应速度，最终提高客户满意度和企业战略竞争力而实行的一种管理措施和手段。

从定义中可以看出以下3点。

（1）流程管理是为了控制风险而非为了权利，但在不少企业，笔者看到流程管理是"为了权利"。

（2）流程管理旨在提高效率而非改变流程本身，即以提高客户满意度为流程管理的导向。

（3）流程不是为了流程而流程，而是为了提高企业的战略竞争力。

很多人认为，走流程就是走形式，体现的是领导的管理意志。这种错误的认识必然导致流程执行效果大打折扣。当然，存在这种认识也极有可能是因为流程管理出现了问题，但流程是企业战略的实现手段与支撑工具，也是一切工作开展的依据。

因为企业战略能帮助企业在宏观层面通过分析、预测、规划、控制等手段，充分利用该企业的人、财、物等资源，以达到优化管理、提高经济效益的目的。

而为了实现这一目的,需要流程去管控,这也是实现所有职能战略的基本保障。

因此,流程必须包括以下 4 方面内容。

(1)明确管理现状。

(2)贯彻战略目标。

(3)识别经营风险。

(4)管控流程绩效。

流程管理是为贯彻、实施和支持企业战略与业务战略,而在企业特定的职能管理领域制定的管理手段。流程管理卓有成效地开展,能提高企业资源的利用效率,使企业资源的利用效率最大化。采购流程等内部流程的简化,无疑能够极大地降低采购成本。

在企业的运营实践中,笔者发现很多企业的内部流程确实存在很多问题。流程管理与优化的内容是 OTEP 模型中非常重要的内容,它决定了企业的竞争力水平与效率,为此分享以下 4 点要求供读者去优化自己企业的流程。

1. 流程基企业竞争战略

流程支撑着企业竞争战略,为增强竞争力服务。一个不属于企业竞争战略的流程可以取消,也可以优化。

2. 先有流程,后有组织

很多企业往往是先搭建组织架构,再制定流程。然而,"先组织、后流程"通常会导致"因岗设事",而"先流程、后组织"则是"因事设岗"。

企业参与市场竞争,市场情况千变万化,在企业进行管理调整,甚至调整流程以适应新的竞争需要时,流程优化必然导致组织调整。所以,搭建流程和组织的先后关系与优化之间的关系非常明显。

3. 流程管理的是方案,而非具体问题

在设计流程的时候,优秀的管理者非常清楚,流程管理的是方案,即预设处理方法,而非具体问题的解决方法。

就如一个路口经常发生交通事故,交警不是去设定一个处理路口交通事

故的流程,即处理"问题",而是设置预防路口发生交通事故的流程,即管理方案。

4. 流程是动态的,而非静态的

所有的流程,随着市场变化、交易条件改变、管理需要改变,都需要进行优化,以持续改进。

在流程执行过程中,根据其重要性与绩效,需要对流程进行定期检查,一旦发现企业流程背离了企业设定的目的,就需要对其进行优化。

简化内部流程主要使用 ECRS 方法,即取消(Eliminate)、合并(Combine)、调整顺序(Rearrange)、简化(Simplify)。其重点内容就在于简化企业管理流程,通过优化供应商接口,优化企业间的信息处理通道,从而提高效率、降低成本。

4.5.11 改善供应商绩效

从企业外部环境着手,同样可以实现降低采购成本的目标,尤其是在对供应商的优选和改进中,当企业与供应商结成利益联盟时,双方也能够在成本、质量、交货等多个环节实现双赢。

某企业在改善供应商绩效时,制定了详细的制度流程,如图 4.5-7 所示。

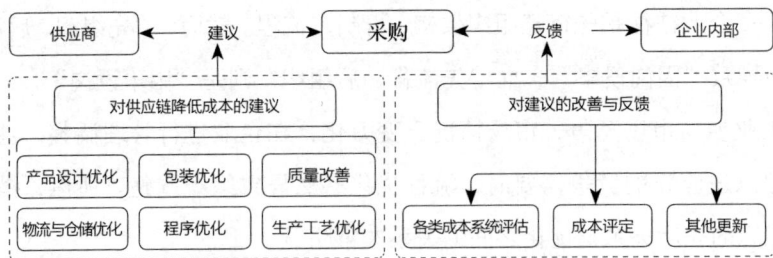

图 4.5-7 某企业改善供应商绩效的流程

在该流程下,供应链各环节都会投入努力降低采购成本的工作中,供应商会主动提出降低成本的建议,包括产品设计优化、包装优化、质量改善、物流与仓储优化、程序优化、生产工艺优化等内容。

当采购部门获悉供应商的建议之后，也会将其反馈到企业管理层。此时，企业内部会根据供应商的建议对各类成本系统进行评估，并在成本评定中进行流程、制度等各方面的更新，从而实现降低供应链成本的目的。

当然，该流程并非是单向的，在合作过程中，如果企业内部有何建议，也可按此流程进行建议并获取反馈。

每个企业都会对供应商进行绩效管理，其中一个内容就是降低采购外部成本。只有在这样的过程中，通过不断优化供应商成本结构，企业才能降低供应链成本，并确定是否需要协助供应商进行改进或更换新的供应商。

然而，正如企业内部的绩效管理一样，供应商绩效管理的内容与导向同样需要及时更新与完善，从而推动供应商供应能力的提升和采购成本的降低。

4.5.12　自制或外包

在物料采购中，企业通常会面临是自制还是外包的选择题。如果企业拥有自制物料的条件，是否还需要外包给供应商呢？

此时，企业首先要明确选择自制和外包的原因。笔者将之归纳为表 4.5-1 所示的内容。

表 4.5-1　自制或外包的原因

自制的原因	外包的原因
较低的生产成本 供应商不可靠 供应商数量不多 较高的合约监管成本 较容易及效果较佳的管理 较佳的品质控制 平衡生产 避免供应商勾结 保障设计不会外泄 维持或扩充企业规模 对整个生产过程有更多的了解 更能够掌握生产的技术	需求量不高或不稳定 标准而较简单的物料 较低的获取成本 保持与供应商的合作 获得技术援助 没有足够的生产容量或技术 避免过量的投资 建立互惠关系 集中于主要业务，降低管理成本

在降低采购成本的需求下，无论是自制还是外包，都有其优势所在。因此，企业必须根据具体物料和自身情况进行选择。对此，笔者建议企业制作逻辑树以进行科学分析，如图 4.5-8 所示。

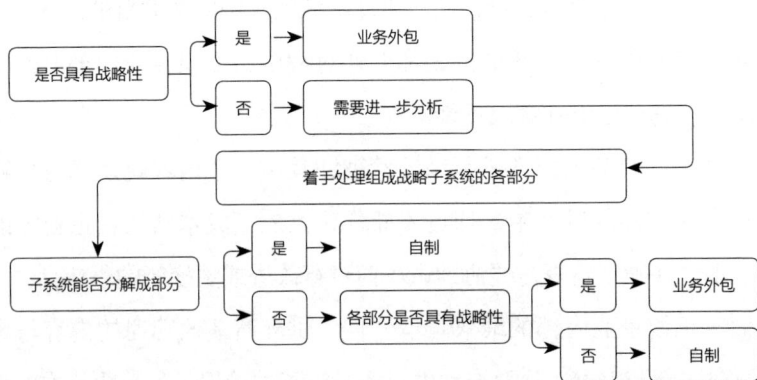

图 4.5-8　自制或外包分析逻辑树

物料外包是将物料生产交由专业的供应商，从而降低物料的获取成本的方法。这是重要的企业战略，但该方式也可能导致企业机密的泄露。因此，企业应禁止涉及下列 3 项内容的外包。

（1）物料生产包含产品成功的关键因素，包括客户可感知到的重要产品特性。

（2）物料生产需要专业的设计、制造技术或装备或者有能力且可信赖的供应商数目很有限。

（3）物料的生产与企业核心竞争力有密切联系或者企业为实现战略考虑有可能实施自制。

除涉及上述 3 项内容的产品之外，企业则可以根据自身的物料需求逻辑，进行具体分析，选择合适的手段以确保采购成本的降低。

4.5.13　产品生命周期成本法

一个家庭购买代步车的时候，会考虑品牌、内饰、空间等个体化的需求，也会考虑油耗、维护配件、修理等使用成本。业内人士指出，购买一台 15 万元左右的汽车用到报废时一共需要花费 45 万元左右，即购买成本是 15 万元，而使用成本是 30 万元。显然，购买汽车的时候需要考虑在产品生命周期内付出的总成本，而不仅是当前购买价格。

笔者曾经常年在某企业担任顾问，采购部购买电火花机，同品牌的 A、B 系列产品分别报价 12 万元和 8 万元。当时的采购人员直接购买了 2 台 8 万元的 B 系列的电火花机，理由很简单，相对 A 系列来说，购买 B 系列的电火花机能节约 4 万元 / 台。但了解了才知道，A 系列与 B 系列价格差距较大的原因是 A 系列智能化程度高，操作 A 系列设备只要对员工进行简单培训就能使其胜任工作，而 B 系列设备需要高技能、经验丰富的员工才能操作，两种操作员工的薪资差异是 2 500 元 / 月。显然，从长期总体成本来看，这是一个很失败的采购决策。

无论在成本企划、价值工程，还是成本工程中，产品生命周期成本法都是行之有效的方法。尤其是在价值工程中，其核心就在于以最低的成本实现可靠的产品或服务的必要功能，而这里的成本正是指产品生命周期成本。

产品生命周期成本是指企业在整个产品生命周期中所支出的费用的总和，包括原料的获取费用、产品的使用费用等，也就是企业生产成本与用户使用成本之和，如图 4.5-9 所示。

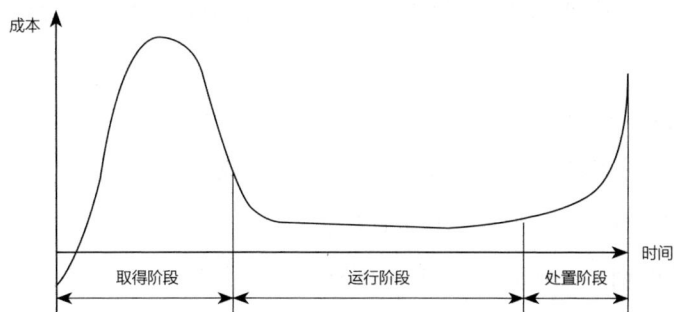

图 4.5-9　产品生命周期成本

具体而言，产品生命周期成本主要包括以下内容。

① 初始投资成本。

② 运行维护成本。

③ 处置成本。

不同的产品，其生命周期不同，在产品导入期、成长期、成熟期和衰退期4个生命阶段中，降低成本的层级与角度也不一样。不论何种产品，都应将降低差异化成本贯穿产品生命周期。

因为我们知道，产品生命周期成本法中的成本计算涉及产品生产前、生产中、生产后3个阶段，也即生产、使用和报废的全过程。因此，由于产品所处生命周期不同，企业也需要采取相应的方式来降低采购成本。

例如产品在导入期，企业应关注其成长速度，由于快速占领并引导市场的获利远远大于节约产品成本的收益，故可以引入供应商共同进行开发设计；而当产品到了成熟期，企业应该全面管控产品采购成本、制造成本等要素成本。

① 导入期（Emergence）。新技术的制样或产品开发阶段。在此阶段，供应商早期参与、价值分析、目标成本法以及为便利采购而设计都是可以利用的手法。

② 成长期（Growth）。新技术正式产品化并量产上市，且产品被市场广泛接受。采购人员可以利用需求量大幅上升的优势，通过杠杆采购获得收益。

③ 成熟期（Maturity）。生产或技术水平达到稳定的阶段，产品已稳定地供应到市场上。价值工程、标准化的动作可以更进一步地找出不必要的成本，以达到节省成本的目的。

④ 衰退期（Decline）。产品或技术即将过时或将衰退，并有替代产品出现的阶段。因为需求量已在缩减之中，此时再大费周张地降低采购成本已无多大意义。

4.5.14 总成本法

总所有权成本（Total cost of ownership，TCO）法，有时简称为总成本法，是在一定时间范围内识别所有成本要素的总体成本，然后各个击破，通过消除成本要素来降低成本的方案。

总成本法在于实现总成本的最小化，而不只是使采购环节的成本降低。因此，无论采用何种成本降低方法，企业都必须融入总成本法，从全局角度对成本进行分析，以免顾此失彼。

尤其是在某个采购项目进行的初期，企业对于可能需要投入的成本尚不明确，总成本法为企业提供了一种行之有效的成本估算方法。具体而言，总成本法的内容如图 4.5-10 所示。

总成本的内容十分丰富，涉及采购交易前、中、后等各环节的各类元素。因此，为了使总成本更加准确，企业应当在平时就对各类数据进行收集和整理，并将年度总成本作为企业管理的重要指标。

只有基于完善的总成本数据，识别总成本包含的所有成本要素，企业才能对当年年度成本的控制效果进行准确评估，并据此制定更加准确的下一年度目标。为此，企业可以采用金字塔结构透视法，进行总成本管理，如图 4.5-11 所示。

图 4.5-10　总成本法

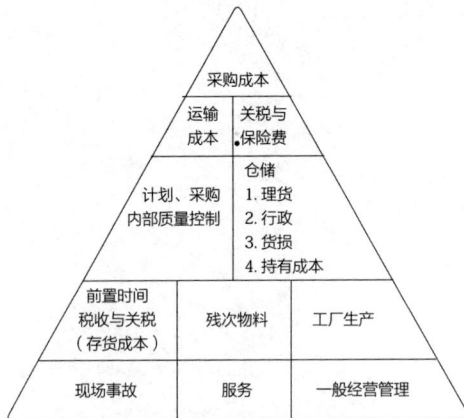

图 4.5-11　金字塔结构透视法

4.5.15 作业成本导向法

部分带有技术的劳动密集型产品，其产品成本的主要来源是作业成本，即产品凝聚了劳动者长时间的技术劳动与作业活动，因此企业可以通过作业活动的减少来降低采购成本。

对于大多数采购成本来说，供应商物料成本下降是采购成本下降的主要原因。但也有某些技术密集型产品，如一位艺术工作者在一款 A4 纸大小的普通树皮上经过 3 天的雕刻，将一幅美丽的画卷呈现在大家面前，此时，这块树皮的价格显然不低。

此时，树皮价格不低显然不是因为树皮本身，而是因为这块树皮凝聚了一个艺术工作者 3 天的作业活动。如果要降低成本就应该减少作业活动时间，如采用计算机雕刻等。

此时，单纯以物料成本为导向去降低采购成本，则难以实现总成本的降低。在这种情况下，作业成本导向法（Activity-Based Costing Management，ABCM）由此诞生，并逐渐发展成熟，被应用到许多国际知名企业的成本管理中。

与传统的成本管理方式不同，作业成本导向法是一种基于作业的成本管理方式。运用数理统计方法，通过统计、排列和分析，作业成本导向法能够对作业成本进行更加精准的定量管理。

经过全球各大企业的实践应用，在精确定位成本信息、改善经营过程等各方面，作业成本导向法都发挥了突出作用。基于该方法的成本计算也能够为企业资源决策、产品定价及组合决策提供更加完善的信息。

作业成本导向法的指导思想是：作业消耗资源，产品消耗作业。其是以作业为核算对象，通过成本动因来确认和计量作业量，进而以作业量为基础分配间接费用的成本计算方法，三者关系如图 4.5-12 所示。

图 4.5-12　作业成本导向法

在作业成本导向法下，成本分配主要基于资源耗用的因果关系：根据作业活动耗用资源的情况，将资源耗费分配给作业；再依照产品或服务消耗作业的情况，把作业成本分配给成本对象。该成本管理过程主要包括以下四大内容。

1. 资源

资源是企业生产耗费的原始形态，也是成本产生的源泉。资源主要表现为人力、物力、财力三大形式，即直接人工、直接材料、间接制造费用等。

2. 作业

作业指企业为了达到某一目的而进行的耗费资源的动作，它是作业成本计算系统中最小的成本归集单元。作业贯穿产品生产经营的全过程，在这一过程中，每个环节、工序都可视为一项作业，如产品设计、原料采购、生产加工等。

3. 成本动因

成本动因也称为成本驱动因素，是指成本发生的诱因。成本动因也是作业成本导向法进行成本分配的依据，一般分为资源动因和作业动因。在同一成本动因下，相应的资源耗用也得以归集，如质量检查次数、用电度数等。

4. 作业中心

作业中心指构成一个业务过程的、相互联系的作业集合，企业可据此对业务过程及其产生的成本进行进一步归集。通过这种归集，企业能够对一组相关作业产生更明确的认知，从而进行相应的作业管理以及项目设计与考核。

与传统的成本计算方式不同，作业成本导向法是基于作业成本法的新型集中化管理方法。这种方法使成本计算深入作业层次，以作业为核心，确认和计量耗用企业资源的所有作业，并将耗用的资源成本准确地计入作业，再进行成本分配，其计算过程如图 4.5-13 所示。

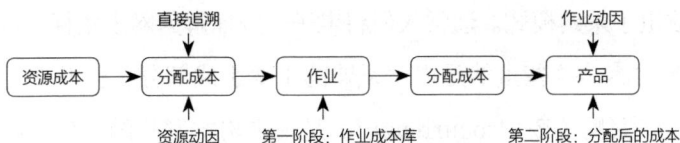

图 4.5-13　作业成本计算过程

作业成本导向法的指导思想是：作业消耗资源，产品消耗作业。通过将直接成本和间接成本同等对待，这种成本计算方法所得出的结果将更加真实准确。因此，许多国际性大型制造和 IT 企业，如惠普公司等，都已实施了该方法。

作业成本导向法的主要实施步骤如下。

（1）作业调研：了解企业的运营过程、收集作业信息。

（2）作业认定：掌握作业流程并分解归集。

（3）成本归集：汇集和分析相关成本和成本动因。

（4）建立成本库：按照同质的成本动因将相关的成本入库。

（5）设计模型：建立作业成本核算模型。

（6）应用软件：选择／开发作业成本实施工具系统。

（7）运行分析：作业成本运行和结果分析。

（8）持续改进：开展相关改进工作以实现增值作业。

在作业成本管理中，企业以作业成本为对象，以每一项作业完成及销售所需资源为重点，以成本动因为基础，及时、有效地提供成本控制所需的相关信息。

4.5.16　电子采购／电子竞价

对于标准化或协商标准的产品采购，企业可以邀请 3 家以上的供应商通过专业的采购电子平台进行电子招投标、封闭电子竞价，选择与质优价廉的供应商合作以降低采购成本。

在信息时代下，随着电子商务的不断发展，采购交易也开始由线下走到线上，形成电子采购模式。通常人们将电子采购理解为网上招标、网上竞标、网上谈判等内容。这些虽然是电子采购的重要组成部分，但并非是电子采购的全部。电子采购（E-Procurement）是由采购方发起的一种采购行为，也是电子商务和采购概念的延伸。在电子采购中，信息和网络技术得以全面融入采购的各个环节，从而整合企业资源、降低采购成本，进而提升企业的核心竞争力。

自某电子采购系统平台成立以来，其一直致力于实现电子采购与供应链管理的"云化"处理。目前，该平台通过推出招标、竞价、询价、订单跟踪、供应商管理及合同编制等多种电子采购项目，推动企业采购的一体化、网络化。

该平台的招投标系统，是基于招投标相关法规建立的。该系统将采购招标流程电子网络化，以更加标准化、流程化的业务模式，帮助企业节约招标成本、简化招标过程。该系统也支持多种招标模式，如公开、邀请等多种形式，单轮、多轮等多种手段，以及专家评标、单价决标和总价决标等多种决标方式。

与一般的电子商务或传统采购相比，电子采购有本质上的区别。电子采购的核心就在于借助信息和网络技术，对采购各环节进行科学管理，以有效控制成本、提高效率、增加收益。

具体而言，电子采购主要包括以下内容。

（1）利用互联网将生产信息、库存信息和采购系统连接在一起，可以实现实时订购。企业可以根据需要订购，最大限度地降低库存水平，实现"零库存"管理。

（2）通过互联网实现库存、订购管理的自动化和科学化，最大限度地减少人为因素的干预，同时能以较高效率进行采购，节省大量人力成本并避免人为因素造成的不必要的损失。

（3）通过互联网，企业可以与供应商进行信息共享，帮助供应商按照企业生产的需要进行供应，同时又不会影响企业生产或增加企业库存。

（4）通过在互联网上发布求购信息和"实时视频会议"系统，可以让全球的供应商参与报价竞价，从而企业可以选择总成本最低的供应商。

4.5.17　第三方采购 / 非核心采购外包

第三方采购也是渠道采购，指将企业采购量小、技术品质要求高、管控能力弱、计划性差的物料品项采购委托给专业的第三方机构进行，以降低采购成本。

第三方采购 / 非核心采购外包是指企业在接到销售订单后，并不完全自主生产或提供服务，而是将部分或全部外包给外部渠道公司进行采购的方式。

国外经验表明，与企业自主采购相比，第三方采购能够提供更多价值，并且其拥有更富的采购经验，企业能够借此集中于提高核心竞争力。例如，美国地方政府采购联盟作为一家第三方采购组织，内含超过 7 000 家政府企业，使得采购成本直接降低了 15% 。世界零售巨头沃尔玛也有相当一部分产品交由第三方采购，以节约综合采购成本。

然而，第三方采购也存在一系列弊端，具体如下。

（1）通过第三方采购，企业只能与供应商结成机会型联盟，一旦订单消失，彼此之间的利益关系也随之中断，难以长时间维持。

（2）第三方采购很可能泄露企业的重要信息，使得企业失去竞争优势。尤其是在产品设计环节，如果未曾对供应商进行筛选，一旦设计信息被泄露给竞争对手，也必然会对企业利益造成重大损害。

因此，在采用第三方采购的方法时，笔者建议企业采用非核心采购，成熟模块、标准化产品等外包模式，即通过把低效资产或流程转交给第三方，以降低采购成本，但所委托的第三方必须能够提供更高水平的规模经济、流程效率和专业知识。

4.5.18　本土化与国际化采购

本土化采购是利用国内基础生产资料成本低的优势条件来降低采购成本的采购方式，同时，随着经济全球化发展和供应链管理的普遍实施，企业应充分利用全球资源、降低生产成本、增强核心竞争力、获取最大利润。

国际化采购是指利用全球资源，在全球寻找供应商，寻找符合质量要求、价格合理的产品（货物与服务）的活动。尤其是在电子采购模式中，国际采购的成本大大降低，效率也随之提高。

随着经济全球化的不断推进，采购也不再局限于本地市场或国内市场。在企业国际化的发展进程中，本土化与国际化采购也成为降低采购成本的重要方法。

近年来，我国企业在海外的采购规模不断扩大，但由于缺乏了解和正确的引导，企业对国际化采购的应用不是很理想，故其采购大多也局限于国内。因此，掌握国际采购规则及采购策略的高级专业从业人士，也成为我国企业的紧缺人才。

本土化采购相对比较成熟，而国际化采购需要注意以下几点。

1. 做好采购计划，在时间上要预留空间

国际采购交付周期长，不可控风险较多，计划管理是国际采购的一个重点工作。

2. 市场信息调研和行情分析

国际采购受国际政治、军事、经济、环境、偶发事件等的影响非常明显，市场信息日新月异，采购人员需要对行情进行充分分析。

3. 供应商资信调查

国际采购涉及不同国家的法律差异、追讨风险等因素，在启动商务程序之前，选择诚信、合格的供应商，是保障合同顺利履行的前提条件。从某种意义上说，这比采用严格的合同条款更为重要。

当我国在全球经济市场中的地位稳步上升时，企业的采购与供应环境也随之发生改变。如果熟悉国际采购规则及采购策略，也能够帮助企业以国际化采购的方式实现降低成本的目标。

　　为了解决传统采购方式渠道单一的问题，结合使用本土化采购与国际化采购方法，可以帮助企业在全球市场范围内，寻找最合适的供应商。尤其是随着个性化、定制化成为国内消费市场的主流需求，国际化采购也更能满足企业的采购需求。

第 5 章
采购谈判与价格控制

　　采购谈判与议价看起来是这个世界上最容易的职业——只要一张嘴即可。但是，越简单的职业背后蕴藏的内容就越复杂。如何提案、如何准备、如何与团队进行配合、如何实现双赢而不是单方面获益……这些都是为了确保采购谈判有序推进需要提前考虑的问题，只有妥善完成谈判议价工作，企业才能有效实现价格控制。

5.1　采购谈判究竟谈什么

每个人的生活和工作中都充满了各种谈判的场景：小到去菜市场买菜时，讨价还价，工作中与合作伙伴协调沟通，大到国家和国家之间的博弈。人类自从学会了沟通，就开始了谈判。谈判是人类独有的活动，也是人与人之间最基本的沟通形式，人们每一次互动，都会用到谈判的知识。

当引申到采购环节时，很多从业者却对采购谈判感到无所适从。采购谈判究竟谈什么？其目的与核心何在？关键点又有哪些？

5.1.1　采购谈判的目的与核心

任何谈判都有一定的基础，基础不存，谈判不能。

（1）僵局或分歧。

这是谈判的第一个基础，很多谈判人员一听说分歧和僵局就觉得头大，其实，如果没有分歧与僵局，一拍即合的事情为何还要谈判呢？

（2）有共同的期望。

简单地理解就是一个想买，一个想卖。跟一个不想合作的人谈合作，结果可想而知。

（3）有预期的交集空间。

任何交易必须满足双方利益诉求，否则单方面的"赢"最终会导致双方的"输"。图5.1-1中，甲乙双方就有预期的交集空间。

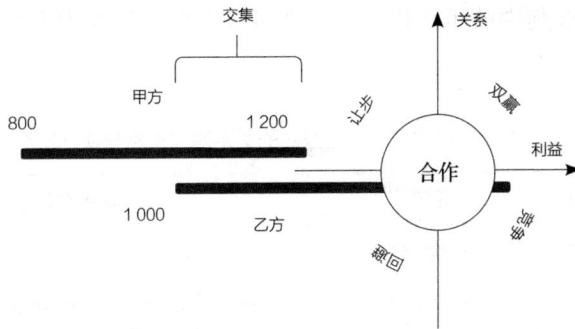

图 5.1-1　获得的利益与双方的关系二维四象限

由此可见，谈判的目的就是通过双方磋商打破僵局、消除分歧，并在双方的预期交集中找到符合各自期望的成交点，达成合作。

在这样的谈判过程中，我们就能明确采购谈判的四大核心要素，如图5.1-2 所示。

图 5.1-2　谈判的四大核心要素

5.1.2　采购谈判的关键点

谈判之前必须先确定谈判的方向与策略，采购谈判策略一旦确定就不要轻易修改，除非重建整个谈判架构。那么，采购谈判策略的制定原则是什么呢？

这就需要理解采购谈判的两个关键诉求：双方关系与获得利益。前者是指采购方与供应商的合作关系；后者则是指双方能从谈判中获得的利益。根据二者在采购谈判中的重要程度，企业可以据此进行如表 5.1-1 所示的分析对比。

表 5.1-1　获得的利益与双方的关系对比策略与谈判方案

关系	利益	策略	谈判方案
重要	重要	双赢策略	利益与关系筹码充分交换
重要	不重要	让步策略	在自己允许的范围内做出最大妥协让步
不重要	重要	竞争策略	一切以自身利益为准，积极争取
不重要	不重要	回避策略	不要浪费时间，不参与
一般	一般	合作策略	相互妥协，相互合作

在不同的谈判目标下，企业采取的谈判策略及谈判方案有所不同。但无论在何种谈判情景下，采购人员都要摆脱关于采购谈判的认知误区，切忌将谈判的目的看作击败对方，以为谈判高手就是辩论高手。

从谈判的表象来看，谈判的确是为了己方利益，与对方展开"辩论"。但这仅仅只是谈判的"表象"。谈判的深层次逻辑是：谈判要展示证据并据理力争。同时，当双方无法达成一致时，可以通过沟通来探寻双方的利益关键点，最终达成利益再分配的共赢。

所以，谈判不是互相攻击，而是阐明各自的利益立场，在当前利益与潜在利益中形成统一的认知，谋求共同的利益。谈判是资源配置的过程，其最终目的是签订合同，而非赢得"辩论"。

因此，真正的谈判就是通过双方不断沟通、交流与协调，扩大合作边界，通过筹码的交换实现共赢，并且形成价值链。没有共赢仅靠强势地位碾压的谈判，即便合同已经签订，但到了后期执行阶段，合作供应商也会心存芥蒂，并不愿意积极有效地执行，双方的合作必然会遭遇无法预测的后果。

所以，谈判≠打败对方，辩论高手≠谈判高手。在开始谈判之前，采购人员一定要先认清这个道理，这样才能真正走入采购谈判的大门。

5.2 采购谈判是为了合作，不是只为了压价

"谈判，就是合作的利己主义。"

这是美国谈判学会主席格林伯茨对谈判的经典定义。在"合作"的框架下"利己"，这一点是很多采购人员容易忽视的。采购人员往往只集中于"利己主义"，却忘记了"合作"。有些采购人员常常不惜与对方发生争执，只为了进一步探寻对方的价格底线。谈判因此破裂，合作也就无从谈起。

5.2.1 采购谈判以共赢为基础

在采购谈判中，也许我们通过各种技巧或企业的天然优势，可以让对方毫无招架之力，但强势紧逼的结果通常是谈判失败——因为对方有其自身的利益考量。如果采购人员过于注重"利己主义"，却忽视了合作的理念，双方就不会形成一致的价值主张，谈判也必然破裂。

追求"单赢"的谈判，结果往往是"双输"。

采购谈判必然以共赢为基础，不仅是利益共赢，更包括思维共赢、战略共赢与发展共赢。在采购管理中，企业的采购不仅是采购本身，还包括供应链战略、研发设计等维度的深入合作，只有这样才能实现可持续的协同发展。

例如，我们的产品战略定位是什么？发展路径与逻辑是什么？适用的场景是什么？最终的目标是什么？关于这些问题，我们都可以通过谈判与供应商进行沟通，从而借助供应商的经验和技术，进一步完善产品的开发和推广，甚至拓宽合作边界。如此一来，我们才能在价格、品质、后期合作、适用性条件、合同融资、技术和商业管理方法之外，获得更多的利益共赢空间。

采购谈判必须建立全局观，从全局上与供应商达成合作并实现共赢，而不是一味地压价。借助供应商的支持，企业也能更好地实现总成本共赢，进而形成便捷、协同的价值链。

1.扩大合作边界

采购谈判的首要目标是，通过谈判获得期望的产品与服务，满足企业价值与利润需求。

但成功的谈判，不应局限于产品价格和交付等内容，而应是双方在"实现共赢"的基础上建立更深层次的信息交流，为合作边界的扩大创造机遇。

采购合作不应局限于单纯的"交换交易"，而是要形成更完善、更深入的合作模式。想要实现这一点，采购人员就必须建立起大局观，从谈判主题、谈判代表再到具体谈判技巧，都应做出妥善选择，只有这样才有可能扩大合作边界，实现相应的价值与目的。

2.形成价值链，实现更多的价值诉求

采购谈判的深层目标是与合作伙伴形成价值体系的认同，合作供应商不只是单纯的原材料、产品或服务的提供方，而应成为企业发展的重要推动力。

一个典型的案例就是苹果公司与富士康、和硕科技等代工厂的合作。苹果与富士康、和硕科技最初是单纯的采购关系，随着苹果公司的产品在全球走俏，富士康等企业获得了大量订单，创造了大量利润。而随着双方的合作越来越紧密、越来越深入，代工厂与苹果公司之间的价值链不断完善，代工厂针对苹果公司推出一系列全新的生产线，在满足苹果公司的科技需求同时，也在不断提高自身的科技水平。

代工厂认同苹果公司的价值观，逐渐形成与苹果公司目标统一的价值链，开始突破单纯的生产业务合作关系。当代工厂开始进行产业升级、新技术研发时，会主动与苹果公司取得联系，分享技术升级的成果，为苹果公司研发产品带去新的创新思路与模式。

苹果公司正是借助有效的供应商管理，通过采购谈判，将供应商纳入价值链体系之中，为其未来的发展奠定了有力的基础。

一旦形成深度合作，谈判活动就不再局限于眼下的采购任务，而是要实现更多的价值诉求，扩大合作范围与边界，为企业发展打开新的思路。

5.2.2 采购谈判如何才能赢

任何谈判者，都必须为谈判制定相应的谈判策略，以此引导整个谈判有序推进。这也是在采购谈判中获胜的关键。

世界上没有常胜的方法，只有常胜的规律。谈判者应当根据谈判的客观情况，选择最合适的策略，而不是单纯依靠某一场成功的经验，只有如此，才能真正建立起谈判思维，无往不利。

正如前文所述，采购谈判策略的制定完全基于谈判的两个诉求支撑点：关系与利益。谈判策略也由此大致分为 5 类：双赢性谈判、让步性谈判、回避性谈判、竞争性谈判和合作性谈判。

1. 双赢性谈判

双赢性谈判策略的核心就是对利益与关系的双重追求。谈判的目标是彼此的利益和关系都能进一步强化，具有明显的共赢特点。

双赢性谈判诠释了大部分谈判者的谈判期望，它既满足了彼此的需求，又为未来的合作奠定了基础。在双赢性谈判中，双方是利益共同体，共同发展、一同受益。很显然，这是能够赢得双方认可的谈判结果，也能使双方的合作关系更加牢固。

"探寻共同利益，建立长远合作"，这是双赢性谈判策略的核心，它寻求的是长远合作之道，而不只是一次单纯的利益合作。所以，在谈判过程中，双方会主动交换信息，表明自身期望、认可对方需求，用耐心与妥协不断解决问题、达成共识。

2. 让步性谈判

让步性谈判的核心在于"更重视双方的关系，可以适当放弃利益"。这种谈判可能会使谈判者在利益上遭受一定损失，但会让彼此的关系更加紧密。

让步性谈判主要适用于较为迫切的采购活动或与行业垄断企业谈判的场景。只有做出一定让步，才能加强与对方的关系，为未来的合作打好基础。让步性谈判，只是以"让步"为手段，其目的仍然是以退为进，通过"让步"建立关系，进而获得更多需要的资源或利益。

所以表面上看，让步性谈判会感觉己方陷入了较为被动的局面，但是基于良好的合作关系，让步方却可以在未来合作时获得更多的利益。所以，当谈判对手处于较为强势的地位，而又不得不与对方合作时，让步性谈判就不失为一种有效的谈判策略。

3. 回避性谈判

回避性谈判与双赢性谈判截然相反，回避性谈判不在乎利益与关系，所以无须为此花费时间与精力。

回避性谈判具备典型的"反谈判"特点——不在乎是否达成共赢，彼此之间也没有价值链形成的基础。这样的谈判，最终的结果往往是"一锤子买卖"，或是"不欢而散"。

4. 竞争性谈判

竞争性谈判，顾名思义，就是谈判者为了获得最大利益，在关键点上决不妥协，不在乎为此损害双方关系。

竞争性谈判是一种具有进攻性的谈判策略，通常具有以下5种特点。

（1）步步为营，尽量多占"便宜"。谈判者每一个观点的阐述都从自身需求出发，以期尽可能为己方获取更大收益。

（2）表现夸张。谈判者在谈判中为了争夺主动权而表现得咄咄逼人，因而往往音量较大、肢体语言丰富、表情亢奋。

（3）为维护自身利益而立场坚定。谈判者很容易与对方陷入激烈的争论之中，几乎不愿在任何问题上做出让步。

（4）决策过程充满敌意。为了实现自身诉求，谈判者在交流中表现出明显的敌意，对对方的诉求表示不满，甚至直接否定。

（5）以达成目标为胜利。为了达到目的，谈判者有时"不择手段"，如刻意夸大问题、威胁对方如果谈判不成未来就不再合作等，以此来为自己争取利益。

竞争性谈判，是很多谈判新手的常用策略。这种方法的优点与缺点都非常明显：优点是能为己方争取更大的权益；缺点是由于谈判人员的敌对情绪过于强烈，如果技巧使用不当，很容易导致谈判破裂。同时，由于过于忽视关系的维护，很容易引起对方的不满，即便签订了合同，也有可能在后期项目的推进中得不到对方的配合。

5. 合作性谈判

合作性谈判的特点在于：既关注利益，也关注关系，但都不过分追求。在这样的谈判中，谈判双方有各自的目的，存在交集空间，在争取自身利益的同时也认可对方的诉求，谈判的"火药味"也因此大大减少，但却难以像双赢性谈判那样建立起牢固的合作关系。

通常来说，利益与关系诉求都不强烈的合作性谈判策略，主要适用于中短期合作的谈判场景。双方会合理开价，在公平的基础上就问题展开讨论，愿意做出让步以换取对方的妥协。由于双方都有较为明确的需求，因此双方一旦达成目的就会很快签约。这种谈判，往往具有以下 4 个特点。

（1）建立互信，寻找空间解决问题。双方在谈判开始阶段，就会不断交换信息、确认诉求，建立起互信的状态，使问题清晰、诉求清晰。

（2）耐心、积极解决问题。谈判过程中，谈判者可以用一种较为平和的态度进行交流，如果发现对方在某个环节的认知出现偏差，会用平和的态度说明问题，尽可能将谈判拉回正轨，而不会一直纠结于某个细节。

（3）认真倾听需求，寻找双方的关注焦点。即便双方在某个问题上发生冲突，谈判者也可以做到认真倾听，不轻易打断对方，而且会从对方的话语中寻找彼此共同关注的点，并对此进行说明，以达成共识。

（4）努力合作，消除怀疑与争端。谈判者会运用各种技巧，如侧面思维、重新定义问题等来化解争议。

使用合作性谈判策略时，谈判双方处于较为平等的地位，因而会为了促成协议而进行积极回应，谈判结果对双方来说都较为合理。

5.3　采购谈判如何布局

"胜兵先胜而后求战，败兵先战而后求胜。"在走上谈判桌前，我们就要做好妥善的准备工作：检验准备情况、了解对手特点、完善团队组成、设定精准目标。这些工作是谈判的根基，关乎谈判的布局，直接影响谈判的结果。

谈判是一个过程，谈判过程中的每一步，都对最终结果影响深远，有时甚至直接决定结果。所以，采购人员必须事先设计好谈判步骤，并在谈判过程中进行妥善控制，以让谈判处在一个合理的节奏中。

整个谈判一般可以分成 5 个阶段，如图 5.3-1 所示，前面 3 个阶段属于准备阶段，直到第四阶段才是谈判实施阶段，最后 1 个阶段则是签订并履行合同。

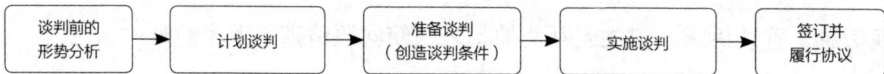

图 5.3-1　谈判的过程

基于完善的形势分析、谈判计划与准备，采购人员才能正式开始谈判。而在谈判过程中，采购人员在按照预定节奏推进谈判的同时，也要及时根据现场情况对谈判策略进行调整。

5.3.1 采购谈判开局

当进入正式谈判时，首先要构筑愉快的谈判氛围，这离不开良好的会谈环境。在较为舒适的环境下，安排合适的谈判时间进行谈判。谈判前，采购人员可以与对方进行简单交流，聊一些与主题无关的话题或双方无争议的话题，如问对方最近去哪里度假了等。

随后，尽量幽默地介绍参与谈判的团队成员，真诚表达对谈判结果的美好期望，诸如希望能尽快结束这个话题、期待与对方的合作等，并在这期间体现出专业、良好的职业素养，把握好人际沟通方式。

尽管这个环节相当短暂，但不要忽略其重要性，友好的开场氛围会大大提升谈判成功率。

具体而言，采购谈判的开局蕴含开场和试探两种功能。

1. 开场

所谓开场，主要指谈判初期谈判双方的寒暄，这是双方建立友好关系的关键一步。有些采购人员之所以感到谈判举步维艰，就是因为忽视了"暖场"的重要性，在谈判伊始就直接进入正题，导致双方缺乏良好的情绪铺垫，始终处于"对抗状态"，难以达成一致。

谈判的开场话题，并不一定要紧扣议题，可以是关于社会热点的讨论或关于共同好友的沟通。通过看似无意义的交流，谈判者可以了解对方的喜好、性格特点，找到共同话题，为议题的正式开始做好铺垫。

2. 试探

试探阶段，主要指双方对对方需求和底线的试探，这仍属于前期交流，故双方无须过于针锋相对。这个阶段，通常都以相互提问的方式进行，是一个你进我退、反复拉锯的过程，谈判者要尽可能摸清对方的底线。

"这次合作，我们的计划是以大约 15 万元达成协议。不知道贵公司的想法如何？"

"恐怕这个价位有些低了。毕竟这不是一个简单的项目……"

"那您认为多少合理？"

"我们认为 20 万元是一个可以接受的价格。"

"这个价格，恐怕已经超过行业的最高价了……"

上面这个例子就是典型的试探过程。试探是谈判双方交换需求信息的阶段，谈判者要在这个阶段不断捕捉对方的信息重点，从而在实际谈判阶段拥有更多的主动权。

5.3.2 采购谈判造势

"势"是采购谈判中的关键力量，谁能掌握谈判的"势"，谁就能将谈判引导至利己的方向。而要在采购谈判中造势，采购人员不仅需要在谈判前获取更多筹码，而且需要在谈判过程中控制好节奏。

1. 情报：筹码

情报是采购谈判中的关键筹码。手中握有越多的情报，采购人员就越能明确对方的需求及优劣势，从而制定具有针对性的谈判策略，把握主动权；反之，如果对对方一无所知，采购人员就无法制定精准的谈判方案，甚至导致谈判策略与实际情况南辕北辙，提出的议题对方毫不关心，手中的筹码也毫无作用，导致谈判举步维艰。

竞争情报（Competitive Intelligence，CI），是关于竞争环境、竞争对手和竞争策略的信息和研究，是一种过程，也是一种产品。过程包括了对竞争信息的收集和分析；产品则是由此形成的情报和谋略。

很多采购人员误以为数据就是情报，但其实，数据只是孤零零的数字，既有真数据，也有假数据，还有无效数据，单纯的数据无法对谈判产生实际影响。谈判者一定要将数据整理转化为信息，再对信息进行汇总、分析和研究，将其提炼为知识，并将其与谈判需求相结合，才能最终形成情报。

2. 时间：节奏

时间是采购谈判造势的重要手段。承担时间压力的一方，往往会为了快速成交，而做出大量让步。采购谈判的需求方甚至可能将按时交货作为唯一条件，而不会在价格上过多纠缠。

因此，有效利用时间，谈判者可以在谈判中创造筹码；设定好成交时间，则会有效促成双方合作。

为此，采购人员需要在谈判前就安排好谈判节奏，并在谈判中灵活调整议题、控制节奏。

（1）谈判议题设定表。将谈判议题一一罗列，并形成优先等级，细化与议题相关的问题。采购人员应当认真填写如表 5.3-1 所示的谈判议题设定表。

表 5.3-1　谈判议题设定表

谈判议题设定表

谈判议题	重要性	分歧性	优先级	与议题相关的问题
1.				1.
				2.
				3.
2.				1.
				2.
				3.
3.				1.
				2.

（2）明确谈判时间。首先要根据议题的轻重缓急合理安排时间，根据议题划分每一个内容的开始时间和结束时间；其次要根据对方需求，对时间表进行一定调整。待双方达成一致、共同签字后，谈判时间表正式得以确认，任何一方都不可随意改动。

（3）制定细则议程。谈判议题设定表、谈判时间表，是谈判的通则议程，构成了谈判的主框架。针对细则议程，则需要进一步完善。细则议程包括如下内容。

① 相关文件、资料的规范格式，资料来源索引的说明。

② 何时进行谈判休息，何时可以暂停讨论。

③ 是否需要仲裁、诉讼，何时处理，由谁办理。

④ 如果需要更换谈判成员，何时更换，替补成员是谁。

5.3.3 采购谈判借势

"借力打力"是采购谈判的常用技巧，所借力量主要分为外部力量和内部力量。借用外部力量最常见的形式是：某供应商已经答应了这个条款，如果你不答应，那么合作就无法进行了。借用内部力量则是以财务部门控制预算、成本经理对成本的要求或内部竞争等借口，让供应商答应己方条件。

一般而言，采购谈判的借势手段通常有以下 6 种。

1. 先例

先例是谈判中常用的借势手段，它源于法律中的"遵循先例原则"。其基本含义就是：包含在以前判决中的法律原则对以后同类案件具有约束力。在谈判中，它的内涵则为：过去谈判的决定对以后相似的谈判具有明显的参考价值。

在谈判中，当谈判对手给出的合作条件与之前的一系列合作中的条件存在明显差异时，我们就可以运用这一特殊手段，尽可能地将对方的期望目标拉回正常值。尤其当我们处于优势地位时，先例的应用，既能够有效拒绝对方，又不会造成谈判场面的尴尬。

2. 财务能力

财务能力是企业"硬实力"的重要组成部分，也是构成谈判筹码的重要元素。在恰当的时间展示自身财务能力，会让谈判对手意识到己方已经做好充足准备，从而赢得对方的信任。尤其是在商务交易谈判中，项目款回收是重要的内容，展现自身强劲的财务能力，能让己方谈判筹码大为增加，更容易在谈判中拿到主动权。

3. 第三方背书

"明星"代言是常见的营销手段，而这其实就是借助"明星"的影响力为品牌增加公信力的方式。这一方式同样适用于谈判场景。

有影响力的合作伙伴或第三方，同样能够为我方增加筹码。尤其是当第三方是社会知名人士、行业知名专家时，其正面影响则更加明显。

4. 知识

知识是专业能力的体现，尤其是在专业领域的采购谈判中，如果谈判代表具有丰厚的知识储备，可以用客观事实让对方感受到企业的实力，从而增加己方筹码，赢得对方的好感。这就要求：谈判团队中要配备相关专业人才，能够从专业角度与对方进行深度讨论。

5. 公众舆论

随着互联网时代的发展，公众舆论形成的口碑效应也成为谈判的重要筹码。如果公众舆论正面、积极、热烈，企业的形象就会得到大大提升，为企业的谈判增加筹码；反之，则会降低自身影响力。

6. 声誉

声誉分为个人和企业两部分，二者共同拥有较高的声誉，会大大增强在谈判中的话语权，增加筹码。

5.4　采购谈判的礼仪与注意事项

采购谈判是双方的合作过程，而非对抗过程。因此，采购谈判礼仪，也是采购人员必须具备的素质。在采购谈判中，采购人员要注意避免因礼仪问题引起对方反感，导致谈判陷入僵局。

5.4.1　采购谈判常用礼仪

每一名谈判代表都代表着企业的形象，所以谈判代表一定要具备良好的职业修养，如果谈判团形象不佳、交流时答非所问，必然会给对方留下极差的印象。谈判时常用的礼仪如下。

（1）谈判前一天做好场地清洁工作，当天早上再次进行整理。

（2）服装、服饰要有职业特色，既能体现企业特点，又能体现行业特点。

（3）进行专业内容的交流时，一定要言之有物，让对方感受到己方谈判人员的职业态度与专业能力。

（4）在与对方进行具体沟通时，同样要把握"职业、专业"的原则。谈判成员要注意自身言行，确保大方得体。

（5）即便某位谈判成员与对方谈判成员熟悉，也不要出现勾肩搭背、口不择言的行为。要记住：采购谈判是正式的商业社交活动，谈判双方之间可以有友谊，但也要避免破坏谈判的专业氛围。

5.4.2　采购谈判注意事项

在谈判时，即使准备得再充分，采购人员面对对手时也有可能出现一些失误，尤其是当情绪失控、无法理性对待谈判时，采购人员更有可能表现出强烈的对抗情绪或被对方牵着鼻子走。

"这个要求不合理，上个月我们刚刚进了一批货，价格还没有这么夸张。你们太过分了，根本就不想和我们合作！"

"可是，您要明白，现在成本都在增加……"

"不要骗我！我还不知道是怎么回事吗！如果我们不是着急用，你会这样？你们太不够朋友了！"

像上面这样的争吵不仅无法有效议价，反而会让谈判陷入僵局，使双方矛盾进一步激化。要避免这样的失误，采购人员在秉持相应的谈判礼仪时，更要具备专业的谈判素质，理性对待谈判，并时刻谨记以下注意事项。

（1）谈判的过程，是双方不断调整各自需求并逐渐达成一致的过程。

（2）谈判不是"合作"或"冲突"的选择题，而是二者的矛盾统一。

（3）谈判双方要关注彼此利益，在交集空间中寻找共同点，而非只关注己方利益。

（4）谈判成功的标准并非某一方达成预定目标，而是实现一系列的综合价值。

（5）采购谈判要注意科学性与艺术性的结合，既要通过客观理性的策略获取利益，也要借助温和感性的话术维护关系。

5.5　采购谈判如何组建强势团队

在现代社会中，采购谈判往往较为复杂，涉及产品、技术、市场、金融、法律、保险等诸多要素。若是国际间的采购谈判，采购人员还需了解国际法、国际贸易、外语等各种知识。面对如此复杂的谈判局面，仅靠个人能力、知识、经验是无法妥善解决的，企业必须组建起一支强势的谈判团队。

5.5.1　人员配备策略

采购谈判的高效进行，离不开一支强势的谈判团队。而要充分发挥团队成员的职能、提高谈判效率，就必须在人员选择上做好调配。

谈判团队，并非全都由强势人物构成就能取得好的结果。事实上，强势人物的盲目搭配，反而可能出现相互掣肘、互不配合的情况，最终效果也不尽如人意。

谈判团队在着手配备人员时，不仅要考虑谈判成员的专业性，更要考虑其性格、品质等各方面特性，以及成员间的搭配组合情况。参与谈判的成员必须构成一个具有协同作用的整体，在保持强大战斗力的同时，具备良好的应变能力。

因此，采购谈判的人员配备策略，就需要明确内部结构和责任分工，在取长补短中，发挥每位成员的优势。

1. 合理控制团队规模

由于采购谈判往往涉及较多内容，谈判团队通常由多人组成，这同样会造成谈判成本的增加。因此，合理控制谈判团队的规模，实质上就是使资源成本最小化，使团队功能最大化。

那么，采购谈判团队由多少人构成是最合适的呢？国内外专家普遍认为一个成熟的谈判团队一般由 6 类人员构成。

成熟谈判团队的构成如图 5.5-1 所示，谈判团队主要由谈判管理者、经济人员、技术人员、法律人员、翻译人员、记录人员 6 类人员构成。

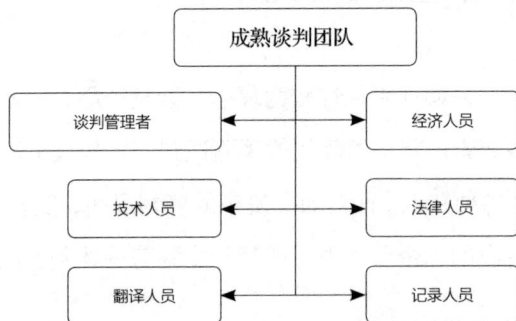

图 5.5-1 成熟谈判团队的构成

当然,根据不同的谈判场景,采购谈判人员的组成也需适当做出调整,如使用同语言的双方谈判时无须翻译人员;谈判管理者也可能由技术人员兼任。

无论如何,谈判人员的组成,必须与人力成本、谈判目标、谈判规模、谈判内容相适应,在确保谈判计划正常推进的同时,应尽量避免多余的人员设置,力求成本的最小化。

2.专业分工要明确,注重性格互补

要想使谈判成功,采购谈判团队不仅需要素质过硬的谈判人员,也需要在专业分工、性格互补中,确保各成员之间的有效协同。

如谈判管理者必须具备基础的专业知识、灵活的应变能力和出色的谈判技巧;其他人员则必须具备过硬的专业素质。任何一部分出现了短板,都会影响整个谈判计划的推进,甚至会造成巨大损失,如法律人员未能发现条款漏洞造成的损失。

谈判成员不仅需要足够的知识与能力,同样要在性格上能够互补,并形成明确的责任分工,避免某一成员因能力不足或性格缺陷成为谈判对手的突破口,导致谈判失利。

总而言之,谈判团队的搭建,必须遵循谈判成员的知识互补、性格互补、能力互补、分工明确等原则,如图 5.5-2 所示。

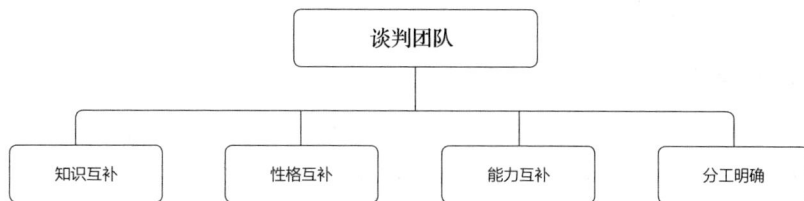

图 5.5-2 谈判团队的搭建原则

总之,好的谈判团队是同向、同步、共振、共鸣的。一个好的团队再加上科学的管理一定是一个优秀的谈判团队;而一个优秀的团队也一定是上下

一心、同心同德、彼此认可的集体。一个谈判队伍，只有大家齐心协力同进退、共患难才能保证谈判目的得以实现，也才能使谈判团队发挥最大效用。

5.5.2　如何进行角色分工

在谈判成员的角色分工中，我们既需要从谈判成员的性格出发，也要结合谈判成员在谈判中的职能进行综合考量。

1. 性格

根据性格不同，谈判成员可在采购谈判中扮演"红脸"、"白脸"、强硬派、清道夫等角色。

（1）"红脸"要持强硬态度。在谈判过程中能够"狮子大开口"，大刀阔斧地直击对方的敏感部位，不留情面，与对方争得面红耳赤也不让步。

（2）"白脸"则秉持温和态度。在谈判中表现温和，处处留有余地，一旦出现僵局，便从中调和。

当遇到态度强硬、咄咄逼人的对手时，谈判团队可利用"红白脸"战术进行拖延、周旋，通过许多回合的拉锯战，使趾高气扬的谈判对手感到疲劳，逐渐丧失锐气，同时使己方的谈判地位从被动中扭转过来，等待时机、反守为攻。

精明的谈判团队是那种掌握了谈判规律和方法，但从不在对手面前显示自己"精明"的组织。

2. 谈判职能

谈判团队还需对成员职能进行进一步分工，将其分为守门人、影响者、决策者、经办者4类角色，并在谈判中合理确定谈判成员的角色。

（1）守门人。

所谓守门人，即为底线的守护者。这一角色的设定，就是为了避免底线轻易被突破。当遇到对手的强势压制时，守门人必须挺身而出，针对对方意见给出强硬回复，让对方放弃不切实际的要求。

守门人直接守护己方底线，因而其必须具备足够的影响力，性格稳重、气场强大，能够给对方施压、给己方压场。因此，守门人通常年龄较长、在行业内具有一定口碑，具有"不怒自威"的气质，能够通过简单的语言，让对方意识到己方底线。

（2）影响者。

在一场谈判中，影响者的出场率往往较高，他们需要不断出示数据、完善细节、进行反制，推动整场谈判的有序进行。

基于影响者的职能，扮演该角色的人员应当具有朝气蓬勃、思维敏捷的特点，能够掌握谈判过程中的各种变化，并快速找到突破口解决问题。某些时候，影响者需要通过插科打诨的方式，在短时间内打破谈判过程中的尴尬，维持谈判的氛围。

尽管影响者并非最终决策人，但正是在其不断的发言与影响中，谈判才能持续向前推进，并不断刺激对方进行表达，通过捕捉细节为己方创造优势。

因此，影响者的角色，不应当局限于某一人，而应充分发挥每位谈判成员的特色，对谈判推进施加正面影响。

（3）决策者。

决策者，顾名思义，掌握着对议题最终拍板的权力。决策者不仅需要对最终决定进行确认，还要在重大问题上做出权威答复，是谈判团队的核心人物。

所以，决策者通常由企业管理层人员担任，他们具备绝对的权威，能够代表谈判团队的最终意见。与影响者相比，决策者的发言可能不多，却能真正做到一言九鼎，说出的结论、做出的承诺能反映企业的意图。

（4）经办者。

经办者，负责谈判协议的落地执行。通常来说，经办者需要在双方达成一致意见后，根据业务实际情况，明确执行方案的相关细节，让意见得以落地，让双方对后续执行形成共识。所以，经办者应当有丰富的实际操作经验，此角色通常由企业科研、生产、管理人员担任。

5.5.3 采购谈判配合技巧

谈判团队就像一驾马车，由不同的部分组成，每一个部分都具有各自的职能。只有每位团队成员有效配合，才能真正发挥出谈判团队的能量。

想要实现谈判团队内的配合协作，我们就必须做好以下3点。

1. 做好台前与幕后的分配

针对较为重要的采购谈判，为了保证谈判效率与效果，通常谈判团队分为"台前"与"幕后"两个小组。

台前小组负责在谈判桌上与对方"战斗"，幕后小组则在后台为前者提供"弹药"，如数据资料、市场证据或策略建议。只有两个小组共同配合，才能掌握谈判主动权。

具体而言，幕后小组为台前小组提供相关资料、数据与战略，负责指导、监督台前小组按既定目标和准则行事；而台前小组，则会根据现场的实际情况，进行战术调整。所以，采购团队必须做好台前与幕后的分配，避免台前小组不听幕后小组指挥乱谈判、幕后小组不看台前小组实际情况瞎指挥的情况发生。

需要强调的是，幕后小组成员不能过多，其需要给出真正有效的资料和建议，也不能过多地干预台前小组成员，要充分信任台前小组成员。只有这样才能保证整个团队真正做好谈判工作。

2. 积极寻求团队的支持

每一位谈判成员都有自己的职能、职责或负责的议题，但谈判桌上风云变幻，当对方的提问超出自身职责范畴时，谈判成员切忌自作主张，而应积极寻求团队的支持。

例如，我们可以这样回复对方。

"您的这个问题，因为不是我负责的领域，所以我不能给出明确的答复。稍后 ×× 会为您详细解答这个部分。"

谈判讲究整体配合，而不需要"孤胆英雄"。所以，遇到棘手的问题时，谈判人员应避免自作主张，要积极寻求团队的支持。

同时，谈判团队的领导也应时刻做好准备，一旦出现棘手的问题，相关谈判人员无法进行有效应对时，谈判团队的领导应及时挺身而出、解决问题。一个负责任、懂得管理的团队领导，会有效提升整个团队的战斗力。

3. 遇到问题，及时召开小组会议

很多谈判人员在采购谈判中容易陷入各自为政的境地，甚至因团队内部信息沟通不畅，在谈判对手面前表现得自相矛盾，导致在谈判中陷入弱势。

所以，团队必须学会合作，尤其是在遇到难以及时解决的问题时，谈判人员应当及时起身，要求暂停谈判，在短暂的休息时间内召开小组会议，将问题一一罗列下来，快速制定解决方案，然后重新布置任务、安排分工。

5.6 采购谈判如何看透供应商的报价

企业在采购谈判中关注的关键要素就是采购价格。而要在采购谈判中拿到期望的价格，谈判人员就必须能够看透供应商报价，继而借助各种议价与压价技巧，"挤出"供应商报价的"水分"。

换言之，如果谈判人员不能看出供应商报价中的"水分"，也就不可能拿到更为优惠的采购价格。

5.6.1 透析供应商成本

一般而言，供应商定价的常用方法，如"成本＋利润＝价格"法，或"价格－成本＝利润"法，都依赖于成本的核算。

因此，采购谈判要看透供应商的报价，首先就要透析供应商的成本。

1. 供应商成本构成

成本控制的内容非常广泛，从企业经营全流程来看，供应商的成本主要包括以下3个阶段的支出。

（1）产品投产前的成本，包括产品设计成本、加工工艺成本、物资采购成本、材料定额与劳动定额成本等。这些内容对成本的影响巨大，尤其是物资采购成本。可以说，产品总成本的60%都取决于产品投产前的成本。

（2）制造过程中的成本，包括原材料成本、人工成本、能源动力成本、辅料成本、制造管理费用等。产品投产前的种种方案构想、控制措施，都需要在制造过程中贯彻实施。但该过程的事中成本控制较为困难，一般只能在事后对其进行控制。

（3）流通过程中的成本，包括产品包装成本、场外运输成本、销售费用和售后服务费用等。在追求市场营销效果的同时，企业可能不顾成本地采取促销手段，导致该部分成本超标。

供应商成本的分析主要根据已得出的作业成本进行，这种分析能够更加全面地核算出供应商产品蕴含的成本，谈判人员也能看透供应商的报价。

2. 供应商成本核算

供应商成本的核算必须全面，不能局部看待。根据成本计算对象的不同，供应商成本的核算方法也有所区别，采购人员可根据实际情况选择以下3种计算方法。

（1）品种法。品种法只需按品种对成本进行简单归集和分配。此种方法主要适用于大批量、流程式生产的企业。此类企业通常在相当长的时间内生产大量同品种的产品，其生产过程也都比较简单，因此只需根据品种简单核算成本即可。

（2）分步法。分步法是按照产品的生产步骤，计算其生产成本的方法。根据是否计算半成品成本，分步法也分为平行结转分步法（不计算半成品成本的分步法）和逐步结转分步法（计算半成品成本的分步法）。按照半成品成本在下一生产步骤中处理方法的不同，逐步结转分步法又分为综合结转和分项结转两种。

（3）订单法。订单法以生产订单作为成本计算对象，该方法的使用需要考虑是否计算半成品成本。如无须计算，其计算方法与品种法类似；如需要计算，其计算方法类似于分步法。

5.6.2 巧用询价单

询价单是企业采购的重要手段，第 4 章曾阐述过询价单的分析流程与内容。而在采购谈判中，用好询价单，同样能够帮助谈判人员看透供应商报价。

在使用询价采购法之初，企业就要遵循四大基本原则。

（1）确保竞争。

为了确保询价过程中的充分竞争，企业应当邀请至少 3 家供应商参与询价，并遵循公开原则，将采购信息公开，以免询价采购在"保密状态"下进行。

（2）公平对待。

企业应当公平对待每家参与询价的供应商，向其发送相同的询价采购文件，并解答供应商关于询价项目的疑问。同时，在接受报价和对报价进行评审时，也要公平对待每家供应商。

（3）"一口报价"。

参与询价采购的供应商都只能提供一个报价，一旦价格报出就不能更改，企业也不得与其就价格进行协商或谈判。这既能确保公平竞争，也能保证采购过程的公正性。

（4）"价低者得"。

这是询价采购的基本原则，当有多个供应商符合采购需求，且其质量和服务水平相当时，企业应当选择报价最低的供应商。

基于以上原则，采购人员在准备采购谈判时，可以综合多家供应商的报价进行对比分析，从而看透供应商的报价。

具体应用到采购谈判中，通过对询价单总价及单项价格进行分析，看透供应商的报价。具体可以采用以下 3 种手段。

（1）总价最低法。将采购清单作为一个整体，对供应商的报价进行汇总之后，选择总报价最低的合格供应商，向其采购全部需求物料。

当采购清单不可拆分时，这种方法是最常用的比价方式。集中采购的方法也能确保采购质量和速度，但其中部分产品必然还有谈价空间，企业难以获取真正的最低价。

（2）单项最低法。获取每家供应商的报价后，对清单中的所有产品逐一进行比价，然后向相应的供应商采购其报价最低的商品。

当采购清单可拆分时，这种方法能够确保企业的采购价格是最低的，但由于供应渠道分散，企业难以享受统一的服务。与此同时，单项产品的采购有时也无法享受最初的价格优惠。

（3）集中压价法。该方法将总价最低法和单项最低法结合，企业在选出总报价最低的供应商之后，再根据其他供应商报出的单项产品的最低价格，对该供应商进行压价，最终调整得出总价最低的报价。

这种方法能够在享受集中采购的优惠的同时，确保总价的绝对最低。但这种方法十分考验采购人员的议价能力，也受限于供应商自身的盈利空间。如果供应商在某项产品上本身就缺乏价格竞争力，他们自然不会接受议价。

5.6.3 巧辨供应商报价"水分"

在日常工作和生活中，也时常有这样的情形。如果卖方爽快答应自己提出的价格，那么在付钱的那一刻，买方必然是犹豫的。因此，在谈判过程中获取双方想要的结果很重要，而报价和让步的过程同样重要，要让买方有自己赢了、自己谈判很厉害的感觉。

要在采购谈判中辨别供应商报价的"水分"，采购人员就要掌握报价和让步的节奏。

假设对方可让步利益总计为 100，相应的谈判让步模式通常可分为 8 种，如表 5.6-1 所示。

表5.6-1　8种让步模式

让步模式	第一次	第二次	第三次	第四次	总计
A 模式	0	0	0	100	100
B 模式	100	0	0	0	100
C 模式	25	25	25	25	100
D 模式	48	16	10	26	100
E 模式	35	30	15	20	100
F 模式	65	20	10	5	100
G 模式	60	29.6	8.76	1.64	100
H 模式	68	32	1	1	100

让步模式并没有标准答案，但在采购谈判的实际过程中，采用 D 模式或 H 模式比较常见。这是因为 D 模式的让步近似为抛物线，在最开始的时候有个较大的让步凸显诚意，此后越来越小的让步告知对方你的空间和底线在慢慢被挤压；抑或是 H 模式，从较大的让步逐步缩小，表明报价逐渐接近底线。

其他让步模式中，B 模式仅一次让步，尽管让步幅度较大，也让人觉得你难以沟通或缺乏诚意；C 模式中的平均让步模式则让人觉得还有空间；E 模式这种越让越多的模式更是会让对方觉得匪夷所思；H 模式中值得关注的点在于在谈判过程中做出的让步是很难再收回来的。因此，每一次让步不仅要有心理策略，而且要有利益交换，只有如此才能达到确保自身利益的目的。

明确了采购谈判的 8 种主要让步模式，采购人员就能在谈判过程中把握对方的让步节奏，从而辨别出供应商报价的水分。为了有效借助让步"挤掉"报价"水分"，采购人员需把握如下几个原则。

1. 不要接受对方的第一次报价

无论对方第一次提出什么样的条件，都不要同意。在某些情况下，甚至可以用夸张、吃惊的表情让对方觉得这个条件太过苛刻了。

2. 不要在重要事项上让步

当你打算让步时，可以在不重要的事情或对自己价值低、对对方价值高的事项上进行让步。

3. 不要太快做出让步

在重要的事项中，让对方感觉你的每一次让步都异常艰难和重要。例如，价格可以精确到小数点后几位，抑或表明需要请示高层领导，让对方觉得已经到了异常艰难、碰触到底线的时候。

4. 不要做没有任何收获的让步

每一次让步都要换取些什么，每一次让步都如泼出去的水再也无法收回，如之后再想换得对方的让步是不可能的。

5. 不要因为对方提高要求而提出高要求

不要意气用事。若对方提高要求，一味地用同样的高要求来交换，可能会把谈判带入僵局，应试图降低对方的要求。

5.6.4 智慧供应链与供应商报价

随着经济的发展和企业竞争的加剧，企业间竞争的关键要素也在发生转变，供应链正在逐步取代技术和管理，成为企业竞争力的核心。作为供应链管理的重要环节，供应商也成为企业绩效竞争力的延展，成为企业竞争的重要战略资源。

在新时代下，谁拥有最优质的供应商资源，谁就能赢得竞争优势。在日新月异的经营环境下，企业的采购需求也在不断改变。

要想持续不断地获得高质量、低价格、及时交付的物料，采购谈判就要以构建智慧供应链为核心，这就需要企业有优秀而忠诚的供应商。

所谓优秀的供应商，是指供应商不仅能够满足企业的采购需求，也能够持续改善自身能力，以应对企业不断提升的物料需求。

所谓忠诚的供应商，是指供应商要与企业站在同一战线，以稳固、双赢的合作关系，推动对方的发展与提升。

基于智慧供应链的竞争理念，企业在看透供应商报价的同时，要避免过分压缩供应商的利润空间。尤其是随着信息技术的不断发展，很多产品的成本几近透明，企业可以通过各种调查透析供应商成本。因此，部分企业会借此不断压缩供应商利润，希望以此降低采购成本。

然而，企业也要考虑到，降低自身采购成本本身没有问题，但是如果将供应商的利润无限压缩到接近 0，那优秀供应商的合作热情将会大幅下降，供应链的稳定性和可靠性也无法得到有效保障，最终反而可能使产品或服务质量问题频发，导致最终企业运营成本不降反增。

只有让供应商同样有利可图，实现共同成长，供应商才愿意真正配合企业，进行有质量保证的生产，这样企业才能建立起可靠的智慧供应链，有效应对新时代的竞争环境。

5.7　采购谈判议价与压价技巧

在看透供应商报价之后，采购人员就要着手"挤出"供应商报价的"水分"，让采购价格维持在正常水准，避免己方付出过多的采购成本。为此，采购人员可以采用以下几种议价与加压技巧。

5.7.1　化零为整

化零为整的议价技巧，其实就是采购成本降低策略中的"集权法"的应用，是指将企业内部分散的采购需求整合起来，形成一次集中采购，从而在采购谈判中获得更多的议价筹码。化零为整的应用主要分为以下 3 种模式。

1. 集中开发，分散下单

为了提升灵活性，企业可对各部门需求进行汇总估算，如年度总采购量1万件，再以此与供应商进行价格谈判，从而获得较好的数量折扣，实现集中定价。确认采购价格之后，各部门则可按需直接向供应商采购相应产品，以确定好的价格进行结算。

该模式能够很好地提升集中采购的灵活性，并能解决各部门需求矛盾的问题。但采购量和时间的不确定性会对供应商的生产计划造成影响，采购人员需要在谈判中确定相关问题。

如非长期合作的供应商，该模式一般难以充分发挥预期效用。

2. 集中下单，分散收货

在该模式下，各部门需求同样汇总至采购部门，集中向供应商下达详细的订单，供应商直接根据订单生产、供货。采购部门会根据各部门需求情况，分发收货通知单至各部门，供应商则按照订单分别送货至各部门，由各部门验收，并将入库单汇总至采购部门。

集中订货、分开收货的模式在确保灵活性的同时，更有利于供应商制定生产计划。

此时，采购谈判人员还需就付款方式与供应商进行谈判，以确定是采用分开付款还是集中付款模式。

（1）分开付款，即各部门将物料验收入库之后，直接与供应商进行结算，此后再凭借入库单和结算单进行内部结算。

（2）集中付款，即待各部门完成分散收货后，采购部门对入库单进行汇总，再与供应商进行结算，集中付款。

3. 集中采购后调拨

如供应商不愿或无法配合前两种采购方式，化零为整的议价技巧也必然演变为集中采购后调拨的模式。

在汇总各部门采购需求之后，企业采购部门完成全部采购工作，包括供应商选择、价格谈判、订单签约、收货入库和货款结算等。此时，采购到的物料全部存放于中心仓库，根据各部门的需求，采购部门会启动内部调拨流程，按需将物料调拨出库，并根据调拨订单做内部结算。

5.7.2　过关斩将

过关斩将的议价技巧是指将大的要求分割成多个小要求逐步提出。这样可以避免谈判僵局的出现且容易获得更多的利益。

这种技巧也被称为"碎刀割肉"，其关键在于：一方的谈判人员将想要达成的目的拆分成不多不少的子目的，在子目的最终合并之前，让对方察觉不到己方已经占据了优势。当然，这要求谈判人员有较强的谈判节奏把控能力。

在这种谈判目的的切割中，采购人员也可在达成某一关键议题时，要求对方给出一个好处或做出让步，如赠品、折扣或付款方式优惠等。这一策略往往应用在快要达成协议前或达成协议后，如达成购车协议前，要求业务员送一套 CD 等。

过关斩将是采购谈判中常用的技巧，因此，采购人员也可能会遇到对方采用相同的策略。此时，己方应事前做好准备，在关键时刻果断亮出底线；夸奖对方以让对方在心理上产生松懈；抑或使用缓兵之计，表示要请示领导或虚设权威等。

如果不得不做出让步，采购人员可以选择在价值较低的事项上妥协，如赠送小礼品或协助宣传，这些都是常用的手段。

5.7.3　敲山震虎

敲山震虎策略的实施需要采购人员具备相当的专业素养，能够从专业角度展现自身的实力，并以坚定的态度排除对方的质疑。其实施要点主要有两方面。

（1）阐述的内容要具备高可信度。专业的阐述需要顾及内容逻辑和细节，这样才能让对方信服。与此同时，如谈判人员是该领域的专家，则其自身携带的专业"光环"，更能够从气场上征服对方。

（2）表现出己方的重视。在展示硬实力的同时，谈判人员同样要展现出己方的重视，只有如此，才能引起对方的重视。对方也会因此倾向于选择合作而非对抗，以免谈判破裂。

借助敲山震虎的技巧，我们很容易将对方引入我们的节奏，最终以团队优势促成双赢。

但如果己方不具备足够的硬实力，谈判人员也可采取虚张声势的方法建立强势地位。当然，这一技巧的应用必须建立在对博弈能力进行了清晰的分析和对方想要达成合作的大前提下。

另外，面对对方的敲山震虎或虚张声势策略，我方同样要充分准备。在计划阶段就要自问："如果对方提出'你必须做得比现在更好'，我应该怎么办呢？"要做好准备，坚定地捍卫自己的立场，并保持适当的弹性。

5.7.4 迂回谈判

当我们难以正面获得关键议题的成功时，则可以采用迂回谈判的技巧，故意强调非重点的部分，如包装、物流等，以期在非重点的部分做出一定让步之后收获关键议题的胜利，如价格、付款方式等。

如果对方使用迂回谈判策略，我们则要恰当引导议题，不要模糊焦点。事前应充分准备并寻找事实，提出不同的问题，考虑用非正式的讨论去了解对方的真实利益所在。如果发现谈判中对方不够坦率或双方所处地位明显不对等应及时明确表达看法。

需要强调的是，即使采用迂回谈判方法，我们也要避免无谓的东拉西扯，因为这不仅会破坏谈判氛围，而且可能扰乱己方节奏，甚至在不经意间泄露己方的真实需求。

5.7.5 直击核心

直击核心的技巧，通常适用于我方较为强势的谈判情景。此时，我方可以借助谈判中的强势地位，明确提出关键议题，使对方做出让步。

应对对方的直击核心策略时，如我方尚未做好准备，则应保持冷静，使用缓兵之计，告知对方达成一致的好处，并引入新的替代方案，或者做出一定让步，使对方改变想法。若对方仍坚持，则可以考虑停止谈判，但不要表现得太过对立，要给对方"买卖不成仁义在"的感觉。

5.8　如何打破谈判僵局

谈判不可能一帆风顺，会经常出现僵局。当双方就某议题存在较大分歧，而双方又都不肯做出让步时，必然会出现僵持甚至对峙的局面。面对僵局，我们应当沉着冷静，不断寻找突破口，迂回解决难题，而不是破罐子破摔，让谈判彻底从僵局沦为"死局"。

5.8.1　变换议题，打开局面

当谈判陷入僵局，双方经过多轮协商却毫无进展时，搁置议题、变换议题是一种打破僵局的有效方式。待新的议题解决后，再回头处理僵持的部分。

通常来说，我们可以选择与僵局议题有关联的话题进行讨论，当其他话题取得成功时，再重新谈论搁置的议题，就会比较容易。

这种变换议题的方法，既可以帮助谈判人员调整情绪，也可以为处理僵局寻找新的思路。所以，采购人员在谈判中要学会变换议题。

例如，双方在价格问题上互不相让，可以暂时将其搁置，改谈交期、付款方式等。等到这些问题得到有效处理后，再来解决价格问题。由于谈判氛围已经恢复良好，双方也已达成一些共识，阻力就会相应减小，谈判空间也会扩大，便于双方消除分歧，使谈判出现转机。

谈判桌上出现的多数僵局，都可以通过这种方法得到解决，它是解决僵局行之有效的迂回战术。

需要注意的是，在转换议题的过程中，我方也要隐藏真实意图，否则对方可能不同意改变议题，或因此增加条件。

在每次变换议题之前，采购人员可以事先给出简单的理由，在征得对方同意后再展开新议题。谈判就是这样，我们想要改变议题，那么必须向对方说明变换议题的理由，征得其同意，这样才能有效展开讨论。而在经过一系列的议题变换后，当再次回到最初的议题时，我们已经取得一定优势，并掌握了谈判主动权。

5.8.2 换主谈人，缓和气氛

某些时候，谈判陷入僵局，并非因为双方利益冲突，而是因为双方谈判人员无法进行有效沟通，甚至陷入对抗情绪，这当然会伤害一方或双方的自尊，进而引起无谓的口舌之战，谈判也就无法继续。这个时候，与其强行推进谈判，不如换人沟通，让更合适的人担任主谈人，从而缓和谈判气氛。

尽管谈判中途换人是谈判的忌讳，但如果形势已经无法挽回，彼此之间已经难以建立信任时，及时换人则是最佳方案。

通常来说，主动换人的一方，往往处于"理亏"或"势弱"的状态，此时，既然已经选择换人，就不妨将陷入僵局的责任归于原来的谈判人员。这种方法可以有效地化解对方的不满，缓和谈判气氛。

与此同时，新的谈判人员前来，是己方进行谈判调整的一种标志，也表明希望能握手言和，这会向对方发出信号：我方已作好了妥协、退让的准备，对方是否也能表现出宽容与忍让呢？

当然，某些时候更换谈判代表并非是因为谈判人员的失职，而是一种自我否定：以前我方提出的某些条件有些问题，导致双方谈判陷入僵局。现在我们调整人员，带有一种"致歉"的意思，会让对方感受到诚意，愿意回到谈判桌前。

5.8.3 高层加入，树立权威

谈判代表在企业中的职位，直接影响谈判代表对资源的支配能力，同样也可以表现出己方的诚意，并树立谈判中的权威。

职位高的人说"行"的能力大于说"不行"的能力，职位低的人说"不行"的能力大于说"行"的能力。职位的高低，体现出我们对于谈判的重视程度，是不可忽视的变量。

某场谈判因对方坚持反对我方条件陷入僵局，谈判无法继续，此时，谈判代表是一名部门负责人，他立刻将这一问题汇报给总部，总部当机立断，换上一名高层作为谈判代表，进行新一轮磋商。

谈判代表说："我是企业股东会成员之一，也负责企业的总生产。我可以代表我们集团所有人的利益，也希望与贵公司有一个顺利友好的交流过程。经过讨论，这次我们带来了最大的诚意，拿出了底线价格，希望你们可以理解。"

另一方代表说："既然贵公司高层已经做了表示，咱们可以更深入地探讨，促成彼此的合作。"

尤其是当双方陷入严重对立时，由于双方都处于较为激愤的状态，双方的沟通产生了严重障碍，双方互不信任、互相存有偏见甚至敌意。这时候由高层出面，则可以有效平息"战火"，使双方重回谈判桌进行有效沟通。

5.8.4 切割议题，逐步推进

遇到僵局，将议题切割，逐步推进，这是典型的"目标分解法"。将一个复杂的目标拆分为多个小目标，尽可能实现更多的目标，这样就能针对分歧，创造出可以交换的空间。

议题切割，主要适用于那些非常复杂、困难的议题。这种议题，往往不是一个简单的诉求，而是一个由错综复杂的多个需求构成的综合性目标。通常来说,它是一场谈判的核心内容,所以不能将其暂时放在一边稍后进行处理,只有将其彻底解决,才能进入下一个环节。

切割的角度有很多,我们可以从形式、内容、时间、费用、参加人员等各方面进行切割。采购谈判中的每一项议题,也都可以切割为付款方式、交货条件、数量、售后服务等细项。

所以,议题切割法并没有标准的规范,它需要我们进行发散思维,深入思考与此议题相关的内容,并确定必须争取的利益,以及可以妥协或让步的内容。议题被切割的数量越多,讨论的角度就会越多,逐个击破后,达成协议的机会就会到来,僵局也就不攻自破。

议题切割还有一个非常明显的优点:当第一个细分目标实现后,往往会导致后面的小目标出现变化,并且呈现出越来越简单的趋势;第二个目标实现后,接下来的目标会更加简单……这种递进的特点,让达成最终目标所做出的努力,反而比一次性成功还要小。

例如,我方与一家企业进行采购谈判,最初的议题非常复杂,涉及价格、数量、售后、专利共享等各种问题,一开始非常难以推进,双方陷入漫长的焦灼状态。这个时候,我方开始对议题进行分割,并深入分析:哪些内容可以相互补充?哪些内容可以替代或嵌入?

最后,我方从一个小的细节入手,逐渐撬开了原本"冰冷的墙"。虽然最后我方设计的方案十分复杂,但却更具灵活性。例如,规定价格和订购数量成反比,将售后服务的一部分嵌入价格,另外一部分变为技术合作……最重要的是,这场谈判取得了成功。

切割议题的方式虽然会导致谈判时间变长,但它能有效打破僵局、降低谈判难度,从而顺利完成谈判。

5.8.5 释放烟幕弹，欲擒故纵

当对方处于强势地位且一味地追求我方的更多让步时，我方如缺乏有效的应对手段，则可以释放烟幕弹，欲擒故纵，甚至发出最后通牒，使对方停止索求。

尤其当对方的目的是恶意搅局时，最后通牒会让对方明白：谈判条件已经达到我方底线，如果仍无法成交，就无须再谈！

对方的谈判目的同样是获取更多的利益，谈判破裂对双方都无好处，因此，他们也会快速做出调整，打破僵局。

相反，如果双方在关键议题上始终无法达成一致，那么不妨以退为进，先引入其他对我方有利的议题，并以此换取对方在关键议题上的让步。

例如，当我方希望以 50 元的价格成交，而对方坚守 55 元的报价时，我方则可引入付款方式议题："我们可以接受 55 元的报价，但在付款期限上，我们坚持 6 个月的账期。"

需要强调的是，无论在何种谈判情景下，即使我方已经处于劣势，也不能一味迁就、忍让、迎合、讨好对方，这样只会让对方"得寸进尺"，使得我方做出更多让步，甚至突破我方谈判底线。

无论我方的劣势如何明显，一定要有这样的认识：只要坐在谈判桌前，我们就是平等的。和谐的谈判气氛，是建立在互相尊重、互相信任、互相谅解的基础上的。该争取的一定要争取，该让步时也要果断让步，只有这样，才能赢得对方的理解、尊重和信任。

第6章
采购品质管理与人员管理策略

　　品质是企业的立足之本。对品质的管理应当从源头抓起，这需要企业做好采购品质管理，从采购的各个环节着手，规避可能存在的品质风险，让品质成为企业的核心竞争优势。而要实现这样的目标，就需要以采购人员的能力与操守作支撑。能力不足的采购人员会让企业的采购战略无法落地，缺乏职业操守的采购人员则会让企业面临更大的道德风险。

6.1 采购品质管理技巧

采购的品质管理，需要从采购活动的全流程着手。任何环节的缺失，都可能导致采购品质管理的失败。但在管理过程中，企业同样可以借助各种技巧，提高采购品质管理的效率，让品质管理不至于沦为拖沓、内耗的代名词。

6.1.1 通过合同控制采购品质

采购合同是供应商履约、采购方维权的重要依据，但在很多情况下，品质却不像数量、交期那样可以明确注明在采购合同中。

为此，采购人员必须与法务人员协同管理合同，在合同中将采购品质等事项罗列清晰、标注齐全，而不能因为怕麻烦、怕啰唆，只简单地写上一句"产品符合国家相关标准及行业规定"。

1. 品质的特性要求

要通过合同控制采购品质，企业就首先要在合同中明确品质的特性要求，也就是说，要说明怎样的品质才符合企业的需求。

根据物料种类的不同，品质的特性要求也有所区别。一般而言，品质的特性要求主要集中在质量标准、规格、体积、重量等客观参数上，如果无法明确品质参数，企业也可以要求以样品质量为准。

2. 物料的验收标准和程序

采购合同中应当明确物料的验收标准及相应的验收程序。只有通过验收环节，才能确认物料品质是否符合合同要求。因此，关于如何验收的规定，同样要在采购合同当中写明。

3. 质量问题的解决方法

如出现质量问题，双方应当如何协商解决？双方又该如何分配责任、承担损失？采购合同应当对此做出详细规定，这不仅能够确保供应商供应符合合同品质要求的物料，也能在出现质量问题纠纷时为企业提供维权依据。

在签订采购合同前，采购人员及相关职能部门，应当预见可能出现的所有问题，并就这些问题的解决方案与供应商进行充分磋商并达成一致意见。

4. 标准化的工艺规定

无论是品质的特性要求，还是物料的验收标准，都需要一套统一的标准化手段。如果缺乏标准，后续的品质管理也可能出现互相推诿的情况。因此，企业应采用标准化的工艺规定。

6.1.2　采购标准的编制与推进

标准化是企业降低采购成本的重要策略，也是采购品质管理的关键技巧，它不仅能应用到采购合同中，也能直接推动采购品质管理的优化。企业应当编制适合自己的采购标准，并在实践中不断改进。一个完善的标准，不仅能为采购人员的工作提供指导，也能为企业内控管理提供监督依据。

1. 标准化在品质管理中的作用

在采购品质管理中，标准化发挥着基础性的作用。

（1）标准化是保证产品质量的前提。

正如 ISO9000 标准对"质量"的定义：一组固有特性满足需求的程度。其中的"固有特性"正是指产品的感官、理化等指标，这些指标共同构成一种规范性的、共同遵守的文件，即产品工艺的基础标准。企业产品必须满足相关标准，才是合格的产品。

（2）标准化是品质管理的基础。

品质管理理念的发展，催生出许多先进的品质管理措施。但在任何品质管理措施中，都少不了标准化。例如，休哈特发明的控制图至今仍被许多企业采用，而控制图最重要的内容就是3条判断异常情况的标准线。

标准化是品质管理的基础，其不仅表现为品质管理方法的标准化，也表现为品质管理过程的标准化。在品质管理的全流程中，需要一套标准化的程序作为指导。

（3）标准化是提高品质管理效益的工具。

标准化的最大特点就在于简化、统一、协调和优化。品质管理作为企业运营的日常活动，如果能够对其进行标准化，明确人物、时间和流程等要素，则能够使各环节有效地衔接起来，在提高品质管理效率的同时，降低品质管理成本。

2. 推进采购流程标准化

由于物料需求品类的繁杂及供应环境的复杂，所以企业采购大多呈现出"百家争鸣"的特征，几乎每个采购人员都有一套自己的方法与流程，而企业内部也大多会给予其一定的发挥空间。

但总体而言，非标准化采购流程的弊大于利，既无益于规范有序的市场竞争，也可能产生腐败、贿赂等情形。

因此，企业必须推进采购流程的标准化，编制采购标准化手册，推进标准化成果在采购中的应用。此外，企业也要建立健全企业采购技术条件规范，并在内部开展技术评审，汇编形成一整套采购规范。

3. 推进技术协议标准化

技术协议是采购的重要依据，目前来看，在大多数行业中，企业内部与企业之间的技术协议格式都不统一，在技术交流与确定中，容易发生纠纷。

尤其是在技术协议的签订过程中，涉及客户、设计方、采购方、供应商等多个角色，一旦技术协议不能达成统一，则可能导致物料采购陷于被动，难以采购到符合客户、设计需求的物料，采购成本因此增加，供应商利益也可能因此受损。

在标准化中，切不可忽视技术协议标准化的作用。为此，在产品设计阶段，企业就应与客户、供应商进行充分沟通，确定技术协议标准。

6.1.3 做好采购验收质量管理

验收是指企业对采购物料或劳务的检验接收，以确保其符合合同相关规定或产品质量要求。采购验收是维护企业利益的一道重要闸门，企业必须对此进行严格控制，验收人员也要明确验收标准、掌握验收技能，切实做好采购验收质量管理工作。

图 6.1-1 所示为采购验收质量管理流程。在这个过程中，验收质量管理的主要风险有：验收标准不明确、验收程序不规范、对验收中存在的异常情况不做处理。这些风险都可能导致账实不符、利益损失等问题。

总经理	采购部经理	相关职能部门	采购部	供应商

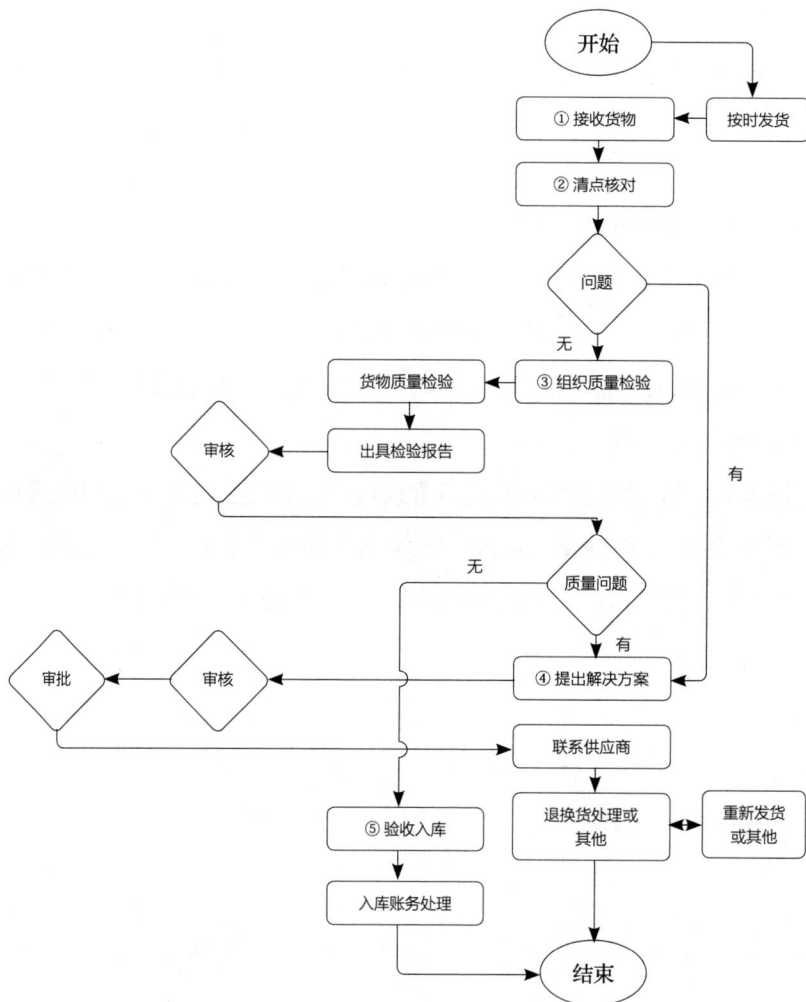

图 6.1-1　采购验收质量管理流程

对此，企业可以从以下 3 个方面做好采购验收质量管理。

1. 制定验收标准

企业应制定明确的采购验收标准，结合物料特性确定必检物料目录，规定此类物料需出具质量检验报告且报告显示无质量问题后方可入库。

2. 严守流程

验收机构或人员应当根据采购合同及质量检验部门出具的质量检验报告，重点关注采购合同、发票等原始单据，并与采购物料的数量、质量、规格型号等进行核对。

对验收合格的物料，验收人员要按规定填制入库凭证，加盖物料"收讫章"，并登记实物账，及时将入库凭证传递给财务部门。物料入库前，采购部门需检查质量保证书、商检证书或合格证等证明文件。

验收时如涉及技术性强的，大宗的和新、特物料，验收机构还应进行专业测试，必要时可委托具有检验资质的机构或聘请外部专家协助进行验收。

3. 及时汇报异常

对验收过程中发现的异常情况，比如无采购合同或大额超采购合同的物料、超采购预算采购的物料、损毁的物料等，验收机构或人员应当立即向企业的相关机构报告，相关机构应当查明原因并及时进行处理。

针对不合格物料，采购部门依据检验结果办理让步接收、退货、换货等事宜。对延迟交货造成生产建设损失的，采购部门要按照合同约定向供应商索赔。

6.1.4　采购品质源头控制策略

品质是供应链生存之本，产品的使用价值基于产品质量。而要做好采购品质管理，企业就要从采购品质源头开始进行控制，也就是确保供应商提供的产品质量稳定且能适应采购需求的变化。

因此，采购人员必须对供应商的品质管理进行定期跟踪，并对此进行定期或不定期的评估，以确保供应商的品质能力和品质保障体系符合企业标准。

作为供应商的外部参与者，采购人员在评估供应商品质管理能力时，应尽量采用各种量化指标，如表 6.1-1 所示。当然，针对每种不同的物料，评估品质管理能力的指标也有所差异，企业可以按照自身需求制定。

表 6.1-1　常用的品质管理指标

序号	内容	指标	监控频率
1	准时交付率	100%	每月一次
2	报废率	< 0.35%	每月一次
3	质量成本损失率	< 3.22%	每月一次
4	安全事故	0	每月一次
5	设备故障停机率	0	每月一次
6	模具完好率	100%	每月一次
7	检验、试验记录抽查合格率	100%	每年一次

通常，在对供应商的品质管理能力进行考察时，采购人员可以从以下 4 个维度进行评估。

1. 考察供应商资质

在品质管理能力评估中，最简单的方法就是检查供应商拥有的各项证书，借助证书可对其资质进行初步的了解。

（1）考察供应商是否具有某种质量管理体系认证，如国标、ISO、行业认证等。

（2）考察供应商是否有产品质量标准认证。

2. 完善的品控管理体系

证书或认证只是对某个供应商某个节点的能力的评估，而品质管理能力体现在日常生产的方方面面。因此，在考察核心采购供应商时，也要考察其是否具有完善的品控管理体系。

（1）评估供应商是否实施全面质量管理。

（2）评估供应商在质量管理方面采用的统计和控制方法。

3. 专业的品控资源

品质管理能力需要各种品控资源的支撑，如设备、环境等。如果缺乏必要的品控资源，品质管理自然也无从谈起。此时，企业主要应关注的问题有以下两方面。

（1）分析供应商具备哪些检验和测试手段。

（2）针对采购所需物料，考查供应商是否已具备检验和测试能力。

4. 优秀的执行力

有制度、有资源还不够，只有通过贯彻执行，才能实现品质管理能力的落地。因此，在对供应商进行现场评估时，可通过各项制度细节的执行度进行分析。

6.1.5　采购的全面质量管理

全面质量管理（Total Quality Management，TQM）是指以产品质量为核心，建立起一套科学、严密、高效的质量管理体系，通过对工作质量、业务质量、服务质量等的全流程控制，提供满足客户需要的产品或服务。

既然是涉及全流程的质量体系，采购环节当然也不能例外，甚至，采购的 TQM 是企业全面质量管理的核心环节。因为采购活动是企业生产运营活动的源头，如果采购的物料质量有瑕疵或采购流程有隐患，后续的生产、销售活动也都将面临质量风险。

但企业也要认识到，在采购过程中引入 TQM，必然是一个渐进、缓慢的过程。企业在确立 TQM 体系的同时，也要掌握采购 TQM 的两大支柱方法，即控制成本、持续改进。

1. 控制成本：系统改善

采购成本控制，是采购 TQM 的核心，为此，企业必须推动供应商的系统改善，从供应商内部底层入手，形成全方位、深层次的质量管理模式。

对供应商的系统改善，企业应当形成如图 6.1-2 所示的流程。

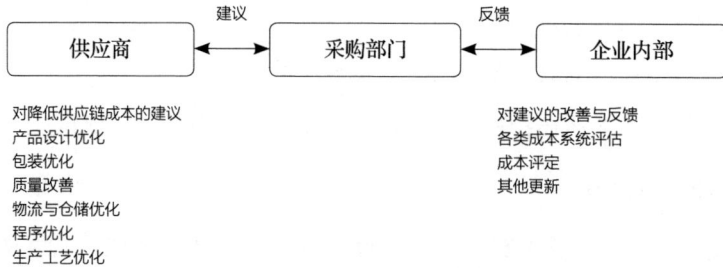

图 6.1-2　供应商系统改善流程

通过图 6.1-2 可以看到，采购部门在供应商系统改善中起到了桥梁的作用：一方面，采购部门需要与企业内部其他部门不断沟通，发现供应商的问题，对其进行全方位评估；另一方面在得到这些反馈数据后，采购部门应对供应商提出积极的建议，以提升供应商的质量。只有形成这种良好的互动局面，供应商与企业才会取得长足进步。

2. 持续改进：PDCA 过程管理方法

PDCA 过程管理方法是计划（Plan）、实施（Do）、检查（Check）、处置和改进（Act）的简称，涉及采购管理的全流程。

（1）P——计划，从企业实际情况出发，制定采购 TQM 的相关计划，解决做什么、谁来做、怎么做、何时做、谁监督等问题。

（2）D——实施，采购管理负责传达工作指令及提供操作指示，组织采购人员完成采购品质管理目标和业绩指标；与此同时，实施部分也包含上下级沟通、相关部门协调等工作。

（3）C——检查，定期按照既定的目标、标准，检查工作进度和完成效果，以确保采购工作按计划进行，并明确其中的问题点和改进点。

（4）A——处置和改进，根据检查结果，如采购 TQM 达成既定目标，则要在回顾中找出可改进的工序，并设定更高要求的标准；如采购 TQM 未能达成既定目标，则要发现引起异常的问题和因素，及时处理并做好预防措施，或对计划、策略进行修订。

6.2 采购人员管理技巧

采购品质管理需要各环节都细致、合规，这就需要采购人员秉持认真负责的态度，用专业的采购技能，对采购活动进行有效把控。而因为采购工作的特殊性和敏感性，采购人员的职业道德也成为采购人员管理的重中之重，企业必须从职业培训、道德管理、组织设置等多维度对采购人员进行管理。

6.2.1 采购人员的绩效考核标准制定

正如供应商管理的核心在于供应商绩效管理一样，采购人员管理的核心同样在于采购部门的绩效管理，企业应以此规避由内部管理漏洞造成的采购风险。

例如，某企业的采购人员的工作积极性不高，不能认真对待工作，对供应商的监管力度有限，不到问题暴露之时，往往对供应商的生产睁一只眼闭一只眼。同时，对供应商出现的问题，不及时向企业进行汇报，得过且过的心态严重。久而久之，问题不断堆积、发酵，一旦大规模爆发，很难在短时间内有效解决，从而导致成本激增、交期大大延长。

采购人员出现这些问题，说明企业的内部管理存在明显漏洞。对此，企业必须加强内部管理体系，建立"多做不错，不做大错"的观念，并直接将采购人员的考核与薪金、岗位职务等挂钩，有效激发采购人员的工作热情。

1. 绩效管理

采购人员绩效考核应当与企业采购战略相协同，在设计采购人员绩效考核指标时，企业需要结合供应商绩效评估流程，如图 6.2-1 所示，制定完整的采购人员绩效评估流程。

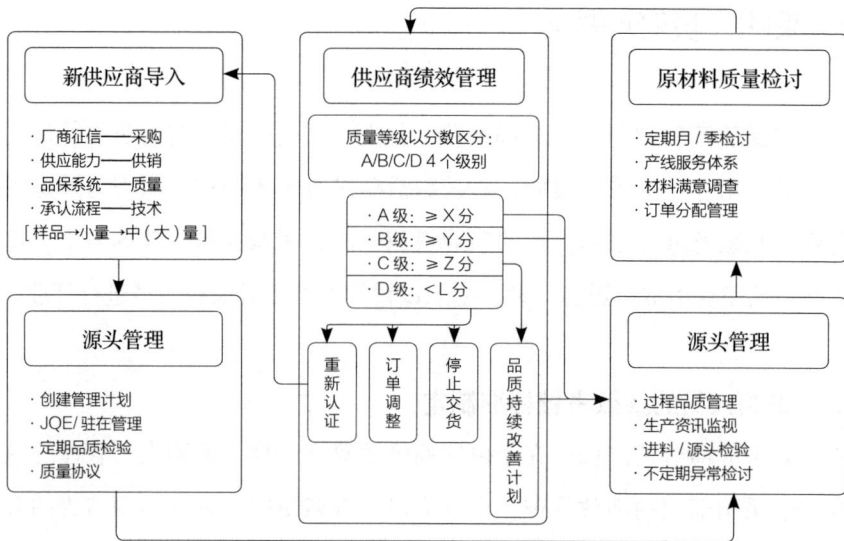

图 6.2-1　绩效评估流程

在这样一套绩效评估流程下，企业能够有效发现采购部门及相关人员的问题。

采购人员在发现问题时，如果及时进行上报，并协助相关部门进行修改方案的制定，那么将会得到相应的奖励。

企业需确定能者多劳的原则。采购人员越能够走进供应商的生产线寻找问题，其晋升的机会越大。

企业还应当将采购人员的工作汇报纳入年底绩效考核和职务考评体系之中，名列前茅者获得相应奖励；始终处于末位者会被暂停采购工作，待接受培训考核合格后，才能重返工作岗位。

2. 责任制

采购人员同样要承担责任。每位采购人员负责的领域，如果出现明显漏洞，如品质不过关、交货超期严重等，其同样需要承担相应责任，严重者甚至会受到停职等处分。

只有让采购人员意识到自己的工作直接关系着企业的未来发展，稍有不慎就可能给企业带来无法弥补的损害，采购人员才能正确认识自身工作的重要性，积极与供应商进行交流，让问题在第一时间得到解决。

3. 定期提交工作报告

每一名采购人员都应当定期提交自己的工作报告，在其中说明供应商存在的问题，并提出解决思路和方案。通常来说，以周为单位上交工作报告是较为合适的。

如果采购人员对待工作报告不认真，或出现多次无故不提交工作报告的情况，应当及时展开内部问询，暂停其工作。

6.2.2 采购人员风险控制措施

为了有效防范采购业务风险，企业应当建立完善的采购人员风险控制措施。一般而言，企业可以从以下 6 个层面着手。

1. 控制目标

（1）采购业务控制不当可能导致所采购的物料及其价格偏离目标要求，或者出现由舞弊和差错造成的经营风险。企业应确保采购业务按规定程序在适当授权下进行。

（2）采购业务会计核算多记、错记、漏记采购成本和应付账款等可能导致财务风险。企业应确保采购和付款核算规范、准确，账实相符。

（3）采购业务违反有关法规（如合同法等），将导致企业面临受到行政处罚或法律制裁的合规性风险。企业应确保采购和付款业务等符合国家有关法律法规。

2. 组织保障

（1）一般项目由采购部门牵头负责。

（2）重大项目成立项目领导小组。

（3）项目全过程中，计划、采购、财务等部门紧密衔接、配合。

3. 信息沟通

（1）采购计划编制中的配合与协调。

（2）采购计划与预算的沟通协调。

（3）商务谈判中涉及原采购计划重大变更情况的沟通。

（4）商务、财务部门就付款事项进行的相关沟通。

4. 管控思想

（1）以风险控制为导向。

（2）各环节控制由业务管理部门实施自主管理。

5. 制度支持

（1）采购管理办法。

（2）合同管理办法。

（3）商务谈判组织管理制度。

（4）招投标管理办法。

（5）招投标工作监督办法。

（6）财务管理办法。

（7）资金管理办法。

（8）财务事项审批办法。

（9）预算管理办法。

6. 监督检查

（1）采购项目后评估。

（2）采购项目阶段性审计和综合审计。

（3）采购管理程序执行情况的测试检查。

（4）监督整改和规范。

6.2.3　采购人员的培训与职业规划

采购人员做出的采购决策不能服众，甚至很多细节存在明显漏洞，让生产、财务部门感到不满，进而导致无休止的内部争论，产品生产周期因此大为延长，企业内部甚至因此陷入不信任矛盾。

这些都是采购人员专业性不强容易导致的问题，这往往也暴露出企业内部管理存在明显问题，即缺乏科学有效的培训体系。

作为物料采购的核心，采购人员如果不能做出专业的评判，不仅会导致供应商供货问题不断，还会引发内部信任危机，让其他部门认为采购过程存在徇私舞弊的现象。

没有人才做基础，企业的成本中会产生更大浪费，直接影响到未来的经营，这不是用简单的数字就可以衡量的。因此，企业必须建立完善的采购人员培训机制，并帮助采购人员做好职业规划，引导采购人员不断成长。

1. 建立采购人员培训机制

每一位新入职的采购人员，都应当接受专门的入职培训，以了解并认可企业价值观、融入企业文化范围。与此同时，企业在平时也要设立与采购相关的专业培训，让每位采购人员都能做到术业有专攻，不断提升专业能力。

为了增强培训效果，内部培训还应引入考评机制。如果能够顺利通过培训，采购人员将有更多机会晋升或获得奖励；如果不能通过培训，则可能面临职级调整，甚至被认为不适合该岗位。

采购人员对企业采购及正常运营具有至关重要的影响，企业必须加强对相关人员的培训，用专业说话、用专业服众，只有这样才能保证采购活动有序开展。

2. 做好采购人员职业规划

每位采购人员都有实现自我价值的需求，他们在工作中不只是为了获得薪酬，更是为了获得成长。企业需要帮助每位采购人员做好职业规划。

为此，企业首先要在企业内部建立完善的晋升机制，设立专业和管理两条晋升序列，让专业的采购人员的专业能力得到充分发挥，让具有管理能力的采购人员做好采购部门的管理。

结合企业晋升机制，企业可以定期与每位采购人员进行深入沟通，帮助采购人员明确他们的优势和缺陷，并指导他们进一步发挥自己的优势并弥补缺陷。这样的沟通，最好在绩效考核之后进行，凭借绩效考核结果，企业帮助采购人员制定职业规划也更有理有据。

6.2.4 采购职业道德管理

由于采购工作的特殊性和敏感性，采购人员的职业操守问题让不少企业感到困扰。这些问题不仅影响着企业对外的竞争力，也使企业内部环境不佳，导致企业文化不能良好地延续。

职业操守既是个人问题，也是企业问题。要想解决职业操守问题，从企业角度来看，值得研究的是怎样的采购环境和工作流程制度能够有效控制和杜绝采购人员出现职业操守问题，能够让其更专注于事业的发展和为企业做出贡献。这也是本节要重点分析和探讨的话题。

先来看一个典型的采购人员腐败案例，即常见的"吃回扣"现象。

某大型超市的一名采购经理，因为吃回扣，两度被法院判刑，最终进了监狱。

该采购经理第一次吃回扣是由于垄断毛肚、鸭肠和海白菜的采购。他让老乡垄断了该超市毛肚、鸭肠和海白菜的供应，每月至少收3 000元的回扣，11个月内总共收了4万多元的回扣。后来，生意不好做，老乡转行。

第二次吃回扣是在活鱼产品的采购上。区县养殖者向超市送活鱼，每0.5千克给他0.5元的回扣，希望他在审查送到超市的活鱼时手下留情，不要太挑剔，"这样对大家都有好处"。

该采购经理清楚，顾客买鱼肯定要选鲜活的。然而，从区县运到主城，路途遥远，比起就近运输，死鱼比例会很高，快死的也不少。按照规定，死掉的鱼和快要死的鱼都不准进超市。但看在每 0.5 千克鱼有 0.5 元回扣的份上，该经理对不新鲜的鱼睁一只眼闭一只眼，5 个月拿了 1.5 万元回扣。此外，该经理逢年过节还收受供应商的烟酒礼品，最终将自己送进了监狱。

表面上看是供应商主动给回扣，但不管是老乡还是熟人，拿了回扣的人总会表现出不公平和不公正。这样的不公平、不公正，最终将导致企业整体利益的损失。

要预防采购腐败，提升采购人员的职业操守，企业就要做好采购职业道德管理。以预防为本、防消结合，构建"不能腐"的采购环境，同时要构建"不敢腐"的严惩机制；还要结合正向激励，正确引导采购人员及采购团队的价值取向，使其通过为企业降本增效获得激励和奖励，让团队和个人的成长发展与企业发展保持同步。

1. 组织层面的规划

很多企业将采与购的岗位职能进行分离，采只负责选择供应商，确定质量、价格、产能、交付条件等；购只负责向合格供应商下单采购。还有的企业除了将采与购分离外，还另外设立了采购分析和采购控制等岗位。

采购分析做专业的数据和市场分析，对采购价格进行审核和建议；采购控制对采与购的工作流程进行监督监控。这样设计的好处是各岗位之间既互相支持又互相监督，可以避免一岗到底、一人说了算的局面造成的采购腐败。

2. 制度层面的规划

（1）签订协议。

凡是与公司建立合作关系的供应商都需要和公司签订《采购廉洁协议》和《商业保密协议》；采购岗位的相关人员上岗前也要与公司签订《采购廉洁协议》和《商业保密协议》。这样做目的是明确公司的底线和红线，增强采购人员和供应商的法律意识和道德意识。

《采购廉洁协议》是甲方公司（泛指采购方）和乙方公司（泛指供应商）之间关于廉洁商务往来的协定，其中也包括规范采购人员的所有采购行为的廉洁条款及相关法律支持的条款。

例如，"若未向甲方公司报备，甲方工作人员不得擅自参加任何可能影响公正履行职务的乙方任何人举办的公开的或私下的宴请和娱乐活动。"

"乙方及其工作人员不得为谋取不正当利益擅自与甲方工作人员就供应关系的各项相关事项进行私下商谈或达成约定。"

"甲方工作人员不得以任何形式向乙方及其工作人员索要或收受各种名义的回扣、手续费等。"

（2）留痕管理制度。

留痕管理的目的在于保证采购流程的每个节点都具有可追溯性。留痕管理的基本理念是严格按照规定去做，严格按照行动进行记录。尤其是记录，应该涵盖工作的每个关键节点和流程。

在数字化采购和 ERP 系统逐渐普及、完善的今天，很多企业的采购环节实现了线上采购和采购功能自动化。数字化采购是目前解决留痕管理问题的有效手段，它使每一个操作都有记录、可追溯、不可篡改，避免了人为主观因素对制度流程的篡改造成的失真影响。因此，越来越多的企业开始重视数字化采购在企业采购过程中的应用。

3. 流程层面的规划

组织、制度设立合理完善后想要落地，就要依靠流程。流程是保证制度、措施有效落地的决定性因素，企业想要避免采购腐败，就要重视流程设计并不断优化。好的采购流程既能保证效率又能防控风险。在流程设计中，企业通过关键节点的设计和流程路线的优化能够达到上述目的。

从供应商评审、供应商引进，到打样试样、采购订单，再到接收入库、付款核销，每一项工作都要有明确的流程。采购人员应知道行动标准、行动关键点所在以及如何记录每一步的操作，尤其应了解需要完成哪些审批步骤才能流转和变更或进行下一步工作。这样，流程才能保证端到端的全覆盖。

4. 绩效层面的规划

企业要求什么、鼓励什么，就应该倡导什么、考核什么。道德管理的相关指标不仅要列入采购人员的绩效考核，同样要运用到供应商的绩效评估中。

这样，供应商就能很明确地知道可为和不可为的界限，再对其进行管理就相对简单，人情方面的影响因素就能够最小化。但另一方面，供应商绩效评估的要点在于评估指标尽量客观、可量化，主观因素应尽可能少。只有这样，评估结果才能让供应商信服，企业也才能将供应商管理有效地进行下去。

5. 文化层面零容忍

企业文化对采购腐败的零容忍是所有层面中最关键的环节，也是最有震慑力的环节。因此，企业的文化构建要具有清晰的价值导向。企业文化对采购腐败行为和环境的零容忍才是一切变革和改善的有力支持。

6.2.5 采购组织设置与管理

只有在完善的采购组织内，每位采购人员才能充分发挥各自优势，并发挥协同作用，推动企业采购活动的有序运转及持续改进。

1. 采购组织设置

在实际工作中，根据企业情况不同，企业可以按照不同的标准设计采购组织形式。

（1）按企业规模设计。

中小型企业的采购组织形式较为简单，如图 6.2-2 所示；大型企业则较为复杂，如图 6.2-3 所示。

图 6.2-2　中小型企业采购组织形式

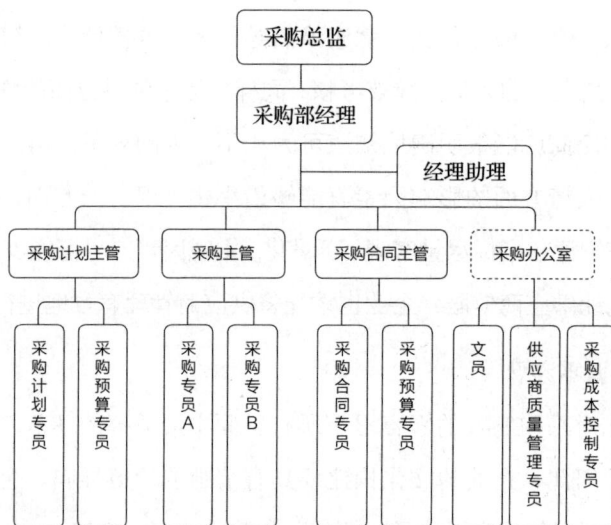

图 6.2-3　大型企业采购组织形式

（2）按专业分工设计。

根据采购过程中的专业分工，采购组织形式的结构则一般如图 6.2-4 所示。

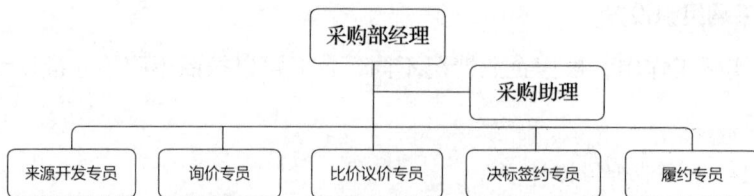

图 6.2-4　按专业分工设计的采购组织形式结构

（3）按采购物料类别设计。

按所采购的物料类别来设计采购组织形式，则一般如图 6.2-5 所示。

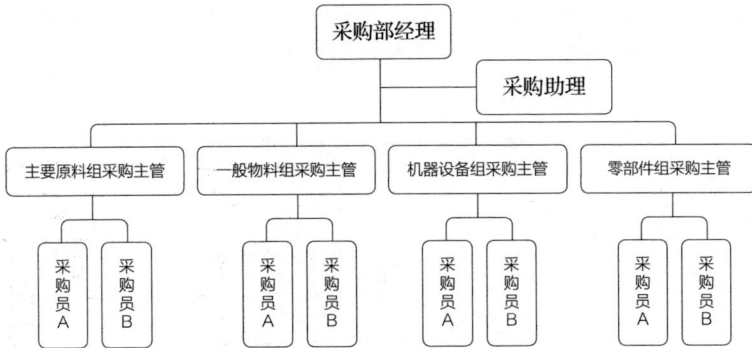

图 6.2-5　按采购物料类别设计的采购组织形式结构

2. 采购组织管理

要对采购组织进行有效管理，需要企业根据自身规模和采购特点分设不同职能部门或不同岗位。机构设置应当按照科学、精简、高效、制衡的原则，对各机构的职能进行科学的分解，明确各个岗位的权限和相互关系。既要避免职能交叉、机构设置过于复杂，又要避免权力过于集中。

根据采购过程中的职能不同，采购岗位的设置可借鉴图 6.2-6。

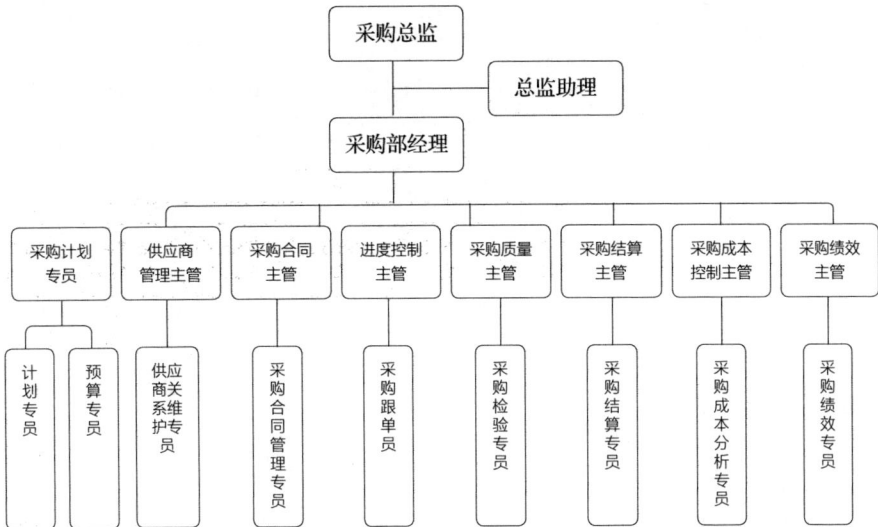

图 6.2-6　采购岗位职能分工

第7章
采购订单处理与交期管理

　　采购订单是企业向供应商发出的订货单据，是采购双方签订采购合同的重要依据，包含了采购活动涉及的所有重要信息，如采购数量、规格、质量、价格及交期等。采购订单的有效处理是采购活动有序推进的基础，也是交期管理的前提。

7.1 采购订单类型

根据采购需求的不同,企业在采购过程中需要选择相应的采购订单类型,以实现企业利益的最大化。一般来说,采购订单类型主要有 4 类,其特性和使用场景也各不相同。

7.1.1 标准采购订单

标准采购订单,适用于在某一供应商处进行一次性的物料或服务采购。

当企业与供应商确认了物料的数量、质量、交期等关键指标,且不存在长期约定时,标准采购订单是比较常用的采购订单类型,一般适用于一次性或外协加工类的采购活动。

7.1.2 合同采购订单

使用合同采购订单时,企业一般还未确定采购的具体物料和数量,但已经确定了供应商与采购金额。后期,企业则可以根据采购需求,采购不同种类、不同数量的物料。

例如,某超市与某副食批发商签订了一笔100万元的合同采购订单,超市在后续经营过程中,根据市场变化,决定购入矿泉水、可乐或橙汁。

7.1.3 一揽子协议

一揽子协议则适用于企业确定了采购物料和价格，但并未确定需求时间或数量的情况。企业与供应商签订一揽子协议，就是与供应商约定："我需要这个物料，也认可这个价格，但我不确定什么时候需要多少数量。等我确定时，我再通过一揽子协议通知你。"

国内很多企业与供应商在使用一揽子协议时，将其变形成为一张认定的价目表，企业可以随时根据价目表采购相应物料。

7.1.4 计划采购订单

计划采购订单则适用于长期稳定的采购需求。在计划采购订单中，企业对采购物料、金额、数量、交期等各项要素都十分明确，供应商必须按照计划供应相应物料。

一般而言，长线物料的备料和关键材料的采购，都应当通过计划采购订单采购，以保证企业的正常生产经营，避免因物料缺货或价格波动对企业利益造成影响。

7.2 采购订单处理流程

采购订单是采购双方订立采购合同的重要依据，为了对采购订单进行有效管理，企业必须建立完善的采购订单流程。

7.2.1 采购申请流程

请购是指企业生产经营部门根据采购计划和实际需要，提出采购申请。为了确保请购流程的妥善进行，企业应建立采购申请制度和预算制度，要求各部门于每年12月底前制定下一年度物料需求计划，并报董事会等机构审批。

为了避免发生未经审批擅自进行采购，导致采购物料过量或短缺的情况，企业必须建立严格的请购流程及审批机制。

1. 建立采购申请制度

依据购买物料或接受劳务的类型，确定归口管理部门，授予其相应的请购权，明确相关部门或人员的职责权限及相应的请购程序。企业还可以根据实际需要设置专门的请购部门，对需求部门提出的采购需求进行审核并进行归类汇总，统筹安排企业的采购计划。

2. 办理请购手续

拥有请购权的部门对预算内的采购项目，应当严格按照预算执行进度办理请购手续，并根据市场变化提出合理的采购申请。对于超预算和预算外的采购项目，应先履行预算调整程序，由具备相应审批权限的部门或人员审批后，再办理请购手续。

3. 进行请购审批

具备相应审批权限的部门或人员审批采购申请时，应重点关注：采购申请内容是否准确、完整；是否符合生产经营需要；是否符合采购计划；是否在采购预算范围内等。

对不符合规定的采购申请，审批部门应要求请购部门调整请购内容或拒绝批准。

7.2.2 询价与合同

采购申请经审批通过之后，采购人员即可向供应商发出采购订单进行询价，如各项细节确认无误，双方则可签订采购合同。

需要注意的是，在发出采购订单之前，采购人员要对采购价格有明确的认知，避免因不懂行情，使得采购订单价格过高，导致采购成本增加；或采购订单价格过低，导致采购订单被供应商拒绝。

1.确定采购价格

如何以最优"性价比"采购到符合需求的物资，是采购部门的永恒主题。不科学的采购定价机制，不恰当的采购定价方式，都可能导致采购价格不合理，造成企业资金损失。

（1）健全采购定价机制。采取协议采购、招标采购、询比价采购、动态竞价采购等多种方式，科学合理地确定采购价格。对标准化程度高、需求计划性强、价格相对稳定的物资，通过招标、联合谈判等公开、竞争的方式进行采购。

（2）重要物资价格跟踪。采购部门应当定期研究大宗通用重要物资的成本构成与市场价格变动趋势，确定重要物资品种的采购执行价格或参考价格。采购部门应建立采购价格数据库，定期开展重要物资的市场供求形势及价格走势商情分析并对其进行合理利用。

2. 询价原则

使用询价采购法时，要遵循四大基本原则，我们在第 5 章已经讲过，不再赘述。

询价是处理采购订单的必经流程，其操作过程中必须严格遵循以上四大原则，否则就可能有失公平。

3. 签订采购合同

采购合同是保障企业采购活动顺利推进的重要法律文件。因此，在签订采购合同时，企业不仅要关注物料数量、规格、价格、品质、交期等核心要素，也要选择符合企业利益的采购订单类型，签订相应的采购合同。

（1）短期合同。短期合同类似于一次性交易，依靠短期合同，企业可以在满足自身采购需求的同时，保持极大的灵活性。

然而，短期采购的不稳定性也会影响采购谈判的效果，出现价格、交易及服务等方面的不足。因此，企业可以选用标准采购订单，并签订短期合同。

（2）长期合同。长期合同是由买方承诺在某段时间内，向卖方采购一定数量的物料的合同。长期合同的签订，不仅能够帮助企业降低采购价格，也是供需双方建立信任的基础。

然而，长期采购也存在不足，比如价格调整困难、合同数量固定、供应商变更困难等。因此，在签订长期合同之前，企业必须选定最合适的供应商，并确保合同内容足够完善，以免因条款限定，在目标物的价格、数量或质量等问题上陷入被动。

（3）框架协议。在 JIT 采购中，企业与供应商之间存在多批次、小批量的采购交易。然而，企业不可能为每笔交易都签订合同，而由于采购数量和时间的不确定，长期合同内容的确定也存在困难。

此时，采购框架协议 (purchasing framework agreement) 就是很好的选择。当供需双方存在许多小批量的重复交易时，双方可通过一个特殊的合同机制覆盖此类需求，将每笔交易放在同一个框架下进行运营。而根据每笔交易的特殊性，企业也可根据协议进行具体操作。这也就是一揽子协议的适用情况。

如此一来，企业就可以在获取长期合同效益的同时，确保物料采购的灵活性。

7.2.3　采购订单结构

在不同类型的企业中，由于采购订单的传递路线和使用场景不同，其采购订单样式也各有不同。但任何实用的采购订单都应当包含头部、正文和尾部 3 部分。

如图 7.2-1 所示，采购订单结构的 3 部分主要包括以下内容。

（1）订单头部，包括订单编号、供应商名称、订单日期等内容。

（2）订单正文，包括物料名称、规格、数量、价格等基本信息以及交期、品质等交易条款。

（3）订单尾部，包括订单制单人、审批人。经双方核实无误后，采购双方须加盖公章。

订单编号：　　　　　　　　　　　　订单日期：

供应商：　　　　　　　　　　　　　送货地点：

请严格按照贸易条件提供以下物品或服务

序号	品名	规格	单位	数量	单价含税（税率17%）	金额	交货数量及日期		
1									
2									
3									
4									
5									
6									
7									
8									

第一联：供应商

第二联：采购存档

注：交易条款

1）交期

供应商必须遵循订购交期或本公司采购部电话及书面通知调整的交期，若有延误，每逾一日，扣除该批货款____%

2）品质

提供材料检验报告或合格证以及出厂检验报告或合格证

3）不良品处理

　　3.1 检验后，如发现品质不良或损坏，供应商获通知后，尽快补足，若逾期，则按第一条内容执行，并在 3 日内将该退货部分取回，逾期本公司概不负责

　　3.2 若急用，需用他品替代，所需人工费用由供应商负责

4）其他

4.1 所有物品需标识、编号

4.2 交货时请在送货单上注明本订购单号，并附上统一的发票

制单：_____　审批：_____　供方：_____

图 7.2-1　采购订单

7.3 采购物料请购

物料请购的规范化管理是处理采购订单的前提。企业的每一笔采购都应当经过相应的审批流程，只有经审批通过的采购需求，采购部门才能着手制定采购计划并将相应物料采购入库。因此，企业要根据物流采购需求的不同，制定相应的请购处理办法。

一般而言，采购物料请购管理流程如图 7.3-1 所示。

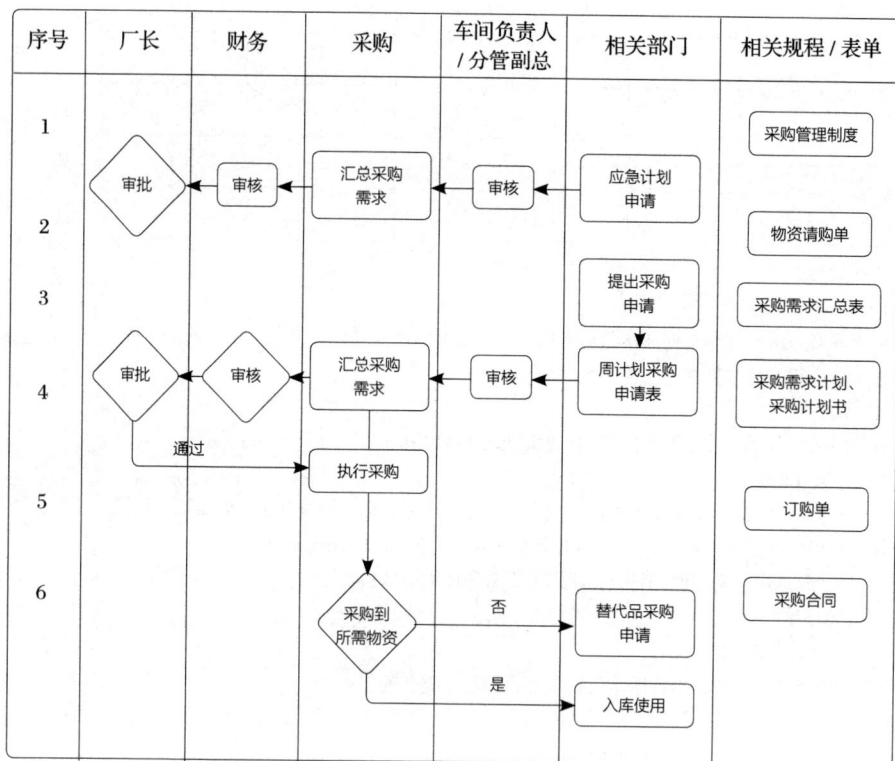

序号	厂长	财务	采购	车间负责人/分管副总	相关部门	相关规程/表单
1						采购管理制度
	审批	审核	汇总采购需求	审核	应急计划申请	
2						物资请购单
3					提出采购申请	采购需求汇总表
	审批	审核	汇总采购需求	审核	周计划采购申请表	采购需求计划、采购计划书
4		通过	执行采购			
5						订购单
6			采购到所需物资	否	替代品采购申请	采购合同
				是	入库使用	

图 7.3-1　采购物料请购流程

7.3.1 标准请购处理

针对一般的物料采购需求，企业应按照标准请购流程进行处理，如表 7.3-1 所示。

表 7.3-1　标准请购处理流程

	流程节点	责任人	工作说明
1	提出采购申请	需求部门	1. 各部门应根据日常经营活动需要，于每周六下班前提出下周物资采购申请 2. 各部门向采购部递交请购单，请购单要说明请购的品名、数量、需求的日期、预算金额、库存数量等
2	汇总采购需求	采购员	采购部根据请购单的内容对采购需求进行汇总，并进行需求分析
3	库存调查	采购员	查核需采购物资的库存情况
4	采购预算	采购员	进行采购预算，提交审批
	审核	采购主管	审批采购预算及采购计划的合理性
	审核	财务部	对采购申请进行预算复核，并交法人审批
	审批	总经理	对采购申请进行审批签字
5	执行采购	采购部	采购经理安排采购任务，制定采购作业计划，并组织实施采购工作，参照采购总流程
6	入库使用	相关部门	采购合格的物资交由仓储部入库并分发使用

在标准请购处理中，需求部门需填写如表 7.3-2 所示的请购单。

表 7.3-2　请购单

请购部门		申请人员		物资用途	
物资详细信息					
序号	名称	型号、规格	数量	预计单价	预算合计
合计	（人民币大写：　　万　仟　佰　拾　元　角　分）				
部门意见及签名	签名（盖章）：　　　　　　日期：　年　月　日				
采购主管意见及签名	签名（盖章）：　　　　　　日期：　年　月　日				

7.3.2 小额请购处理

针对单价不高、数量不大的零散物料的请购，如果按照标准申请处理流程，则较为烦琐。因此，企业可以设置小额请购处理流程，以简化小额采购流程，提高采购效率。

小额物料采购，一般可由需求部门自行进行，但必须符合部门采购预算且提供完整的采购凭证。

企业可根据自身情况，设定小额采购的金额门槛，比如 1 000 元或 5 000元以下的物料，需求部门可自行通过电商平台或线下门店进行采购，但需获得相应发票，并在后续流程中填写相关单据。

7.3.3 替代品采购处理

当无法采购到计划物料时，为避免影响企业的正常运营，采购人员或需求部门可以提出替代品采购申请，替代品采购申请单如表 7.3-3 所示。

表 7.3-3　替代品采购申请单

日期：　　　　　　　　　　　　　　　申请部门名称：

序号	原用品名	替代品名	数量	单价	金额	替代原因

采购部门：　　　　　　　　　　　　　　审批：

在替代品采购申请中，企业应当注意以下事项。

（1）一般物料的替代品采购申请，只需采购主管审批即可。

（2）重要物料或关键物料的替代品采购申请，则需由总经理审批。

（3）如涉及技术问题，则应有相关技术人员参与。

7.3.4 临时紧急请购处理

针对临时出现的紧急采购需求，需求部门需填写请购单，并将其直接交由总经理签字确认，再交由采购部进行采购。

为规范物料请购的处理，企业应对临时紧急请购需求进行限制，如每周的紧急请购不得超过 3 条。否则，大量的临时紧急请购申请会使得企业的请购管理制度失去意义。

7.4 采购订单跟踪

采购订单跟踪是采购人员的重要职责。只有通过持续的订单跟踪，采购人员才能确保采购订单的正常执行，并确保企业采购需求得到满足、库存水平得到控制。

在采购订单的处理过程中，合同、需求和库存经常会产生矛盾，出现合同难以执行、需求无法满足或库存难以控制等问题。因此，采购人员必须在采购订单跟踪中，恰当地处理相关问题，这也是采购人员能力的重要体现。

7.4.1 物料需求计划更改跟踪

在企业的生产运营过程中，因为种种原因，在发出采购订单之后，企业的物料需求计划也可能发生改变。此时，针对物料需求计划的更改，采购人员也需进行跟踪，与供应商进行沟通协商，及时解决相关问题。

1. 交期提前

当市场需求紧急时，企业为了加快生产进度，就需要供应商提前供应物料。对此，采购人员应立即与供应商进行沟通协调，要求采购物料提前供应甚至立即到货。

如供应商对此确有疑难，采购人员也应及时上报，必要时应协助供应商解决问题，以确保供应商能提前交货。

2. 交期延迟或数量减少

当企业面临滞销问题时，则可能希望通过延迟交期或减少采购数量，来减轻库存压力。对此，采购人员也应尽快与供应商进行沟通，确定对方可以承受的延缓时间或减少的数量，避免对方承受重大损失。必要时，企业则需要根据合同要求做出相应赔偿。

3. 取消订单

当陷入严重困境或决定更改产品线时，企业可能做出取消订单的决定。对此，采购人员需及时通知供应商，并做好承担违约责任的准备。

在供应商接到通知后，采购人员应与对方进行友好协商，核对对方因取消订单遭受的损失，并与财务、法务部门进行沟通确认，对供应商进行相应赔偿。

7.4.2　订单确认跟踪

采购人员在向供应商发出采购订单后，应及时确认对方是否收到并接受采购订单。

（1）如供应商表示尚未收到，则该采购事项仍处于无效状态，企业物料需求如未发生更改，则可以调查未收到原因，必要时重新向供应商发送采购订单。

（2）如供应商没有表示接受，则该采购事项同样处于无效状态，该采购订单也不能构成合同。

（3）如供应商对订单条款有异议，采购人员应与供应商进行进一步沟通，确认采购订单中的各个事项，经协商一致后，再重新向其发送采购订单。

（4）如供应商表示接受采购订单，采购人员则应督促对方发出"接收函"，签订采购合同，并着手备货、执行订单。

7.4.3 装运确认跟踪

在物料的运送过程中，可能出现物料因种种原因未发送、未及时到达或物料残损等情况，这些情况都会极大地影响物料的准时、准确供应。

因此，采购人员还需对物料的装运进行确认跟踪。

根据供应商提供的生产日程，采购人员应督促对方及时进行物料装运；待物料交由承运商运输之后，采购人员也需获悉运输单号，并及时确认物料的运输状态，避免物流差错对企业的生产运营造成重大影响。

如物料在运输途中出现物流差错，采购人员应与供应商、承运商沟通，找出解决方案，尽可能减少企业损失。

7.5 采购验收与交期管理

采购活动的一个重要原则，就是在合适的时间获取适量、适质的物料。这就需要采购人员对验收环节与交期进行严格管理，确保物料准时到达仓库，并按合同要求进行验收。在此过程中，如出现验收问题或交期延误，采购人员需及时进行解决。

7.5.1 交货方式、运输方式和到货地点确认

采购人员在发出采购订单及签订采购合同时，应对交货方式、运输方式、到货地点等细节进行确认。

在重要物料的采购过程中，采购人员还需与承运商进行沟通，避免物流因素导致交期延误。

7.5.2 规定合适的前置期

在与供应商进行沟通洽谈时，采购人员需要深入了解供应商备货、运输、

检验等各项作业所需的时间，从而确定采购的前置期，在合适的时间进行采购，从而确保物流的准时供应，并尽量实现库存的最小化。

7.5.3 采购催货的规划

在确定交期之后，为避免出现交期延误或提前交货的情况，采购人员应做好采购催货的相关规划。

1. 催货工作准备

有效的采购催货，离不开采购人员对采购订单及供应商情况的深入了解。在进行催货工作准备时，采购人员要注意以下内容。

（1）确定交货日期及数量。

（2）要求供应商提供生产计划或日程表。

（3）了解供应商主要生产设备的利用率。

（4）了解供应商物料管理及生产管理能力。

（5）明确采购合同中关于交期及验收的相关条款及违约责任。

（6）准备替代品物料采购渠道。

2. 采购进度控制

采购催货的规划核心就是采购进度控制，其主要内容包括购运时间预估及生产进度控制两方面。

（1）购运时间预估。采购人员要对请购、采购、供应商生产、装运、验收等各项作业的时间进行准确预估，并据此进行合理规划。

（2）生产进度控制。采购人员应要求供应商提供生产进度计划及实际生产进度，并对计划及实际情况进行对比，督促供应商按计划生产、供货。需要注意的是，此项内容应当在采购订单或合同中明确。

3. 实时沟通

采购人员应与企业内部相关部门保持密切联系，了解各部门的计划变更情况，并据此对采购进度进行控制。

与此同时，采购人员也要与供应商保持定期联系，以掌握供应商的实时信息，并向其传递己方需求。

7.5.4 采购跟催执行

采购跟催主要根据供应商提供的生产计划或生产日程表进行，采购人员需及时了解供应商备货进展，定期对其进行督促，避免出现交期延误或提前交货等情况。

根据采购催货的规划，采购人员可与仓库部门进行协同，了解是否按照规定时间收到验收报表，如未收到验收报表，则要及时与供应商进行沟通。

基于采购催货的规划及进度跟踪，当采购人员发现供应商的供货进度可能影响交期时，要及时采取相应措施，消除交期延误对企业生产经营造成的负面影响。

针对重要的物料，采购人员在要求供应商按时报送进度表的同时，还应定期进行实地考察，检查供应商的生产进度。需要注意的是，如果企业有实地考察的需求，要事先在合同中明确相关条款。

为了确保采购跟催的有效执行，企业可制定跟催工作的考核机制，内容如表 7.5-1 所示。

表 7.5-1　跟催工作考核机制

考核对象	考核内容
采购人员	1. 跟催次数及沟通情况 2. 对交期延误的原因进行分析 3. 对交期的控制情况
供应商	1. 交期延误次数、时间及数量 2. 交期延误造成的损失 3. 对交货及时、质量优良的供应商，进行奖励或给予付款优惠

7.5.5 物料验收入库注意事项

企业应当对入库的物料进行严格验收。物料验收主要包括核对凭证、包装验收、数量验收、质量检验等内容。

1. 凭证核对

企业需对入库的相关凭证进行仔细核对，如发现物证不符、单据不全，则应及时与供应商、业务部门进行沟通，快速解决问题。涉及的凭证包括以下内容。

（1）验收依据凭证，如入库通知单、采购订单、合同等。

（2）供应商的验收凭证，如质量证明书、合格证、明细表等。

（3）承运商提供的运输单证，如提货通知单、货物残损记录等。

2. 物料验收

在凭证核对完成之后，企业则可对物料实物进行验收，主要分为包装、数量和质量3个环节。

为提高验收效率，如采购合同中无明确规定，企业可采用抽验法进行验收，但采购比例的制定需遵循如表7.5-2所示的原则。

表7.5-2　抽验比例确定原则表

影响因素	评判标准或原则
货物价值	货物价值高的，抽验比例大；货物价值特别高的，全验
货物性质	货物性质不稳定、质量易变化的，抽验比例大
气候条件	在雨季，怕潮货物抽验比例大；冬季，怕冻货物抽验比例大；夏季，易变质货物抽验比例大
运输方式	采用容易影响货物质量的运输方式运送的货物，抽验比例大
供应商信誉	信誉好的供应商货物，抽验比例小，特殊情况可以免检
生产技术	生产技术水平高的供应商供应的产品，质量稳定，抽验比例小
储存时间	入库前已储存较长时间的货物，应当提高抽验比例

在物料实物验收环节中，如发现验收问题，同样应当及时解决。

（1）数量问题。如数量多余或短缺，则应复核确认，并在送货单上批注清楚，由仓管人员和送货方共同确认签章后，按实数签收，并通知供应商。

（2）包装问题。如包装有异样。验收人员应和送货方共同开箱进行检查，并由送货方出具货物异样记录，仓管人员可将之另行存放等待处理。

（3）质量问题。如物料出现残损，验收人员应将残损物料单独存放，并立即通知供应商检查处理，仓管人员则应分开签收完好物料和问题物料。

7.5.6　交期应急管理

当企业面临交期延误等异常情况时，为了确保企业生产运营的有序推进，避免企业因此遭受重大损失，企业应制定完善的应急管理方案，及时对异常情况进行有效处理。

（1）及时沟通。采购人员应与供应商进行及时沟通，督促供应商尽快交货，以减少交期延误对己方造成的负面影响。

（2）替代品采购。如供应商的交期延误情况超出己方接受范围，采购人员则需及时进行替代品采购，以满足企业生产运营需求。

（3）损失赔偿。待核算完相关损失，采购人员则可据此要求供应商按合同规定进行赔偿。

在进行应急管理的同时，企业还要定期根据采购经验对交期延误原因进行总结，并在后续的采购管理中进行改善。常见的交期延误原因如表 7.5-3 所示。

表 7.5-3　交期延误常见原因分析表

原因	具体内容
供应商责任	供应商接单量超过产能；生产计划不合理；出现采购和供应危机；质量管理不当等
本公司责任	采购部供应商选择错误；业务手续不完整；价格决策不合理；进度掌握与督促不力；经验不足；频繁更换供应商且条件过于严苛等
	采购专员采用了紧急订购方式；选择了错误的订购对象；跟催不积极等
	其他部门的请购前置时间不足；技术资料不齐备；设计变更或标准调整；订购数量过少；点收、检验延误；请购错误等
其他原因	采供双方沟通不良，如未能掌握一方或双方的产能变化，质量标准沟通不一，未达成单价、付款、交期方面的共识等
	偶发不可抗力因素，如自然灾害，经济、政治、法律因素的变动等

针对不同原因造成的交期延误，采购人员需执行相应的跟催方案。

（1）因供应商原因导致的交期延误，采购人员应及时进行催货，如对企业造成损失，则应要求供应商按照合同要求承担违约责任。

（2）因本公司原因导致的交期延误，采购人员则要加强交期意识并提高业务能力，企业则需按照绩效管理办法对相关责任人进行处理。

（3）因双方沟通不良导致的交期延误，企业则要加强内部控制，优化采购工作流程，建立完善、畅通的沟通渠道，与供应商保持良好沟通。

（4）因偶发不可抗力因素导致的交期延误，企业则需与供应商协商处理，力求尽可能地减少双方损失。对于因自然灾害造成的损失，企业可以寻求保险公司的赔偿。

第 8 章
采购运输、仓储与库存管理

　　采购的运输、仓储与库存成本，是采购成本的重要内容。很多时候，企业费尽心思拿到了优势采购价格，却因为忽视了对采购运输、仓储与库存的管理，导致采购总成本不降反增。在采购价格愈趋透明的当下，立足于采购全流程的高效协同，运输、仓储与库存在采购管理中的价值与地位也日益凸显出来。

8.1 采购运输管理

运输是采购活动中物料转移的关键环节，采购运输管理的效果直接影响着采购成本和效率。如果物料运输不及时，甚至可能影响企业的正常生产运营。

只有将采购运输环节不断分解，选择合适的运输方式与工具，并做好相关单据的管理，企业才能真正做好采购运输管理，将其打造为提升采购效率的支撑力量。

运输是货物流通赖以完成的手段与方法，主要有铁路、公路、水路、航空、管道5种运输方式。企业应当充分分析，以选择合适的运输方式。

1. 考虑因素

企业选择运输方式时要着重考虑以下5个要素。

（1）货物品种。即货物的性质、形状，这是选择运输方式的基础，需要考虑其适用性和成本。

（2）运输期限。这是企业确保准时交货的基本要素，包含运输及中转等作业时间。

（3）运输成本。这是采购成本的重要构成部分，涉及货物品种、容积、批量及运输距离等诸多要素。

（4）运输距离。企业应充分考虑运输距离与运输成本的关系，选择性价比更优的运输方式。

（5）运输批量。运输批量与运输成本之间一般存在反比关系，因此，为了有效控制物流成本，企业应尽可能地将商品集中运输到消费终端附近。

2. 主要方式

运输方式主要有铁路、公路、水路、航空、管道 5 种，其各有优劣。

（1）铁路运输。主要适用于长距离、大批量的货物运输，其速度快、成本低，但灵活性较差。

（2）公路运输。主要承担近距离、小批量的货物运输，其灵活性强，但运输距离较短。

（3）水路运输。主要适用于更长距离、更大批量的货物运输，其成本低、运力强，但速度较慢且易受季节、气候影响。

（4）航空运输。主要适用于价值高、运费负担能力强或时间紧急的货物运输，其速度快、受限小，但成本极高。

（5）管道运输。主要适用于气体、液体、粉状固体的运输，其安全性高、持续性强，但只适用于特殊货物的运输。

8.2　采购仓储管理

仓储管理就是对仓库及库内物资进行的管理。在仓储成本不断增加的当下，仓储管理必须对现有仓储资源进行合理优化，以实现高效的仓储服务。

作为一门经济管理学科，仓储管理同样涉及应用技术。随着智能技术的不断发展，企业必须及时调整仓储管理策略及方法，不断提高仓储规划、物流存储等环节的作业效率。

8.2.1　采购仓库规划

仓库规划管理，就是为了在确保成本可控的前提下，实现货物的高效流转。这个目标的实现，必然立足于仓库的有效选址与布局。

1. 仓库选址

在采购仓库存的规划选址环节，企业需要考虑自然环境、经营环境、基础设施和其他因素，如表8.2-1所示。

表8.2-1　仓库选址考虑因素

序号	考虑因素	具体因素	说明
1	自然环境	气象条件	年降水量、空气温湿度、风力、无霜期长短、冻土厚度等
2		地质条件	土壤的承载能力，避免淤泥层、流沙层、松土层等不良地质环境
3		水文条件	远离容易泛滥的大河流域和上溢的地下水区域，地下水位不能过高
4		地形条件	选择地势高、地形平坦的地方，尽量避开山区及陡坡地区
5	经营环境	政策环境	是否有优惠的物流产业政策对物流产业进行扶持；当地的劳动力素质的高低
6		商品特性	与产业结构、产品结构、工业布局紧密结合
7		物流费用	尽量将仓库建在物流服务需求地，如大型工业区、商业区
8		服务水平	是否能及时将产品送至客户手中，满足客户需求
9		竞争对手	竞争对手的竞争策略、与竞争对手的实力对比
10	基础设施	交通条件	交通便利，最好靠近交通枢纽，如港口、车站、交通主干道
11		公共设施	城市的道路畅通，通信发达，有完善的基础设施，如水电供应、垃圾处理等设施
12	其他因素	土地资源利用	充分利用土地，节约用地，充分考虑到地价的影响
13		环境保护要求	保护自然与人文环境，尽可能减少对城市居民生活的干扰
14		地区周边状况	周边不能有火源，不能靠近住宅区；周边地区的经济发展情况

2. 选址程序

基于仓库选址与布局需要考虑的诸多因素，企业在进行仓库规划时应当建立完善的选址程序，如图8.2-1所示，确保仓库选址与布局合理。

图 8.2-1　仓库选址程序

仓库选址必须经过严格的程序，而为了做出最科学的选择，在初步筛选之后，妥善的定量分析必不可少。常见的定量分析方法主要有以下 3 种。

（1）量本利分析法。

任何选址方案都需要投入一定的固定成本和变动成本，而其成本和收入也会随着仓库储量而变化。

量本利分析法就是对成本和储量进行量化分析，计算出各方案的盈亏平衡点处的储量及各方案总成本相等时的储量，进而进行比较，选择在同一储量点上利润最大的方案。

（2）加权评分法。

仓库选址需要考量多种因素，因此，企业可以根据自身需求对各因素给予相应权重，从而对各选址方案进行加权评分，最终根据得分选出最佳方案。

加权评分法的实施步骤一般如图 8.2-2 所示。

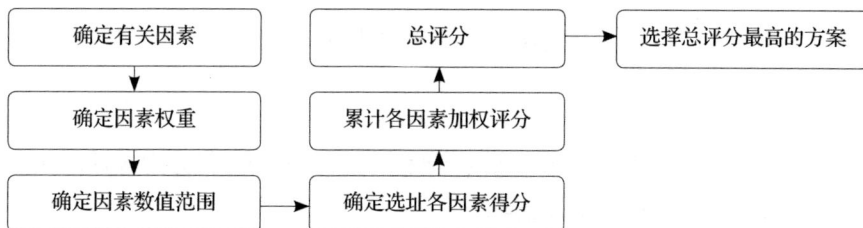

图 8.2-2　加权评分法实施步骤

（3）重心法。

重心法是一种通过选择中心位置降低成本的方法。重心法将成本看作运输距离和运输数量的线性函数，即距离越长或数量越多，成本越高。

因此，企业可以先在地图上确定各点的位置，再设定各点位置的坐标，计算出重心位置，就是最佳选址。

8.2.2 采购物料存储管理

采购物流存储管理需要考虑物料的入库与出库效率以及物料存储的质量。因此，在完成仓库选址规划之后，企业还需针对仓库日常储存的物料，进一步确定仓库布局及货位布置。

1. 仓库布局

仓库布局既要考虑到仓库的整体规划，也要考虑到内部的动线安排。

（1）总体构成。

大型仓库一般包含生产作业区、辅助生产区、行政生活区3个部分，如图8.2-3所示。

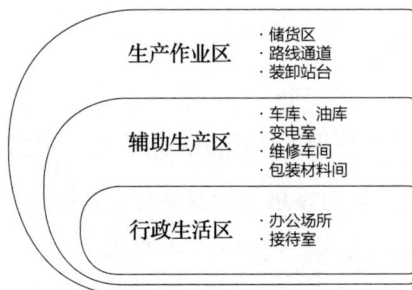

图8.2-3　仓库总体构成

（2）布局形式。

根据仓储需求的不同，仓库布局一般按照物料流动路线分为3种形式。

①U形流动，如图8.2-4所示。

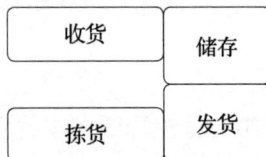

图8.2-4　U形流动

② 直线型流动，如图 8.2-5 所示。

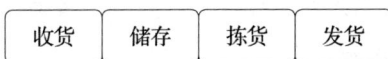

| 收货 | 储存 | 拣货 | 发货 |

图 8.2-5　直线型流动

③ T 形流动，如图 8.2-6 所示。

| | 储存 | |
| 收货 | 拣货 | 发货 |

图 8.2-6　T 形流动

2. 货位的布置与编号

确定了仓库内部布局，企业即可开始设置货位。所谓货位，就是仓库中物料存放的具体位置。一般而言，根据库区地点和功能的不同，不同货位用于存放不同的物料。

（1）货位布置原则。

根据仓储需求的不同，每个仓库的货位布置各异，但一般都需遵循以下 9 个布置原则。

① 物品面向通道存放，以便于出入库。

② 尽可能向高处码放，以提高仓库利用率。

③ 按照出库频率，从高到低、由近向远码放。

④ 按照物品重量，从重到轻、由近向远码放。

⑤ 按照物品体积，从大到小、由近向远码放。

⑥ 按照物品价值，从高到低、由上往下码放。

⑦ 按照物品重量，从重到轻、由下往上码放。

⑧ 按照物品体积，从大到小、由下往上码放。

⑨ 加快周转，先入先出。

（2）货位编码。

货位编码一般按照"四号定位"法进行，即"库号—架号—层号—位号"，实现四者统一、卡账编号统一。

货位编码一般遵循以下3个原则。

① 库号一般采用英文字母表示，其他3个编码则采用阿拉伯数字表示。

② 编号位数视货位多少而定。

③ 编码完成后，应用醒目字体制作成标牌及标签，悬挂、粘贴在相应位置。

8.2.3 仓储管理的原则与方法

不同企业有不同的物料需要存储，其仓储管理方法也应当视具体情况而定。为了进行更加完善的设计，仓储管理应当遵循以下7个原则，如图8.2-7所示。

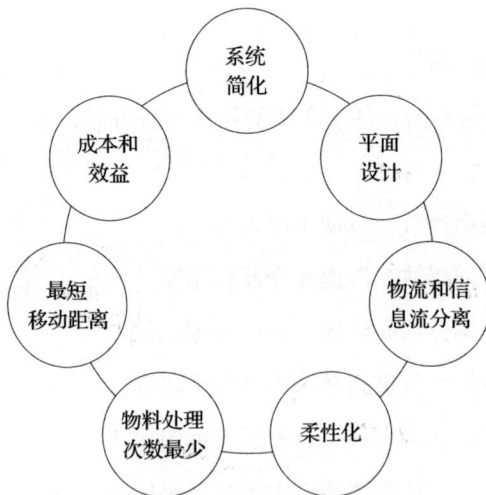

图8.2-7 仓储管理原则

1. 系统简化原则

由于仓储物料品种、外形的复杂性，仓储管理同样面临较复杂的情况。

对此，企业应当遵循系统简化的原则，对散装物品进行重新包装，将其组成标准的储运单元。

在此过程中，企业也需考虑运输车辆的载重量及载重空间，以及装卸设备、集装单位、仓储设施等元素，确保各环节可以协调配合，在异地中转时也无须换装，从而简化仓储作业流程、降低系统成本、提高仓储效率。

2. 平面设计原则

如无特殊要求，仓储管理应当尽量保持在同一平面进行，从而减少作业效率低、能源消耗大的起重机械的使用，进一步简化仓储管理流程、提高系统效率。

3. 物流与信息流分离原则

物流和信息流的综合应用，能够有效解决物流流向的控制问题，以系统提高仓储管理的准确率，这也是智能时代信息化管理的必然要求。为此，将物流和信息流分离，则可以实现信息的一次识别，并通过计算机网络将仓储信息传递至各个节点，避免各节点分别读取信息所造成的成本冗余。

4. 柔性化原则

智能时代的仓储环境存在复杂多变的特点，仓储货物的品种、规格和数量随时都可能发生改变。因此，在仓储规划管理时应遵循柔性化的原则，采用更具柔性的机械和机械化系统，并确保仓库扩大规模的可能性。

5. 物料处理次数最少原则

仓储管理涉及大量物料处理作业，而每一次的物料处理都需要耗费一定的时间和费用，也可能形成安全隐患。仓储规划应遵循物料处理次数最少原则，减少不必要的移动，或引入可以同时执行多个操作的设备。

6. 最短移动距离原则

物料移动的距离越短，所需的时间和费用也就越少。为此，仓储规划应当妥善考虑物料移动线路，避免线路交叉，保持物流通道畅通。

7. 成本和效益原则

更多的投资必然意味着更高水平的仓储能力，但也代表着更高的成本。成本和效益原则就是要考虑投资成本和系统效益之间的关系，在满足仓储管理需求的前提下，尽量降低投资成本。

8.3 采购库存管理

每一件库存都对应着相应的成本支出。在库存环节，物料如果没有经过妥善保管，可能出现变质、残损；而若物料过多产生积压，也会导致库存成本的增加。为此，企业必须引入智能化库存管理理念，借助各类智能化手段，提高库存管理的效率。

8.3.1 智能化库存管理

随着物料品种的不断增加，库存管理复杂性也随之提升。在传统人工库存管理的方式下，信息处理效率低且容易出错，这也是库存管理不善的主要原因之一。在智能时代，仓库必然需要走向智能化，借助各类智能化系统，推动库存信息和设备的整合与利用，最终打造出智能化仓库，以提升库存管理效率。

智能化库存管理，必然以数据收集与分析为基础。也只有在建立数据仓库，使数据资产充分发挥效用之后，企业才能借助各种智能化手段，挖掘出数据的价值，打造出真正的智能仓库。

1. 打造数据仓库

借助各种信息化系统，能够收集各种仓库信息数据，尤其是以下 3 方面的数据。

（1）仓库数据。如历史仓库管理数据、仓库布局及利用率数据等。

（2）物料数据。如库内物料的品种、数量数据及历史出入库情况。

（3）能力数据。如企业仓储能力和操作能力，以及人员绩效数据。

在收集数据之后，企业仍需学会有效运用数据，应建立数学预测模型，以实现科学、客观的自我分析。通过完善的数学预测模型分析，对自身情况形成更加全面的认知，从而推动科学决策。

2. 建设智能仓库

数据的深度应用离不开智能仓库的建设。借助各种智能系统，如制造企业生产过程执行系统（Manufacturing Execution System，MES）、仓库管理系统（Warehouse Management System，WMS）等，仓库信息化管理也能够上升到新的高度。

当然，智能系统的应用和搭建同样需要投入大量成本，如果企业内各部门的智能系统无法实现协同，投入的成本也难以发挥最大的效用。

因此，在建设智能仓库的过程中，企业应当通过调研分析、协商合作，搭建起覆盖业务全流程的智能系统，让智能系统真正提高企业的运营效率。

具体而言，建设智能仓库的过程中必须注重以下 6 个方面。

（1）工具性。

管理所需信息都由系统自动产生或由感知设备采集，如 RFID 技术、Tag 等，借助这些信息采集和通信工具，智能系统才能拥有完善的决策依据——数据。

（2）关联性。

供应链内各成员以及成员企业内各部门、系统、业务都应当处于高度关联中，从而形成相互关联、相互依存的智能网络系统。

（3）智能化。

让智能系统参与仓库管理，甚至主导管理决策，从而优化决策过程、改善管理绩效。

（4）自动化。

由自动化设备驱动业务流程，以此取代其他低效率的手段，如人工操作等。

（5）整合性。

支持供应链各方的协同合作，如联合决策、信息共享等。

（6）创新性。

持续推动智能系统的迭代升级，推动仓库信息化管理的创新发展，以满足企业诉求。

8.3.2　库存绩效管理

针对库存管理的各个环节，企业应制定相应的绩效指标，并明确每个指标的考核对象、周期和评估办法。

库存绩效管理应秉持科学、可行、协调、可比、稳定的原则进行。具体而言，库存绩效管理的重点在于库存绩效指标和评估办法两个方面。

1. 库存绩效指标

库存绩效指标一般包含财务、运营、营销3个方面的内容，如表8.3-1所示。

表8.3-1　库存绩效指标

指标类型	说明
财务指标	库存在收益和损失上的反映，如采购价格变动分析； 库存总投资； 相对于预算的绩效情况； 已销库存成本和持有库存成本
运营指标	库存周转率； 服务水平； 库存准确率； 采购物品指标； 相对于目标的绩效情况
营销指标	库存可用性，如缺货、订单丢失和备份订单； 服务和保修成本； 滞销导致的过时物资； 销售预测准确性

根据实际经营目标，企业可选取合适的库存绩效指标。常见的绩效指标主要有以下几种。

（1）库存周转率。

$$库存周转率 = \frac{年销售额}{年平均库存金额}$$

$$零售业的库存周转率 = \frac{总销售额}{总库存金额}$$

$$制造业的库存周转率 = \frac{销售物品金额}{总库存金额}$$

$$原材料库存周转率 = \frac{原材料消耗金额}{原材料平均库存值}$$

（2）出入库服务水平指标。

① 出库率。

$$出库率 = \frac{每月实际出库量}{每月计划出库量} \times 100\%$$

② 供给率。

$$供给率 = \frac{实际出库量}{要求出库量} \times 100\%$$

③ 及时发放率。

$$及时发放率 = \frac{实际及时出库的数量}{要求及时出库的数量} \times 100\%$$

④ 综合发放率。

$$综合发放率 = \frac{每月实际出库量}{每月要求出库量} \times 100\%$$

⑤ 物资收发差错率。

$$物资收发差错率 = \frac{计划期内发生收发差错的物资总量}{计划期内仓库的进出总量} \times 100\%$$

⑥账卡物相符率。

$$账卡物相符率 = \left(1 - \frac{账卡物不相符数}{库存物资总项数}\right) \times 100\%$$

（3）库存管理指标。

①仓库有效面积利用率。

$$仓库有效面积利用率 = \frac{仓库使用面积}{仓库内有效面积} \times 100\%$$

②仓库有效容积利用率。

$$仓库内有效容积利用率 = \frac{仓库使用容积}{仓库内有效容积} \times 100\%$$

（4）综合管理指标。

①质量保证率。

$$质量保证率 = \frac{无质量事故的出库量}{出库量} \times 100\%$$

②安全率。

$$安全率 = \frac{无事故天数}{作业天数} \times 100\%$$

资金利润率。

$$全部资金利润率 = \frac{利润}{固定资金平均占用 + 流动资金平均占用} \times 100\%$$

$$固定资金利润率 = \frac{利润}{固定资金平均占用} \times 100\%$$

$$流动资金利润率 = \frac{利润}{流动资金平均占用} \times 100\%$$

2. 评估办法

由直接上级、人力资源部和财务部人员等组成考核小组，对被考核人的绩效进行评估。绩效评估必须严格遵守既定的绩效指标，并遵循公正、公开、公平的原则，对被考核人的绩效进行真实、准确的评估。

如出现扣分事项，则应当给出详细的说明，如表 8.3-2 所示。

表 8.3-2　绩效扣分事项

序号	不符合事项	扣分值
1	物料收发单据填写不完整	2
2	物料收发异常，账、卡更新不及时	3
3	未落实循环盘点工作且实施记录未保持完整	3
4	未进行盘点差异原因分析及改进	3
5	未按时提交库龄报告、有效期报告、质量异常物料报告及废品报告	2
6	在库不合格物料、报废产品未明确标示	2

8.3.3　库存人员管理

库存的有效控制，源自库存管理系统的协同运营。而这要求企业做好组织结构的设计，并明确每个岗位人员的职责。只有如此，库存管理系统才能在分工协作中，发挥出应有的效用。

根据设计思路的不同及企业的实际情况，各个企业的库存管理系统组织结构也有所不同。常见的组织结构一般可以分为两类，分别对应商贸型企业和生产型企业。

1. 商贸型企业

商贸型企业的产品出入库较为频繁，且需要进行严格的出入库核查，以避免实物与订单不符。因此，其组织结构主要根据商品出入库流程分为 3 个部分，如图 8.3-1 所示。

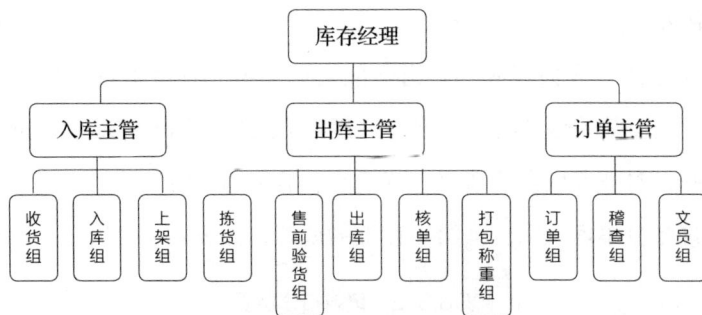

图 8.3-1　商贸型企业库存管理组织结构

如图 8.3-1 所示，该组织结构的前两部分分别对应库存管理的出、入库环节，第三部分则负责订单管理、稽查及其他文案工作。

2. 生产型企业

生产型企业的存货涉及原材料、半成品、辅料、成品等多种类型，其用途区分明显且涉及不同的储运工作。因此，其组织结构主要根据存货类型的不同分为 3 个部分，并设立独立的储运部门，如图 8.3-2 所示。

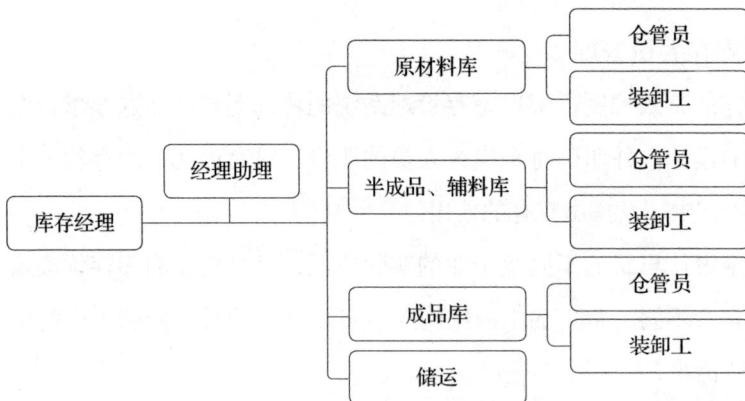

图 8.3-2　生产型企业库存管理组织结构

值得一提的是，此类组织结构通常需要经理助理协助经理处理核查、订单管理及其他文案工作。与此同时，在每种物料的仓库里，企业都要安排专门的仓管员和装卸工来负责仓库的日常管理。

8.3.4　库存 6S 管理

"安全始于整理，终于整理整顿。""整理"与"整顿"开启了精益管理的大门，而在半个多世纪的发展中，精益管理也从"5S"走到了"6S"，在全球范围内得到广泛认可。6S 管理之于企业管理的重要性不言而喻，而其在库存管理中的效用也同样值得重视。

1. 整理（Seiri）

库存整理的具体内容如图 8.3-3 所示。

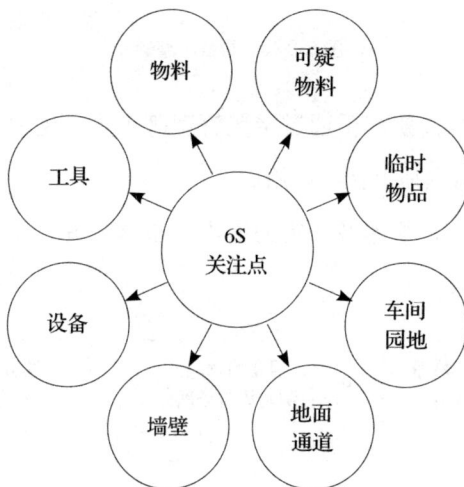

图 8.3-3　库存整理的具体内容

整理是永无止境的，时时刻刻都要进行。不能只在开展活动时为了应付检查而突击整理、做做样子，活动过后又恢复原样，这就失去了整理的意义。

库存整理，就是要取得一个重点区分的效果，需要的留下，不需要的坚决清理。

2. 整顿（Seiton）

通过整顿，企业要实现的目标就是任何人要的东西都能马上拿到。

对此，企业可以从寻找开始，对企业现状进行检验，如图 8.3-4 所示。

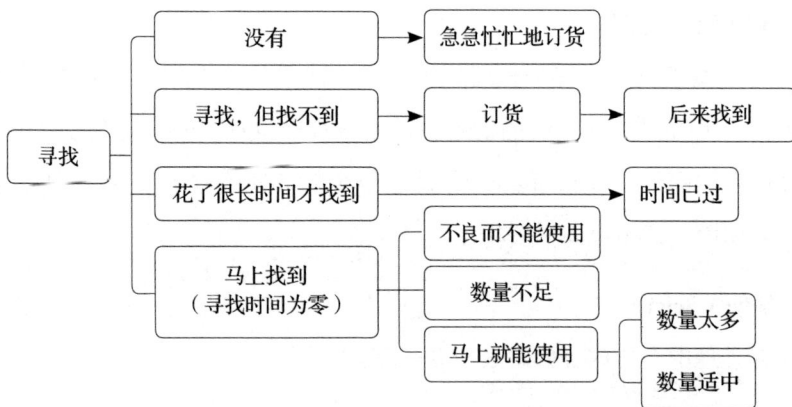

图 8.3-4　寻找与整顿

整顿的核心内容，就在于通过定置管理等工具，确保企业成员可以马上找到所需数量的物品且马上就能使用。

库存整顿的推行必须遵循一定的流程。整体来说，以下 6 步是缺一不可的，如图 8.3-5 所示。

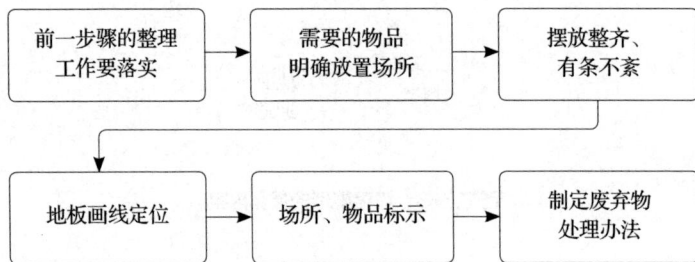

图 8.3-5　库存整顿的推行步骤

需要注意的是，整顿必须在整理的基础上进行。如果整理工作不落实，对"不要"的物品进行整顿无异于浪费人力。

3. 清扫（Seiso）

虽然已经整理、整顿过，需要的物料可以立刻取得，但是被取出的物料要处于能被正常使用的状态才行。而达成这样的状态就需要清扫。尤其现在强调高品质、高附加价值产品的制造，更不容许有垃圾或灰尘的污染，造成产品的不良。

清扫的重点就是自觉保持工作场所的干净、整洁，并防止污染的发生。

4. 清洁（Seiketsu）

库存清洁的推行步骤如图 8.3-6 所示。

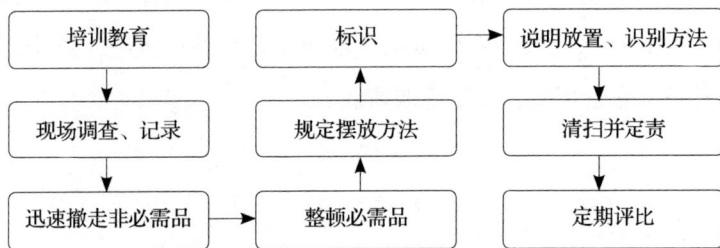

```
┌──────────┐      ┌──────────┐      ┌──────────────┐
│  培训教育  │      │   标识    │ ───> │ 说明放置、识别方法 │
└────┬─────┘      └────▲─────┘      └──────┬───────┘
     │                 │                   │
     ▼                 │                   ▼
┌──────────┐      ┌──────────┐      ┌──────────────┐
│ 现场调查、记录 │      │ 规定摆放方法 │      │  清扫并定责   │
└────┬─────┘      └────▲─────┘      └──────┬───────┘
     │                 │                   │
     ▼                 │                   ▼
┌──────────┐      ┌──────────┐      ┌──────────────┐
│ 迅速撤走非必需品 │ ───> │ 整顿必需品  │      │  定期评比    │
└──────────┘      └──────────┘      └──────────────┘
```

图 8.3-6　库存清洁的推行步骤

5. 安全（Safety）

安全是生产力，安全第一、预防为主。企业应培养员工的安全意识，强化员工对各种不安全的人为因素、物为因素的预知、预防能力，并尽力消除各种安全隐患，创造一个安全、健康、舒适的工作环境，增强客户对企业的信心。

库存安全是指消除各种隐患，排除各种险情，预防各种事故的发生，保障员工的人身安全，保证安全生产，减少意外事故造成的财产损失。

安全是所有行业都十分重视的问题。只有保障安全才能保证项目的顺利实施，才能为企业创造效益。

6. 素养（Shitsuke）

素养，是对自身的高要求。在推行素养活动的过程中，企业只有坚持不懈地对员工展开教育，才能真正引导员工养成良好的习惯。因此，素养活动的目的就在于：提升"人的品质"，培养对任何工作都讲究、认真的员工。

一切活动都靠人，假如"人"缺乏遵守规则的习惯，或者缺乏自动自发的精神。那么，6S 的推行就会流于形式，不易持续。

前 5S 是库存 6S 管理的基本活动，也是手段，它能使员工在无形中养成一种保持整洁的习惯。要推行素养活动，也必然需要经历"制度化→行动化→习惯化"的过程。

素养不但是 6S 管理的"最终结果"，更是企业经营者和各级主管推行 6S 管理的"最终目的"。如果企业里每一位员工都有良好的习惯，并且都能遵守规章制度，那么工作命令的贯彻、现场工艺纪律的执行、各项管理工作的推进，都将很容易落实，并迅速取得成效。

第 9 章
采购合同管理

　　采购合同是企业与供应商签订的关于供需关系的法律性文件，是双方合作的法律基础。妥善的采购合同管理，是防范采购合同风险、维护企业利益的重要保障，采购人员必须依据相关法律法规及企业合同管理的规定，对采购合同进行有效管理。

9.1　采购合同基础

要做好采购合同的管理，相关人员必须先对采购合同有一个全面的了解，明确采购合同相关的基础知识，以免在后续管理中出现纰漏。

9.1.1　采购合同的特征

与劳动合同、服务合同等合同不同，采购合同一般具有以下特征。

1. 采购合同是转移标的物所有权或经营权的合同

采购合同的基本内容就是，供应商将物料的所有权或经营权转移给采购方。

2. 采购合同的主体比较多

基于社会经济发展形势的多样性，采购合同的主体也比较多。除了常见的生产企业外，流通企业及其他社会组织或具有法律资格的自然人，都可以是采购合同的主体。

3. 采购合同与物流过程紧密相连

物流是社会再生产的重要环节。采购合同设立的基础就是物料采购，它直接反映了物料采购的具体内容，与物流过程紧密相连。

4. 采购合同具有买卖合同的一般特征

采购合同同样属于买卖合同，因而其具有买卖合同的一般特征。

（1）采购合同的签订以转移物料所有权或经营权为目的。

（2）采购方要取得合同约定的物料，就必须支付相应的货款。

（3）采购合同是双向的、有偿的，合同订立双方都负有相应的义务。

① 供应商需按质、按量、按期交付合同标的物。

② 采购方需按照合同约定接受标的物，并及时支付货款。

（4）买卖合同一般是诺成合同，除法律规定的特殊情况外，当事人在合同上签字盖章后，合同即成立。

9.1.2 采购合同的种类

为了对采购合同进行有效管理，企业必须做好采购合同的分类，从而有针对性地对不同种类的合同进行处理。

根据企业主要采购业务形式的不同，企业可以采用不同的分类标准。一般而言，企业可以按照定价、合同标的或签署方分类，如图 9.1-1 所示。

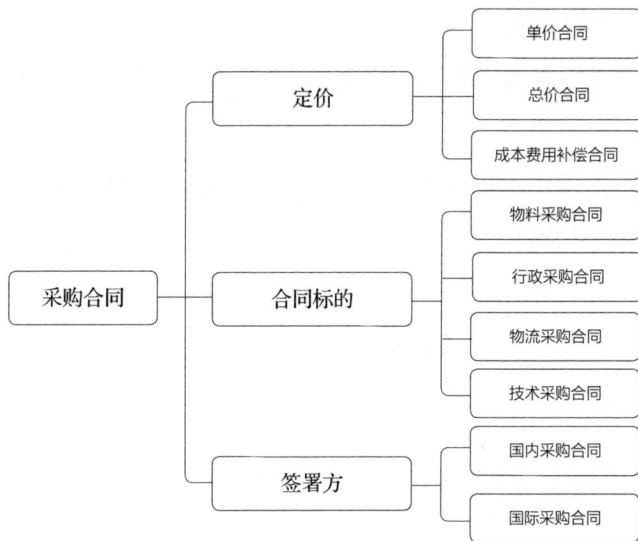

图 9.1-1 采购合同的种类

按照不同的分类方式，企业需要明确相应种类的采购合同的审批重点、审批权限和审批过程。

9.1.3 采购合同的内容和形式

采购人员在签订采购合同时，必须注意采购内容的具体明确、便于执行，以及采购合同的形式合规，以避免后续出现不必要的纠纷。

1. 采购合同的内容

采购合同的条款构成了采购合同的主要内容。一般而言，采购合同的内容主要包括以下 7 点。

（1）物料的品种、规格和数量。

物料的品种、规格和数量是采购合同的基本内容，也是采购活动的主要目的，在采购合同中应当具体说明。必要时，可附上明细表，对其进行明确。

① 品种的填写，应避免使用综合品名。

② 规格的填写，应包含颜色、式样、尺码等主要内容。

③ 数量的填写，应采用国家统一的计量单位。

（2）物料的质量和包装。

采购合同应明确规定物料应符合的质量标准，并对物料包装办法进行详细规定。

① 质量标准应注明是国家或行业标准；如无国家或行业标准，企业可与供应商协商凭样交货。

② 应注明残次品比例标准。

③ 应明确包换、包修、包退办法。

④ 应详细规定物料包装办法，包括式样、规格、体积、重量、包装物等各项细节。

（3）物料的价格和结算方式。

采购合同必须对物料价格作出具体规定，包括作价办法、变价处理及残次品的扣价办法等，还要明确货款结算的方式及具体程序。

（4）交货期限、地点和发送方式。

交货期限、地点的规定，应考虑双方的实际情况以及物料特点和交通运输条件。此外，还需明确物料的交货方式为供应商送货、第三方物流公司代运还是采购方自提。

（5）物料的验收办法。

采购合同必须明确物料的验收办法，包括数量和质量的验收，以及验收程序、期限和地点。

（6）违约责任。

采购双方应当如实履行采购合同的相关约定，不履行合同义务的一方就需要承担相应的责任，赔偿对方因此遭受的损失。

对采购方而言，供应商应承担的三大违约责任为以下内容。

① 物料数量、品种、规格不符合合同规定。

② 物料质量不符合合同规定。

③ 交货超期。

（7）合同的变更和解除。

考虑到双方在后续合作中可能出现的变化，采购合同应明确合同可变更或解除的情形，以及不可变更或解除的情形，并明确相应的变更或解除程序。

2. 采购合同的形式

在不同的采购业务场景中，采购人员可以采用不同的采购合同形式。采购合同形式一般分为以下 3 类。

（1）书面形式。书面形式是常见的采购合同形式，具有较强的法律效力。根据法律规定和当事人要求，书面形式的采购合同还可进行公证或鉴证。

（2）口头形式。口头形式的采购合同通常用于零散采购，其法律效力较弱，采购人员应谨慎使用。

（3）其他形式，如推定、沉默或视听资料等，其法律效力有限且举证麻烦，应尽量不使用该形式的采购合同。

9.2 采购合同

采购合同的履行，是确保企业采购活动有效性的关键环节。为了确保采购合同的如约履行，企业在采购合同的签订环节，就要注意合同的合法合规，确保采购合同具有相应效力，并在合同履行期间做好跟踪和监督。

9.2.1 采购合同的签订

经过采购双方的充分协商，为了确保采购合同的充分履行，企业在签订采购合同时，也需遵守相应的原则和程序。

1. 采购合同的签订原则

采购合同的签订，应当遵守以下 6 个原则。

（1）合同当事人必须具备法人资格。

（2）合同内容必须符合相关法律法规。

（3）坚持平等互利、充分协商的原则。

（4）坚持等价、有偿的原则。

（5）当事人应以自己的名义签订合同；如委托他人代签，需提供有效的委托证明。

（6）采用书面形式签订合同。

2. 采购合同的签订程序

采购双方对采购合同内容进行充分协商，达成一致后就可以签订书面协议。具体而言，采购合同的签订分为以下 5 个步骤。

（1）订约提议（要约）。订约提议，也称要约，是指企业向对方提出的签订经济合同的要求或建议，其中包含了订立合同必备的主要条款及答复期限。在答复期限内，企业受要约约束，不可更改已提出的各项条款。

（2）接受提议。在答复期限内，如果对方接受提议，则表示双方对合同的主要内容意见一致。此时，双方即可签署书面契约——采购合同。

需要注意的是，采购合同的内容不能附带任何条件。如果附带其他条件，则视为对方拒绝要约，要约人需要重新提出要约，再重新协商……这一过程，其实就是采购双方就合同内容进行反复协商的过程。

（3）填写合同文本。

（4）履行签约手续。

（5）报请公证机关或鉴证机关办理公证或鉴证；如没有规定必须进行公证或鉴证，双方可协商是否办理公证或鉴证。

9.2.2　采购合同的履行

在采购合同的履行过程中，企业应对合同履行情况进行记录和监督，并保留能够证明合同履行情况的原始凭证。企业要实时掌握物资采购供应的情况，确保采购合同的有效履行，使采购物资能够按时、按质、按量供应。

（1）依据采购合同中确定的主要条款跟踪合同履行情况，对可能影响生产或工程进度的异常情况，应出具书面报告并及时提出解决方案、采取必要措施，保证需求物资的及时供应。

（2）对重要物资建立并执行合同履约过程中的巡视、点检和监造制度。对需要监造的物资，择优确定监造单位，与其签订监造合同，落实监造责任人，审核确认监造大纲，审定监造报告，并及时向技术等部门通报。

（3）根据生产建设进度和采购物资特性等因素，选择合理的运输工具和运输方式，办理运输、投保等事宜。

（4）实行全过程的采购登记制度或信息化管理，确保采购过程的可追溯性。

9.2.3　采购合同的效力

采购合同是确保采购活动正常进行的重要法律文件，因此，采购人员必须注意采购合同中的各个细节，确保采购合同的效力。

1. 合同签章

合同签章是确保采购合同效力的重要细节。在合同签章环节，当事人必须使用企业公章或合同章，不能使用财务章或其他专用章。

特别需要注意的是，虽然法人签字原则上也是有效的，但可能引发相关法律风险。

2. 合同涂改

在合同签订之后，任何一方想要对合同进行修改，都必须告知对方，双方协商一致后，重新签订合同；或在原合同上进行修改或补充，并在修改处加盖双方公章。

3. 格式条款

格式条款是企业为了重复使用而预先拟定的各项条款，在签订合同时，双方通常不会对格式条款进行充分协商，这也可能导致合同被认定为无效。

根据相关规定，如果格式条款存在免除自身责任、加重对方责任、排除对方主要权利的情况，这一条款即为无效。

此外，如果手写条款与格式条款存在冲突，一般以手写条款为准，因为手写条款更能反映当事人的真实意愿。

4. 无效合同

根据《中华人民共和国合同法》（以下简称《合同法》），如有以下情形之一的，合同被视为无效。

（1）一方以欺诈、胁迫的手段订立合同，损害国家利益。

（2）恶意串通，损害国家、集体或者第三人利益。

（3）以合法形式掩盖非法目的。

（4）损害社会公共利益。

（5）违反法律、行政法规的强制性规定。

9.3 采购合同纠纷解决

当采购双方就采购合同发生纠纷时，双方应尽量协商解决，违约方应根据采购合同的规定给予相应的赔偿。在实际合作过程中，为了维护合作关系，双方也可采用合同变更的方式，对采购合同进行变更，使采购合同纠纷得到妥善解决。

9.3.1 逾期纠纷

2019 年 9 月 9 日，甲企业向乙企业采购了 1 000 件马克杯，要求杯体上印上甲企业的名称及"10 周年"字样，用于 2019 年 10 月 10 日举办的甲企业 10 周年庆活动。双方在采购合同中明确约定：交货期限为 2019 年 9 月 30 日。

但直到 2019 年 10 月 3 日，甲企业仍未收到这 1 000 件马克杯，经过多次发邮件、打电话催促，乙企业仍然拖延交货。最终，2019 年 10 月 11 日，在 10 周年庆活动后的第二天，甲企业向乙企业发出了解除合同通知。

收到解除合同通知后，乙企业却认为，甲企业定制的是个性化产品，如果解除合同自己将受到损失；甲企业则认为，双方约定的交货期限已过，乙企业收到解除合同通知，则意味着合同解除。双方因此发生纠纷。

上述案例是采购活动中常见的逾期纠纷。很多企业采购的物料都有特定的用途，一旦超过约定期限，企业就可能不再需要该物料，其生产运营活动也可能受到影响，甚至因此蒙受损失。

对此，企业则需要采取有效措施解决逾期纠纷，甚至要求供应商就损失部分进行赔偿。

《合同法》中对逾期纠纷也有明确规定，企业在如下情形下可以解除采购合同。

（1）履行期限届满，供应商明确表示或以自己的行为表明不履行供应义务。

（2）供应商延迟履行主要义务，且在采购方催告后，供应商在合理期限内仍未履行。

（3）供应商延迟履行义务，导致采购方的合同目的无法实现。

由此可见，案例满足了第二、第三条规定，甲企业解除采购合同的措施是合法有效的。

但在实际操作过程中，针对供应商的逾期行为，企业的解决办法应以协商为主。

在逾期纠纷的解决中，解除采购合同并更换供应商的做法，使得企业需要重新寻找供应商、签订采购合同，耗时太长；而诉讼、仲裁的手段也同样费时、费力。

因此，企业可以主动与供应商进行协商，争取在较短的时间内完成物料供应，使逾期纠纷得到解决。当协商无法解决问题时，再采用诉讼、仲裁等方式或解除采购合同。

在协商解决逾期纠纷时，企业也要遵守以下原则。

（1）平等自愿原则，不能强迫对方。

（2）合法原则，通过协商达成的和解协议应符合法律和政策规定。

9.3.2　质量问题纠纷

采购合同关于质量问题的纠纷，主要源自物料的质量不符合采购合同的要求。解决质量问题纠纷的关键，是让对方认可物料质量问题的存在。只有满足了这一前提，企业才能要求供应商就质量问题进行赔偿。

1. 确认质量问题

很多企业在采购合同中未对质量要求进行明确，质量问题由此成为容易出现相互推诿情况的部分。

为此，双方首先要就质量问题进行磋商，借助采购合同、物料对比、共同试验等手段，要求供应商确认质量问题的存在。如意见无法统一，企业也可与供应商协商，引入双方都认可的第三方鉴定机构，对物料质量进行鉴定。

2. 核定损失

在确认质量问题之后，企业就要与供应商核实质量问题给企业造成的损失。企业可以直接使用相关部门提供的损失数额，但要注意的是，一定要提供相关证明材料。

3. 要求赔偿

根据企业内部核定的损失及相关证明材料，企业就可以与供应商协商，要求对方承担相应损失。但为了维护合作关系，企业也可以要求供应商在规定时间内进行补救，即重新供应符合质量要求的物料。

9.3.3　其他违约纠纷

在采购合同的履行过程中，我们很难保证不出现纠纷。除了逾期与质量问题之外，价格上涨、交货地点改变等违约情况也时有发生。

当发生纠纷时，企业应当及时与供应商进行协商，如果协商不成，双方则可以按照合同约定选择诉讼或仲裁的方式来解决纠纷。

1. 一般违约赔偿

如供应商的违约行为造成的影响较小且容易处理，如质量有小瑕疵、数量有短缺或交货逾期时间不长等，企业可以通过与供应商协商，采取扣减货款、及时补货等方法，进行快速、有效的处理。

关于一般违约赔偿的协商处理，企业要保留好相关证据。

（1）及时封样。

（2）对于双方协商一致的问题及对应协议，签字盖章并存档。

（3）尽可能采用传真、邮件等沟通形式，如要进行电话沟通，则要注意录音并保存录音文件。沟通过程中，要及时确认对方意向并对事实进行认定。

此外，在协商处理纠纷的同时，采购人员也要及时对供应商情况进行跟进，防止一般违约演变成重大违约。

2. 重大违约赔偿

重大违约一般难以通过非诉讼途径解决，因为其对企业造成了重大影响。对此，采购人员应当及时认清问题的严重性，将问题移交法务部，由法务部主导诉讼或仲裁等相关事宜，但采购人员也要给予足够的配合。

此时，企业也要注意采购合同纠纷的诉讼时效。

（1）一般诉讼时效，3年。

（2）质量不合格但未声明的诉讼时效，1年。

（3）国际采购合同的诉讼时效，4年。

9.3.4　合同变更解决办法

合同变更是指在签订采购合同之后、履行完毕之前，合同双方就采购合同内容进行修改。

在实际合作过程中，受到天气、市场、第三方企业等多种因素的影响，交货时间延后、原材料价格上涨等情况时有发生，这也为供应商完全遵照合同履行约定造成了困难。

在这种情况下，企业应当与供应商进行有效协商，尤其是当企业仍想与供应商保持良好的合作关系时，可以通过合同变更来解决采购合同纠纷。

1. 合同变更的方式

一般而言，采购合同的变更方式包括以下两种。

（1）双方当事人协商变更。只要双方协商一致，就可以签订补充协议，并签字盖章使其生效，这也是合同变更的常用方式。

（2）申请法院或仲裁机构裁决变更。《合同法》规定，如因重大误解，被欺诈或胁迫签订合同的，受损害方有权请求法院或仲裁机构变更或撤销合同。

2. 合同变更内容明确

如要通过合同变更的方式解决采购合同纠纷，企业一定要注意变更内容必须明确。根据《合同法》的相关规定，如果合同变更的内容约定不明确的，推定为未变更。

通常，采购合同的变更主要集中在以下几个方面，企业一定要注意相关内容的具体、明确。

（1）物料数量的增减。

（2）物料质量的改变。

（3）价款的增减。

（4）交货期限、地点的改变。

（5）结算方式的改变。

（6）违约金的变更。

9.4　采购合同管理的误区

提及采购合同管理，很多采购人员将之看作简单的文本审批、签字盖章和归档，认为"事不关己"，更未能对此保持足够的重视。但正是因为陷入采购合同的误区，很多企业都难以实现有效的合同法律风险防控，更难以达成管理目标。

9.4.1 误区1：合同管理仅仅是合同文本管理

采购合同管理，并非简单的合同文本管理。

合同文本起草、审核、签字和归档等工作都属于合同订立过程中的流程管理，但在合同签订前和合同履行中，同样涉及合同风险管理的工作。

除了关于供应商的前期调查外，在合同履行中，采购人员也需对合同的履行情况进行追踪，尤其要跟踪供应商的工作情况，对供应商进行定期考查，确保供应商有能力履行合同。如供应商出现重大问题，采购人员也要及时上报，便于企业决定是否要中止或终止合同。

采购合同管理不仅是合同文本管理，还涉及一系列的合同事务管理。只有将两者结合，企业才能有效规避合同风险。

9.4.2 误区2：合同有效期以盖章时间为准

为了确保合同及时、适时地履行，在确定采购合同内容时，采购人员应当注意合同有效期及履行期限的明确，不能盲目地以为盖章时间就是合同有效期。

根据《合同法》的规定，供应商应当按照合同约定的期限交付物料，这一期限应当明确写在采购合同中。如果采购合同中未能列明，采购合同的有效期就必须以其他方式明确。

（1）有效期不明确的，企业可以与供应商签订补充协议。如不能签订补充协议，则要按照合同相关条款或交易习惯确定。

（2）履行期限不明确的，供应商可以随时履行，企业也可以随时要求供应商履行，但应当给予供应商必要的准备时间。

由此可见，无论以上哪种方法，都会给企业带来麻烦，甚至会引发供应商推卸责任所导致的法律风险，进而影响企业的正常运营。

9.4.3 误区3：签订完合同就不再需要进行合同管理

有些采购人员完全没有认识到合同管理的重要性，认为签订完合同之后就不再需要进行合同管理。

　　然而，合同的正常履行，必然以采购物料的运输、入库、验收等环节的统一管理为基础，这些环节都包含在采购合同内。一份完整的采购合同，对采购活动的每一环节都做出了明确、具体的规定，这是指导企业采购活动的重要法律文件。

　　与此同时，有些采购合同的履行时间较长，在履行期间可能发生经办人变更，如经办人离职或调职等，此时，新的经办人就需要根据之前的合同管理记录了解合同履行情况，并继续推进采购合同的履行。

9.4.4　误区 4：合同管理不是采购部的工作

　　采购合同作为一份完整的经济合同，其管理工作贯穿采购业务的全过程，包括合同签订前期的供应商开发、合同磋商，以及合同的签订及履行。而要确保对采购合同进行全流程的有效管理，采购部就必须深度参与，与法务部、财务部等各个部门协同进行管理。

　　特别是在发生采购合同纠纷时，很多采购人员认为，解决纠纷完全是法务部的工作。但其实，采购合同纠纷的妥善解决，离不开采购人员与供应商的协商、调解，即使进入仲裁和诉讼环节，采购部也需要对证据材料进行收集整理。